VERLAG ANTJE
KUNSTMANN

Daniel Mützel | Theresa Locker

REPORT DARKNET

Verlag Antje Kunstmann

INHALT

1. FREIHEIT ODER FINSTERNIS

Auf den ersten Blick sieht der Brief nicht aus, als käme er von einem verurteilten Waffenhändler: Blaue Luftblasen schmücken den Briefkopf, unten schwimmt ein Fisch mit Glubschaugen über den Meeresboden. Er will reden, schreibt er, aber er darf nicht. Sein letztes Schreiben, dem er einen Besucherschein beigelegt hatte, wurde von der Gefängnisleitung zurückgehalten. »Anscheinend befürchtet man Kritik.«

Der Verfasser des Briefes heißt Philipp K. Vier Jahre zuvor, im Mai 2016, hatte K. einem 18-Jährigen im Darknet eine Pistole verkauft, der damit neun Menschen erschoss. Die Opfer hatten alle einen Migrationshintergrund, die meisten von ihnen gingen noch zur Schule.

Das Münchner OEZ-Attentat am 22. Juli 2016 war eines der schwersten politischen Verbrechen der jüngeren deutschen Geschichte, für das jedoch nicht nur der rechte Attentäter David S. die Verantwortung trägt: Den Abzug drücken, das Schmieden seines Plans, sein Hass auf Migranten – das alles war S.' alleiniges Tun. Doch es gab Menschen, die ihm die Tat erst ermöglichten: ein Forenbetreiber, der Waffenfreaks aus ganz Deutschland eine Plattform bot und rechte Umtriebe im Forum duldete; eine Darknet-Community, die den Handel mit Feuerwaffen mal als harmlosen Freizeitspaß abtat, mal als rebellischen Akt gegen den Überwachungsstaat feierte; und den Waffenhändler Philipp K., der von der großen Schmugglerkarriere träumte und David die Tatwaffe verkaufte.

K. schreibt, seine »Naivität« und »Scheißegal-Haltung« seien schuld, dass der Anschlag passieren konnte. Doch das erfasst nicht die Dimension des Falls. In zwei Gerichtsverfahren versuchte man, das Verbrechen zu rekonstruieren, suchte nach möglichen Komplizen des

Attentäters, stritt um Anträge und geheime Akten, es flogen Stühle im Gerichtssaal, Drohungen wurden ausgesprochen. Den Hinterbliebenen blieben am Ende nur Trauer, Wut und die bis heute nicht geklärte Frage, warum K. so lange seinen Geschäften nachgehen konnte und die Behörden nicht früher einschritten.

***

»Bevor ich hier reingehe, werf' ich mich vor einen Zug«, Neil* nippt an seiner Cola und zeigt auf die dicken Mauern der Justizvollzugsanstalt Berlin-Moabit, an der wir vorbeilaufen.

Die vier Meter hohen Gefängnismauern mit der Natodrahtkrone wirken in der Dunkelheit ein wenig Furcht einflößend, vor allem für jemanden wie Neil, der nach bestehender Rechtslage eigentlich drinnen sitzen müsste. Der junge Mann arbeitet in der wachsenden Branche Cybercrime, die in Deutschland pro Jahr rund 60 Millionen Euro Schaden verursacht.

Für den mittlerweile abgeschalteten Online-Drogenshop »Webdealer« hatte er die Seite designt und wurde prozentual am Drogengeschäft beteiligt. Für sein aktuelles Projekt, den größten deutschen Online-Schwarzmarkt Crimenetwork (CNW), zieht er als technischer Admin die Fäden im Hintergrund. CNW ist der Platzhirsch der Szene: Gehandelt werden Falschgeld, geklaute Kreditkarten, Erpressungstrojaner, Drogen, Services für SMS-Bomben und Telefonterror. Das Board ist riesig und konkurrenzlos, unterhält Dependancen im Darknet und Clearnet. Die Deals laufen seit Jahren in aller Öffentlichkeit ab, die Polizei kommt bis heute nicht an die Hintermänner heran.

Während wir die Knastmauern entlangschlendern, erzählt Neil von seiner Ex, die ihn für einen Anabolika-Dealer aus dem Fitnessclub verlassen hat, von der ganzen Kohle, die ihn nicht glücklich macht, und davon, wie er es immer allen recht machen will, seinen Eltern, uns Journalisten, seinem Boss von Crimenetwork. Neils damaliger Boss hieß »Sicario«, Auftragskiller.

* Name geändert

Dass wir Neil überhaupt treffen konnten, war nicht ganz einfach. Wochenlang hatten wir das Treffen vorbereitet, Bedingungen ausgehandelt, einen Ort zum Reden (belebt, viele Fluchtwege) vereinbart und einen, wo wir unsere Handys einschließen können (öffentlich, keine Überwachungskameras). Wir bestanden auf Dokumente, die seine Rolle (und damit seine Straftaten) belegen, und mussten ihm versprechen, ihn nicht bei der Polizei zu verraten.

Auch wir wussten natürlich nicht, worauf wir uns einlassen. Hat dieser Sicario ihn auf uns angesetzt? Ist Neil nur ein Angeber, eine Luftnummer?

Als er uns wenig später am Tisch einer McDonald's-Filiale in den Admin-Bereich von Crimenetwork.co führt, in die Schatzkammer der CNW-Bande, wo die Geschäfte, die Dealer, die illegalen Geldflüsse, im Grunde das ganze Ausmaß ihrer Straftaten verzeichnet sind, wissen wir: Wir haben den Richtigen.

***

In Pulli und Jeans sitzt Mario Rönsch auf dem braunen Polster der Anklagebank, ein Waffenschmuggler im ›casual look‹, eingerahmt von zwei Anwälten, die ihn verteidigen. Im Gegensatz zu seinen Auftritten in Internetclips, wo er wie ein Getriebener den völkischen Aufstand beschwört, wirkt Rönsch im Verhandlungssaal des Berliner Landgerichts ruhig, fast friedlich. Was soll er auch machen.

Mario Rönsch sitzt hier, weil er einen illegalen Waffenshop betrieb und Hunderte Deutsche mit Gaspistolen und Langwaffen versorgte. Migrantenschreck nannte er seine Plattform, die wenig Zweifel ließ, welchen Zweck die Waffen hatten: »60 Joule Mündungsenergie strecken jeden Asylforderer nieder«, lautete der Werbetext für einen Revolver. Gegen »Ficki-Ficki-Fachkräfte und rotzfreche Antifanten«, ein anderer. Im Netz lud er martialische Videos hoch, auf denen ein Typ mit doppelläufiger Flinte einem Pappkameraden mit schwarzer Hautfarbe ein faustgroßes Loch in die Schulter schießt. An anderer Stelle feuert ein Vermummter Hartgummiprojektile auf Poster deutscher Politiker.

In einer Zeit, als der Waffenmarkt im Darknet mit Turbulenzen kämpfte, etablierte sich Migrantenschreck als bequeme Alternative für Menschen, denen das Darknet zu kompliziert war und eine echte Schusswaffe zu heikel. Die Hartgummiknarren aus Rönschs Migrantenschreck-Arsenal waren trotzdem gefährlich. Auch sie hätten ein Leben beenden können.

Bevor ich Rönsch im Gerichtssaal wiedersehe, stand ich vor seiner Wohnung in Budapest. Ein schicker Altbau im vornehmen Viertel Pasarét. Der Rechtsextreme betrieb seinen illegalen Waffenhandel von dort aus, bis ihn im März 2018 ungarische Spezialkräfte in Abstimmung mit der Berliner Staatsanwaltschaft hochnahmen. Rönsch sagte bei seiner Festnahme, das »Merkel-Regime« sei für ihn nicht zuständig. Nach Deutschland ausgeliefert wurde er trotzdem.

***

Das Darknet hat die Art und Weise revolutioniert, wie Menschen an verbotene Güter kommen. Ein Gramm Speed, eine Glock 17, ein Imitat einer Breitling-Uhr, ein gefälschter Pass der Bundesrepublik Deutschland – oft genügen wenige Klicks, um den Deal einzutüten. Gezahlt wird in Bitcoin, Monero oder Zcash, pseudonyme Kryptowährungen, ohne die das kommerzielle Darknet nicht vorstellbar wäre. Nie war es so einfach und bequem, beim Shopping gegen das Gesetz zu verstoßen, nie war die Schwelle so niedrig, selbst Anbieter zu werden. Der Schwarzmarkt ist heute Mainstream.

Cyberkriminalität

Das Darknet hat die Struktur und Strategien der kriminellen Unterwelt auf den Kopf gestellt: Vielleicht zum ersten Mal sucht man das Licht der Öffentlichkeit, bietet Cyberattacken, Handgranaten und Toxine in offen zugänglichen Marktplätzen an, feilscht um Rabatte und gutes Feedback. Offline-Dealer verwenden viel Geld und Zeit darauf, ihr Treiben von neugierigen Blicken abzuschotten: Lieferrouten, Produktpalette und Geldflüsse waren seit jeher gut geschütztes Geheimwissen von Eingeweihten.

Heute sitzt man in der Jogginghose am Laptop und klickt sich durch die bunten Angebote der eBay- und Amazon-Klone im Darknet, legt das verbotene Produkt in den Warenkorb und geht zum Check-out. Auch wenn die Identität von Verkäufer und Käufer verborgen bleibt, haben Außenstehende einen nie da gewesenen Einblick in die Architektur der digitalen Schattenwirtschaft. Kunden nutzen Bewertungen zur Kauforientierung, Ermittler können Händler, Listings und Stückzahlen studieren, manchmal sogar Lieferwege und Geldflüsse.

Wir recherchieren seit fünf Jahren in der illegalen Halbwelt des Darknets und Clearnets. In diesem Buch erzählen wir die großen Kriminalfälle der letzten Jahre: ein Student aus der fränkischen Provinz, der Maschinenpistolen und Munition bis nach Australien exportierte; ein 19-Jähriger, der aus seinem Kinderzimmer ein millionenschweres Drogenimperium hochzog, ein Rechtsradikaler, der in einem »Forum gegen Meinungskontrolle« eine Pistole erwarb und damit neun Menschen ermordete, vier Männer aus Deutschland, die eine gigantische Kinderporno-Plattform betrieben.

Anhand von internen Dokumenten, Gerichtsakten, Interviews und verschlüsselten Chatnachrichten zeigen wir, wie das deutsche Darknet und seine ›prominenten‹ Protagonisten ticken. Es sind Geschichten über Gier und die Hoffnung auf schnellen Reichtum, über Cyberkriminelle, die am Laptop Millionen verdienen, und über politisch Verfolgte, für die das Darknet eine Frage von Freiheit oder Knechtschaft ist.

In der Öffentlichkeit genießt das Darknet keinen guten Ruf: Für viele ist es eine Projektionsfläche für alles Verkommene im Netz. Auch wenn die meisten Straftaten im Internet, nicht im Darknet begangen werden. Andere sehen es als den letzten Hort von Anarchie und Freiheit in der vollends überwachten Welt. Doch das Darknet an sich ist weder verkommener noch anarchistischer als das Internet, sondern eine Technologie, die, frei nach Habermas, ethisch unmusikalisch ist – sie kann kein Urteil fällen. Sie ist per se weder gut noch schlecht, sondern abhängig von den Menschen, die sie einsetzen. Eine saubere Trennung zwischen einem angeblich »guten« Internet und einem »bösen« Darknet wäre, wie im Verlauf des Buches deutlich wird, falsch und irreführend.

Das Darknet ist nicht die Lösung, sondern das Problem

Dass das Darknet von Kriminellen genutzt wird, sagt erst mal wenig. Tatsächlich ist dieses technologisch abgeschirmte Parallelnetz auch eine Reaktion auf Fehlentwicklungen im Internet. Das einst revolutionäre Versprechen des Netzes, die Welt zu einem besseren, freieren Ort zu machen, droht zu verpuffen. Geheimdienste überwachen große Teile des Internets. Datenkonzerne wie Amazon und Google schürfen immer tiefer in unserer Privatsphäre, erschaffen immer präzisere virtuelle Abbilder von uns. Sie kennen unsere Vorlieben, Ziele und Geheimnisse, formen daraus Werbeanzeigen oder verkaufen sie an Datenhändler. Im datengetriebenen Kapitalismus sind wir nicht mehr die Kunden der großen Plattformen, sondern ihre Produkte.

Das freie Netz ist heute, am Beginn der 2020er-Jahre, auch von anderer Seite bedroht. Weltweit arbeiten Staaten wie Russland und Iran an technischen Lösungen für ein nationales, vom globalen Internet abgekapseltes Netz, um Nutzer leichter kontrollieren zu können. Die Kommunistische Partei Chinas hat mittels Big Data und künstlicher Intelligenz den größten Überwachungs- und Kontrollapparat der Menschheitsgeschichte erschaffen. Und seit Edward Snowden wissen wir bereits seit Jahren von der Massenüberwachung durch westliche Geheimdienste.

Als Reaktion auf die beschleunigte digitale Landnahme durch Behörden und Konzerne ist das Bedürfnis nach Anonymität im Netz stetig gewachsen. Das Tor-Netzwerk, die prominenteste Darknet-Technologie, erfreut sich in der Bundesrepublik immer stärkerer Beliebtheit. Fast jeder zehnte Tor-Nutzer im vergangenen Jahr kam aus

Deutschland.[1] Kaum eine Anonymisierungssoftware bietet besseren Schutz beim Surfen. Doch ob das Darknet eine adäquate Antwort auf diese Herausforderungen ist oder ob es nicht vielmehr ein Problem sichtbar macht, statt eine Lösung zu bieten – auch darum wird es auf den folgenden Seiten gehen.

Was ist das Darknet?

Die Infrastruktur des Internets lässt sich grob in drei Bereiche einteilen: Das *Clearnet, Clear Web* oder auch *Surface Web*[2] bezeichnet den öffentlich zugänglichen Teil des Internets, der sich mit herkömmlichen Webbrowsern erkunden lässt. Shoppingportale, Newsseiten, Streaminganbieter, Gamingplattformen – es ist der Teil des Netzes, den die meisten Menschen täglich nutzen. Das *World Wide Web*, der bekannteste Dienst im Clearnet, zählt mittlerweile fast zwei Milliarden Websites.[3] Die Inhalte im Clearnet werden von Suchmaschinen indexiert und lassen sich daher relativ einfach finden.

Für das *Deep Web* gilt das nicht: Dort befinden sich Inhalte, die sich den Suchalgorithmen von Google oder Bing verweigern. Einen Teil des »tiefen Webs« kann man dennoch ansteuern – wenn man die genaue Browseradresse kennt. Ein Großteil des *Deep Web* ist jedoch geschützt: Das können Datenbanken von Universitäten sein, Intranets von Firmen und Organisationen oder Seiten, die ihre Inhalte hinter einer Anmeldemaske verbergen, etwa der Login-Bereich auf Amazon. Schätzungen zufolge ist das *Deep Web* 400 bis 500 Mal größer als das *Clearnet*.[4]

Was das *Darknet* ist oder nicht, darüber streiten Forscher, Polizisten, Hacker und Kriminelle seit vielen Jahren. Der Begriff stammt aus den Anfangstagen des Internets und bezeichnete damals geheime Rechnernetze, auf die nur Eingeweihte zugreifen konnten. Eine allgemeingültige Definition des Darknets gibt es heute nicht, eine recht verbreitete lautet: Ein Darknet beschreibt jedes Netz innerhalb des Internets, das sich technologisch abschottet und in dem die Teilnehmer unsichtbar sind. Inhalte im Darknet können nicht von Suchmaschinen wie Google oder Bing gefunden werden. Befindet sich ein Nutzer in einem Darknet, kann er mit einem vergleichsweise hohen Maß an Anonymität und Privatsphäre rechnen. Aber: Kein Darknet, egal auf welcher Technologie es basiert, kann absolute Sicherheit im Netz bieten.

Das bekannteste und am weitesten verbreitete Darknet ist das Tor-Netzwerk. Wenn wir von Darknet sprechen, meinen wir ausschließlich das Tor-Darknet: ein Pool von Tausenden von Servern, die über die ganze Welt verteilt sind und sich vom Rest des Internets abschirmen. Die meisten Nutzer bekommen von der komplexen Mathematik, die hinter der Technologie von Tor und den Verschlüsselungsprotokollen steckt, nichts mit. Die ganze Technik ist handlich in ein einziges, mächtiges Werkzeug verbaut – den Tor-Browser. Der Tor-Browser ist die Pforte ins Darknet.

Die erste Version der Tor-Software entstand Ende der 90er-Jahre in einem militärischen Forschungslabor der US-Navy. Die US-Armee suchte nach einer Technologie, mit der sich amerikanische Agenten im Ausland anonym im Netz bewegen können. Doch das Programm war unausgereift und schlummerte auf alten Rechnern der Navy. Bis Tor von Netzaktivisten reaktiviert, weiterentwickelt und 2003 als Open Source veröffentlicht wurde.

Wie funktioniert das Darknet?

Ausgangspunkt von Tor ist eine Grundeigenschaft des Internets, die manche als dessen »Geburtsfehler« betrachten[5]: die IP-Adressstruktur. IP-Adressen fungieren im Internet wie digitale Meldeadressen: Wann immer ein Nutzer eine Webseite aufruft oder einen Beitrag etwa auf Facebook postet, tut er das nicht anonym, sondern unter einer digitalen Kennung – seiner IP-Adresse –, die ihm sein Internetanbieter zuteilt und die ihn identifizierbar macht. Jedes Gerät – ob Computer, Smartphone oder WLAN-Kühlschrank – besitzt eine solche IP-Adresse, sobald es sich mit dem Netz verbindet. IP-Adressen können statisch sein oder variabel, doch auch, wenn ein Nutzer heute mit der einen, morgen mit einer anderen IP-Adresse unterwegs ist, registriert sein Provider jede seiner Aktivitäten im Netz: welche Seiten er besucht, wann und wie lange, welche Inhalte er abfragt. Auch bei den besuchten Seiten hinterlässt der Nutzer Spuren, da Seitenbetreiber sehen können, welche IP-Adressen sich mit ihnen verbinden.

Tor stört diese Kommunikationsbeziehung, bei der IP-Adressen direkt miteinander sprechen. Die Idee klingt simpel: Wenn es IP-Adressen sind, die Nutzer identifizierbar machen, zugleich aber ein unhintergehbares Grundprinzip des Internets sind, muss das IP-Adressprinzip eben gegen sich selbst gewendet werden.

Und das funktioniert so: Anstatt eine Internetanfrage vom Nutzer direkt zur gewünschten Webseite zu bringen, leitet Tor sie durch einen virtuellen Tunnel, der aus drei Servern besteht, den Tor-Knoten. Innerhalb dieses Tunnels ist die Verbindung mehrfach verschlüsselt. Vom dritten Tor-Knoten, dem Endknoten, gelangt die Anfrage, nun unverschlüsselt, ins offene Internet und zur gewünschten Webseite. Das schrittweise Abtragen der Verschlüsselungsschichten an den Tor-Knoten hat die ursprünglichen Programmierer[6] offenbar an das Schälen einer Zwiebel erinnert, was die Namensgebung von Tor (das Akronym von »The Onion Routing«) erklärt.

Bei jedem Start sucht sich der Tunnel drei neue Knoten, um die Anfrage zum Ziel zu schicken. Der Tunnel versperrt dem Internetprovider – und allen, die auf dessen Daten zugreifen können – die Sicht auf den Traffic. Knackpunkt dabei ist, dass die drei Tor-Knoten jeweils nur ihre unmittelbaren Nachbarn kennen, also den Tor-Knoten davor und danach. Woher aber die Anfrage ursprünglich kommt und wohin sie geht, lässt sich von keinem Punkt in der Kette nachvollziehen: Die aufgerufene Website sieht nur die IP-Adresse des Endknotens der Kette, nicht aber die des Nutzers; der Internetprovider sieht nur, dass sich der Nutzer ins Tor-Netzwerk einklinkt, nicht aber welche Seite er ansteuert und welche Inhalte er dort abfragt; und die Tor-Knoten kennen jeweils nur einen kleinen Ausschnitt der Route.

Die Identität des Nutzers bleibt damit verborgen. Der Tor-Browser eignet sich also auch für Leute, die bloß im Internet surfen und nicht wollen, dass an beiden Enden der Verbindung Dritte ungefragt zuschauen.

Die zweite Ebene der Tor-Sicherheitsarchitektur ist der Tor-Browser, mit dem Nutzer deutlich weniger Spuren im Netz hinterlassen (etwa durch Cookies) als mit einem herkömmlichen Internetbrowser. Wie jede Software, hat auch Tor Schwachstellen: Sogenannte »globale, passive Angreifer« wie Geheimdienste, die große Teile des Netzes überblicken, können Tor-Nutzer unter Umständen (und mit einigem Aufwand) deanonymisieren. Gegen diese »traffic correlation attacks«, bei denen ein Akteur beide Enden einer Internetverbindung sieht, kann Tor nichts ausrichten.[7] Auch andere Angriffe, etwa über eine Sicherheitslücke im Browser, sind vorstellbar. Tor, das sollten Nutzer wissen, bietet keine 100-prozentige Anonymität.

»Hidden Services«: Die Grundpfeiler des Darknets

Wenn allerdings Politiker oder Ermittler fordern, das Darknet zu »durchleuchten« oder »Licht ins dunkle Netz« zu bringen, meinen sie in der Regel nicht die Anonymisierungssoftware des Tor-Browsers, sondern sogenannte Onion-Services oder Hidden Services. Vereinfacht gesagt sind es die Webseiten des Darknets.

Hidden Services sind kryptografisch abgesicherte und im weitesten Sinne zensurresistente Dienste, die es Betreibern möglich machen, ihre Inhalte anonym anzubieten und ihren Standort zu verschleiern. Der Kniff: Der Server, über den eine Website oder ein Forum läuft, ist selbst Teil des Tor-Netzwerks und somit nur schwer lokalisierbar. Springt die Anfrage eines Nutzers normalerweise über drei Tor-Knoten, wenn er eine Webseite im Clearnet aufruft, erhöht sich die Zahl der Knoten in der Regel auf sechs, wenn er einen Hidden Service ansteuert. Nutzer und Betreiber von Hidden Services können so miteinander sprechen, ohne zu wissen, mit wem sie es eigentlich zu tun haben. Diese Konstellation erhöht auch den Schutz für Nutzer: Da der Hidden Service die Tor-Architektur verwendet, bleibt die Internetverbindung die ganze Zeit innerhalb des Tor-Netzwerks.

Hidden Services lassen sich nicht über herkömmliche Internetbrowser ansteuern, sondern nur über den Tor-Browser. Die Adressen im Darknet enden nicht auf .de oder .com, sondern auf .onion und bestehen aus einer zufälligen Reihe von (in der Regel) 16 Buchstaben und Zahlen.

Bekannte Onion-Dienste sind etwa der anonyme E-Mail-Dienst ProtonMail (protonirockerxow.onion) oder die Google-Alternative DuckDuckGo (3g2up14pq6kufc4m.onion). Der mit Abstand populärste Onion Service ist die Darknet-Seite von Facebook, erreichbar über facebookcorewwwi.onion.

Es gibt Hidden Services, die die Öffentlichkeit suchen – Schwarzmärkte, Foren, Blogs, Linklisten – und die sich daher relativ leicht finden lassen; und es gibt Hidden Services, die nur wenige Eingeweihte kennen: »invite-only«-Shops, auf die nur ein erlesener Kundenkreis zugreifen kann, oder Ad-hoc-Foren, die nur wenige Tage oder Stunden existieren und von kriminellen Netzwerken im transnationalen Schmuggelgeschäft genutzt werden. Niemand kennt alle Hidden Services, es ist wohl eher so, dass die allermeisten Nutzer nur den kleinsten Teil des Darknets jemals sehen werden.

Cyberutopia oder Cyberfinsternis

Wenn wir auf den folgenden Seiten von Darknet-Schwarzmärkten oder Kryptomärkten sprechen, ist von Hidden Services die Rede. Die Hidden Services sind der Grund für den schlechten Ruf des Darknets: Hier haben sich Versandhäuser für Drogen, Waffen, Falschgeld und Hehlerware etabliert, bieten Kleinkriminelle und organisierte Banden Services für Hackerangriffe, Kreditkartenbetrug und Geldwäsche. Und es gibt einen noch dunkleren Bereich des Darknets: Seiten für Auftragsmorde, Verkaufsangebote für Landminen, menschliche Organe und »Snuff«-Filme, »Red Rooms« für Folter-Liveshows und

Hurtcore-Foren, in denen Videos gepeinigter Kleinkinder getauscht werden.

Abgesehen von solchen Extrembeispielen ist das Tor-Netzwerk ein durchaus vielseitiger Ort, dem das Klischee virtueller Finsternis oft nicht gerecht wird: Politische Aktivisten und Dissidenten in autoritären Regimen nutzen das Darknet, um keine Spuren im Netz zu hinterlassen; Journalisten dient es als sicherer Kommunikationskanal für sensible Informationen.

Doch ob das Darknet in seiner Gesamtheit so bunt und vielfältig ist, wie manche Befürworter behaupten, ist in der Forschung umstritten. Der britische Computerwissenschaftler Gareth Owenson hatte 2015 herausgefunden, dass 80 Prozent der Nutzeranfragen im Darknet auf Missbrauchsseiten zugreifen.[8] 2019 sank die Zahl laut Owenson auf knapp die Hälfte.[9] Auf der Angebotsseite sieht es nicht besser aus: Über die Hälfte der Hidden Services bieten illegale Waren an, schlussfolgert eine Analyse des King's College im Jahr 2016.[10] Ein kleiner Lichtblick war eine Studie indischer Forscher vergangenes Jahr: Von 3.500 analysierten Hidden Services handelten »nur« knapp 40 Prozent mit verbotenen Gütern.[11]

Das »Corona High«

In Zeiten von Corona gilt das umso mehr. Die weltweiten Ausgangsbeschränkungen führten zu einem regelrechten Boom des Darknet-Drogenhandels: Um bis zu 500 Prozent durchschnittlich wuchsen die Trades mit illegalen Substanzen zwischen Januar und Ende März 2020, schätzt die israelische Cybersicherheitsfirma Sixgill.[12] Der größte Kassenschlager war dabei nicht, wie man vermuten würde, Marihuana – sondern Kokain: Während sich die Menschen brav in häusliche Quarantäne begaben, schwoll zeitweise die globale Nachfrage nach dem weißen Pulver im Darknet um 1.000 Prozent an.

»Corona Weekend Deal!!«, »Keine Sorge: Papa liefert weiter«, LSD-Tickets im Virus-Design (»Protect yourself from the virus!«) –

die Werbemaschinerie des Cyber-Untergrunds passte sich rasch der neuen Lage an. Während Straßendealern die Kunden wegliefen, fuhren clevere Darknet-Dealer die großen Gewinne ein: 5,2 Millionen Euro Umsatz machte allein der Marihuana-Markt Cannazon in der Hochzeit der Pandemie.[13] Der E-Commerce im Darknet gehört wie die meisten Digitalbranchen zu den Corona-Krisenprofiteuren.

Das Darknet ist im Jahr 2020 ein eher düsterer Ort. Im Windschatten libertärer Cyberaktivisten haben es sich Drogenhändler und Waffenschmuggler gemütlich gemacht, bauen deutsche Männer einen Treffpunkt für Pädosexuelle, um ihren nächsten Missbrauch zu planen. Das birgt die Gefahr einer selbst erfüllenden Prophezeiung: Solange es düster bleibt, werden auch weiterhin nur die kommen, die sich in der Dunkelheit wohlfühlen.

Daniel Mützel, Juni 2020

2. CYBERCRIME-FOREN IN DEUTSCHLAND: DAS BERUFSNETZWERK FÜR DARKNET-TÄTER

Neil ist nervös. Als er am vereinbarten Treffpunkt ankommt – rastlose Pupillen, breite Schultern –, dreht er sich alle paar Minuten um, um zu schauen, ob ihm jemand folgt.

Ein bisschen paranoid zu sein, das hat er in den letzten Jahren unter Kreditkartenbetrügern, Datendieben und auf Verschlüsselung spezialisierten Programmierern gelernt. Sein soziales Umfeld sind Nerds, die sich für robuste Verschlüsselung, Anonymität und Sicherheit im Netz interessieren, um die Technologien zu ihrem eigenen geldwerten Vorteil auszunutzen. Als Treffpunkt, Marktplatz, Ausbildungszentrum und Jobbörse dienen ihnen spezielle Plattformen, in denen Methoden des Cybercrime diskutiert und die Mittel dazu gehandelt werden – und wo Menschen nur noch »Vics« (vom englischen »victim«), also Opfer heißen. Plattformen, die Ermittler zu gerne abschalten würden, es aber meistens nicht können. Neil gibt diesen kriminellen Nerds ein Zuhause. Er betreibt zusammen mit einem Partner[1] die wohl prominenteste Plattform für Internetkriminalität der vergangenen Jahre: Crimenetwork[2]. Mit über 300.000 Seitenaufrufen monatlich und 84.000 registrierten Nutzerkonten ist das Cybercrime-Forum das älteste, lebhafteste und größte in Deutschland.

Wir interessieren uns für Neils Crimenetwork (CNW), weil wir die Menschen, die wir dort getroffen und interviewt haben, immer häufiger auch im Darknet wiedersehen. Hier tauschen sich die Täter aus, lernen und bilden Banden. Die Cybercrime-Foren sind eine Art lokaler Kryptomarkt, an dem sich vieles erklären lässt: Die Technologien ähneln sich, die Delikte auch. Für einige unserer Protagonisten ist

Crimenetwork ein unverzichtbares Sprungbrett für eine Karriere im Darknet als Drogendealer, Datenhehler oder böswilliger Hacker.

Blick in den Maschinenraum: So funktioniert ein Cybercrime-Forum in Deutschland

Im World Wide Web gibt es Cybercrime-Foren wie Crimenetwork seit Mitte der 90er-Jahre. Die Domainnamen von Cybercrime-Foren haben Endungen von weit entfernten Atollen wie den Kokosinseln (.cc) oder Vanuatu (.vu) – das soll Strafverfolgungsbehörden den Zugriff erschweren. Die Server der Foren stehen zumeist in Staaten wie Vietnam oder Russland oder werden durch ein kompliziertes System in gleich mehreren Ländern gespeichert. Wo genau, das bleibt das Geheimnis der Betreiber. Man kann die Seite zwar im Clearnet ansteuern, die Foren-Inhalte sind aber erst hinter einer Anmeldemaske zugänglich. Für manche braucht man auch eine dezidierte Einladung. Technisch gesehen liegen die Foren also im Deep Web, denn googeln kann man keinen der Einträge, Nachrichten und Unterhaltungen. CNW kann man auch im Darknet unter einer .onion-Adresse mit dem Tor-Browser erreichen.

Weil es auf den Cybercrime-Foren fast ausschließlich um Illegales geht, zeichnen sie sich durch eine unstete Existenz aus. Seiten tauchen auf, wachsen rasant, verschwinden mehrmals im Jahr. Klar ist jedoch, dass frühe Nutzer ihren Weg in die Cybercrime-Foren aus der Warez-Szene gefunden haben. Das waren Online-Communities in den jungen Tagen des Internets, die sich auf die Beschaffung und Verbreitung von urheberrechtlich geschütztem Material spezialisiert hatten. Diese Raubkopien (»Warez«) wurden vor der Blütezeit der Filesharing-Netzwerke wie Napster oder KazaA auf Boards getauscht. Gegen Mitte der 00er-Jahre änderte sich jedoch der Fokus der Board-Mitglieder vom libertären Informationsaustausch hin zu monetarisierten Interessen. Während sich die Foren spezialisierten und Zugänge zu den Daten selbst zur Handelsware wurden, wichen die

Warez-Provider zunehmend kriminellen Hackern und Betrügern, die in ihren diversen Ausprägungen in diesem Kapitel im Fokus stehen sollen.

Kreditkarten, Bulletproof Hoster und Packboxen: Die Dreh- und Angelpunkte der Underground Economy

Heute ist die Bedeutung von Cybercrime kaum zu überschätzen, denn immer mehr Bereiche unseres Lebens werden in Codes übersetzt und von Dritten verarbeitet. Mit jedem Tag, an dem wir Daten produzieren und unseren Alltag ins Netz auslagern, bieten wir auch Betrügern im Netz und böswilligen Hackern eine immer größere Angriffsfläche. Aus diesem Grund nehmen auch Straftaten wie Identitätsdiebstahl, Computersabotage und Netzwerkeinbrüche zu. Nicht mal 40 Prozent der Fälle werden aufgeklärt[3]. »Im Phänomenbereich Cybercrime ist – wie in kaum einem anderen Deliktsbereich – eine kontinuierlich steigende Kriminalitätsentwicklung zu verzeichnen«, schreibt das Bundeskriminalamt auf seinen Internetseiten. BKA-Abteilungsleiter Carsten Meywirth sagt sogar: »Cybercrime ist eine der größten Bedrohungen unserer Zeit.«[4]

Mit jeder vernetzten Glühbirne und jeder neuen App multiplizieren sich auch die Schauplätze für Cybercrime – und damit auch das Angebot auf Foren wie Crimenetwork. Das Herz des Forums ist der Marktplatz-Bereich. Was dort feilgeboten wird, bezeichnet Neil als »Sumpf« und die Cybercrime-Abteilung des BKA als »Crime-as-a-service« (CaaS): Hunderte spezialisierte Dienstleistungen und Produkte rund um Internetkriminalität laufen dort zusammen. Crimenetwork hat aber im Gegensatz zu einem Darknet-Markt eine noch stärkere Business-to-Business-Ausrichtung: Hier handeln – vorwiegend junge[5] – Kriminelle mit Kriminellen. Wer sich hierhin verirrt, der sucht meistens ganz konkret ein Puzzleteil im riesigen Dienstleistungsspektrum des Cybercrime.

Sind ausländische Foren für Cybercrime-Tools und Drogen oft

streng getrennt, sind auf CNW Drogen allgegenwärtig. Anbieter für Kokain, Gras und Speed sind prominent platziert. Für Verkäufer, die mit Online-Drogenhandel Fuß fassen wollen, gelten die Boards als erster Testballon: Mit dem Verkauf über CNW kann man sein Geschäft bekannt machen und sich sogar einen Ruf und einen Kundenstamm erarbeiten, ohne zunächst einen eigenen Drogen-Webshop hosten zu müssen. Wie bei allen Angeboten auf dem Forum wird in der Kryptowährung Bitcoin bezahlt, um Zahlungsströme zu verschleiern. Details der Geschäfte werden über verschlüsselte Messenger abgewickelt. Gleichzeitig findet man auf CNW Dienstleister rund um Internetkriminalität, die man für die Infrastruktur eines Online-Drogengeschäfts braucht. Auch die größten deutschen Online-Drogendealer, die unter den Namen Shiny Flakes, Chemical Love oder Chemical Revolution sehr reich werden sollten, starteten hier ihre Karriere.

Analoge Güter wie Drogen spielen trotzdem nicht die Hauptrolle auf dem CNW-Marktplatz: Der Fokus liegt viel eher auf Identitätsdiebstahl und Betrug. Als »Carding« bezeichnet man den Diebstahl von Kreditkartendaten, mit denen sich dann im Netz Waren bestellen lassen, um sie zu Geld zu machen. Carding gibt es schon seit den 80er-Jahren, doch erst das komplexe Netz von digitalen Gütern und Dienstleistungen, die dieser Art von Kriminalität zuarbeiten, hat diese Betrugsschiene so explodieren lassen.[6] Im Jahr 2019 wurden insgesamt 290.707 Waren- und Warenkreditbetrugsfälle polizeilich erfasst. Die erfolgreichsten unter den Internet-Cardern haben sich im Darknet ein zweites Standbein aufgebaut. Ein Kreditkartenbetrüger unter dem Pseudonym Alpha02 zog später einen der größten Darknet-Schwarzmärkte aller Zeiten auf und bewarb ihn mit seinem Namen – AlphaBay.

Am Anfang der Carding-Wertschöpfungskette stehen die Daten fremder Leute. Die erbeuten Kriminelle unter anderem durch Phishing-E-Mails – betrügerische Nachrichten, die Menschen dazu bringen sollen, sich auf einer gefälschten Login-Seite anzumelden und unter einem Vorwand ihre Adresse, vielleicht auch ihre Kreditkartendaten an die Täter zu verraten. Auf dem CNW-Markplatz gibt es in der

»Phishing«-Kategorie vorgefertigte Fake-E-Mails, aber auch ganze Datenbanken mit E-Mail-Adressen möglicher Opfer zu kaufen. Hat jemand eine größere Anzahl Zahlungsdaten erbeutet, schnürt er daraus ein Paket und verkauft die Daten auf Crimenetwork in der Rubrik »CC«. Die teuersten dieser Datensätze heißen »Fullz« und bestehen nicht nur aus gültigen Kreditkartendaten inklusive des Codes auf der Rückseite der Karte, sondern auch aus Adressen und anderen persönlichen Daten. Je umfangreicher der Datensatz, desto größer das Missbrauchspotenztial.

Wieder andere Nutzer spezialisieren sich darauf, die mit gestohlenen Daten gekauften Produkte zum Täter zu bringen. Da man mit gestohlenen Zahlungsdaten nicht auf seinen echten Namen an seine eigene Adresse bestellen sollte, bieten CNW-Nutzer gegen Geld sogenannte »Hausdrops« an. Das kann zum Beispiel ein Zugang zu Häusern mit hoher Mieterfluktuation sein, bei denen man ergaunerte Produkte unter falschem Namen in Empfang nehmen kann. Andere Kreditkartenbetrüger überkleben ihr Briefkastenschild einfach mit einem falschen Namen und lassen sich die Ware dorthin liefern. Mindestens genauso beliebt ist der »Packstation-Drop«. Kriminelle organisieren sich auf CNW gestohlene Zugangsdaten für eine Paketbox und holen die Ware dort ab. Das Bundeskriminalamt meldet in den vergangenen fünf Jahren jedes Jahr eine steigende Tendenz von Vergehen, die über Packstationen abgewickelt werden. In vielerlei Hinsicht bilden die öffentlich zugänglichen Packstationen der Post ein Rückgrat der Underground Economy – und haben auch deutschen Darknet-Händlern geholfen, ihr Geschäft etwas größer aufzuziehen.

Auch die Post weiß mittlerweile, wofür ihre Paketboxen missbraucht werden. DHL versucht, den Betrug einzudämmen, indem sich Neukunden per Post-Ident-Verfahren verifizieren müssen. Doch es sind eben nicht nur die Postfilialen, die solche Identifizierungs-Dienste anbieten – auch in Kiosken oder Schreibwarenläden kann man seine Identität überprüfen lassen. Und manche von ihnen bieten auf CNW an, für 200–300 Euro bei der Ausweisüberprüfung nicht so genau hinzugucken.[7]

Neben geklauten Daten werden auch jedes Jahr mehr Schadprogramme in Form von Viren und Trojanern auf den Boards gehandelt.[8] Die kleinen Programme verstecken sich zum Beispiel in E-Mail-Anhängen oder Word-Dokumenten, nisten sich unbemerkt auf dem PC ein und stellen eine Verbindung zwischen einem infizierten Rechner und dem Täter her. Das Schadprogramm läuft dann im Hintergrund mit und kann zum Beispiel Passwörter, Login-Daten und Lizenzschlüssel stehlen. Andere Trojaner knipsen in regelmäßigen Abständen Screenshots oder schalten heimlich die Webcam ein. Das wird nicht nur zum Betrug, sondern auch zur Erpressung eingesetzt.

Damit Antivirenprogramme diese Trojaner nicht erkennen und außer Gefecht setzen können, gibt es auf Crimenetwork Programme, die die Schadsoftware verschleiern sollen – sogenannte Crypter[9]. Programmierer haben außerdem eine Möglichkeit entwickelt, mit der man die verdächtigen Dateien in eine andere Datei »einpackt« und so die Dateiendung fälscht[10]. All das funktioniert aber nur, solange die Antivirensoftware des Ziel-Rechners nicht auf dem neuesten Stand ist und die Infektion rückgängig macht. Es ist also ein recht zähes Katz-und-Maus-Spiel zwischen der automatisierten Updatefunktion der gängigsten Antivirensoftware und der manuellen Umrüstung einer Schaddatei – alles in allem viel Aufwand für kriminelle Coder.

Auch der Online-Handel hat in Sachen Sicherheit aufgerüstet. 2-Faktoren-Authentifizierung und ein neues System namens 3-D-Secure spielen nicht nur bei Kreditkarten eine immer größere Rolle und machen es Dieben schwerer, an die Daten zu gelangen. Im Großen und Ganzen ist der Betrug schwieriger geworden. Doch wenn die Cybercrime-Szene eins auszeichnet, dann ist es ihre schier endlose Flexibilität und Anpassungsfähigkeit. Die kriminelle Antwort auf die verbesserten Sicherheitsstandards einzelner Firmen: Automatisierte Angriffe durch sogenannte Botnets. Ein Botnet ist ein virtueller Zusammenschluss aus Rechnern oder internetfähigen Geräten, die zentral von einem Server gesteuert werden.

Wie gewaltig solche Botnets werden können, zeigt ein Fall aus Deutschland. Ende November 2016 ging für 1.250.000 Telekom-Kunden urplötzlich nichts mehr: Es war ein Internetausfall, wie ihn deutsche Telekommunikationsanbieter in Jahrzehnten nicht gesehen hatten. Doch schnell stellte sich heraus, dass hier keine Störung vorlag – sondern eine weitaus dramatischere Ursache dahintersteckte. Hacker hatten den Totalausfall zu verantworten – in einem Versuch, das größte Botnet aller Zeiten zu schaffen.

Kurz vor dem Telekom-Desaster hatte sich ein Hacker namens BestBuy den frei verfügbaren Quellcode der Schadsoftware Mirai heruntergeladen und ihn umprogrammiert. Mirai scannt das Internet nach leichter Beute in Form von schlecht gesicherten Geräten wie vernetzten Thermostaten oder Routern, infiziert die Geräte und bringt sie dazu, Ziele im Internet gebündelt mit Anfragen zu bombardieren oder Spam zu verschicken – oft bekommen die Besitzer der Geräte gar nicht mit, dass ihr Router ferngesteuert wird. BestBuys Ziel: Er wollte zahlenden Kunden auf Cybercrime-Foren einen Teil des Botnets zur Miete anbieten, damit diese die infizierten Geräte für mächtige DDoS-Angriffe auf die Websites ihrer Rivalen ausnutzen können.

Der Ausfall der Telekom-Geräte war BestBuys Versuch, Hunderttausende schlecht gesicherte Speedport-Router der Telekom in sein Botnet einzugliedern. Er scheiterte: Sie stürzten allesamt vorher ab. Während die Cybercrime-Abteilung des BKA den Mann hinter dem Alias BestBuy von Proxy-Server zu Proxy-Server durchs Netz jagte, gab er Motherboard US ein anonymes Interview. »Ich möchte mich bei den Telekom-Kunden entschuldigen«, gab sich BestBuy zerknirscht. »Das war nicht meine Absicht.«[11] BestBuy führte die Ermittler letztlich durch einen Link in seinem Code zu einem Instagram-Foto auf seine Spur. So konnten die Behörden ihn als einen Briten namens Daniel K. identifizieren und in Deutschland vor Gericht stellen. Acht Monate nach seinem Angriff wurde K. vom Landgericht Köln zu einer Haftstrafe von einem Jahr und acht Monaten auf Bewährung verurteilt, auch, weil er während des Prozesses ein umfassendes Geständnis abgelegt hatte.

Ein Botnet kann aber nicht nur Websites überlasten, sondern auch Krypto-Erpressersoftware verteilen. Die sogenannte Ransomware verschlüsselt die Festplatte eines Nutzers, bis er ein Bitcoin-Lösegeld an eine kryptische Adresse überwiesen hat. Genau deshalb ist Ransomware zu einem heißen Thema auf den Boards geworden – verspricht sie doch einen automatisierten digitalen Beutezug mit geringem Aufwand. Im Februar 2016 katapultierte eine solche Erpressersoftware rund 150 deutsche Krankenhäuser vorübergehend zurück in die 50er-Jahre: Ein beiläufiger Klick auf einen E-Mail-Anhang hatte die Systeme mit einem Erpressungstrojaner infiziert und die wichtigsten Daten verschlüsselt. In der Notfallambulanz in Neuss mussten Patientendaten per Hand aufgenommen werden, die Befunde stapelten sich als Zettel auf den Schreibtischen, komplizierte Eingriffe wie Herz-OPs konnten gar nicht mehr durchgeführt werden. Ob die Krankenhäuser tatsächlich an Kriminelle gezahlt haben, um den Betrieb wieder aufzunehmen, oder anderweitig wieder an ihre Daten kamen, ist nicht bekannt. Wer die Ransomware verteilt hatte, ebenfalls nicht.

Damit ein Botnet seine Wirkung entfalten kann, muss der zentrale Server »kugelsicher« gehostet werden, um schwerer nachweisen zu können, wo der Angriff mit den infizierten Geräten seinen Ursprung hat. Um bei kriminellen Geschäften im World Wide Web unsichtbar zu bleiben, braucht man spezielle Verschleierungstechniken, auf die sich andere CNW-Nutzer in der Kategorie »Hosting« spezialisiert haben – oder ganze Firmen, die sich als »Bulletproof Hoster« anbieten, wie der folgende Fall zeigt.

Im September 2019 rücken 650 Polizisten in das Weinstädtchen Traben-Trarbach an der Mosel vor. Ihr Ziel ist ein unwirklicher, versteckter Ort im Inneren des Stadtbergs Mont Royal. Die knapp 6.000 Einwohner von Traben-Trarbach nennen den Ort liebevoll »unseren Bunker«. Früher war hier mal die NATO, danach die Bundeswehr stationiert.[12] Fünf Jahre nach dem endgültigen Auszug der Truppen mietete ein gewisser Herman X. aus den Niederlanden sich im Jahr 2012 in die fünf »Solen« genannten Stockwerke tief unter der Erde ein. X.s Geschäft ist das Vermieten von Online-Speicherplatz. Er wollte den Bunker haben, weil er eine Festung ist. Autarke Notstromaggregate sichern die Energieversorgung, rein kommt man nur über eine militärisch gesicherte Schleuse. Und das Bundesamt für Liegenschaften suchte dringend einen Abnehmer für das teure Grundstück und die Instandhaltung von Grundwasserpumpen, Öltanks, Schiffsdieselmotoren und Lüftungen.

X. bekam den Zuschlag und verschanzte sich dort mit einer bunten Truppe an Mitarbeitern. Er zog Erdwälle um den Bunker hoch, ließ Rottweiler ums Gelände streifen, Besucher sahen nicht mehr als eine Schranke, Überwachungskameras und dichte Bäume. Niemand sollte wissen, was X. im Inneren trieb.

Der »Cyberbunker« wurde die wohl wichtigste Schaltzentrale für organisierte Cybercrime- und Darknet-Geschäfte in Deutschland. Der zweitgrößte Darknet-Drogenmarkt Wall Street Market soll hier seine Daten gespeichert haben, aber oft genug tauchten die im Bunker gesicherten Websites auch im Clearnet auf – die rechtsextreme Gruppierung Identitäre Bewegung mietete sich für ihren Webauftritt angeblich sogar zum Sonderpreis ein.[13]

Etwa sechs Jahre lang soll Herman X. unter der Erde in Traben-Trarbach unzählige illegale Cybercrime-Websites gehostet haben. Der Gerichtsprozess dazu steht noch aus.[14] Er selbst behauptet nach seiner Festnahme, über die digitalen Inhalte seiner Kunden nicht Bescheid gewusst zu haben. In jedem Fall bewarb der Cyberbunker die schrankgroßen Server, die dort standen, mit der Garantie, dass die darauf gehosteten Inhalte vor Strafverfolgung geschützt seien. »No matter what«, wie es auf der Website kompromisslos hieß. Kompromisslos war auch die Betreiber-Policy: Jeder konnte Kunde werden und seinen Daten im Cyberbunker ein Zuhause hinter dicken Mauern bieten, solange er nichts mit Pädophilie oder Terrorismus am Hut hatte. Es war nicht weniger als eine herzliche Einladung für die Organisierte Kriminalität im World Wide Web.

Die Razzia im Cyberbunker traf auch die Daten des Cybercrime-Forums Fraudsters, den damals größten Konkurrenten von Neils CNW. Das gesamte Angebot ging vom Netz. Wo genau CNW gehostet ist, das behält Neil natürlich für sich.

Nur so viel verrät er: Das neue Crimenetwork hat aktuell keine nennenswerte Konkurrenz, und das Geld, das in diesem Unternehmen steckt, macht nicht nur die CNW-Händler, sondern vor allen Dingen den Betreiber Neil[15] sehr reich.

Es scheint zunächst erstaunlich, dass man mit einem einfachen Internetforum zu so viel Geld kommen kann. Doch hinter dem simplen, pechschwarzen Layout steckt ein aufwendiges Geschäftsmodell, bei dem sich die Betreiber am Handel ihrer Mitglieder bereichern. Es stützt sich im Wesentlichen auf drei Säulen: Werbung, Lizenzen und Treuhandgebühren.

Genau wie bei legalen Websites können Nutzer Werbung auf CNW schalten – nur eben für ihr Kokain, Falschgeld oder für gestohlene Kreditkarten. Ein winziges Werbebanner kostet mehrere Tausend Euro im Monat.[16] Das Geld, bezahlt in Bitcoin, geht direkt an die Forenbetreiber. Zweitens können Verkäufer illegaler Dienstleistungen ihre Handlungsspielräume auf CNW erweitern, indem sie sich eine Monopol-Lizenz kaufen. Damit sichern sie sich gegen eine monatliche Gebühr von 2.000 Euro bis 10.000 Euro [17] je nach Produkt an die Führung das alleinige Recht, innerhalb des Forums eine bestimmte Ware anzubieten.

Damit Spezialisten im Datendiebstahl, böswillige Hacker und Online-Betrüger überhaupt irgendwie »sicher« miteinander handeln können, hat Neil als dritte Säule ein sogenanntes Treuhandsystem programmiert. Dieses System zur Absicherung von Transaktionen hat er sich von Darknet-Kryptomärkten abgeschaut – und es ist der Grund, weshalb der Laden läuft. Möchte A etwas von B kaufen, überweist er Bitcoin an Neils System auf der Seite, bis B die Ware an A geliefert hat. Ist das geschehen, zahlt Neils Treuhandsystem dem Verkäufer der Ware das Geld aus. Von jeder Transaktion zweigt sich Neil fünf Prozent ab. Neil, der sich selbst als »geldgeil« bezeichnet, zeigt uns bei einem Treffen, wie viel Geld er mit seinem System verdient hat. Allein 150.000 Euro hat er nach wenigen Monaten bereits in Bitcoin geparkt, eine Viertelmillion Euro in Bitcoin ist durch sein Treuhandsystem gesickert. »Aktuell verdiene ich das Dreifache meines regulären Jobs. Nebenher. Steuerfrei«, sagt er. Im Backend der Seite zeigt er uns, dass jeden Tag 255 GB Traffic über das Board laufen. Je mehr Traffic, desto länger halten sich die Nutzer auf CNW auf, je mehr Leute handeln und das Treuhandsystem nutzen, desto reicher wird Neil.

Neil versteht sich als Architekt einer komplexen verschlüsselten Infrastruktur und nicht unbedingt als Anbieter eines illegalen Angebots. Seine Ausgaben sind im Vergleich zu seinen Einnahmen gering. »Rechnet man grob alle Systeme zusammen, die CNW aktuell hat – Back-up der Maschinen, Backend der Maschinen, Frontend –, kostet das pro Monat 400 bis 600 Euro für den reinen technischen Betrieb«, sagt Neil.[18]

Es steckt also viel Krypto-Geld im Marktplatz auf CNW. Treuhand-Gelder sind einer der Gründe, warum die Führungsriege mehrere Male in den letzten Jahren gewechselt hat. Bevor es Neils System gab, übernahmen nämlich die jeweiligen Forenbetreiber die Verwaltung von Geldern persönlich – wer handeln wollte, musste ihnen schlicht vertrauen. Einer, der sich sync nannte, verschwand vor vier Jahren mit mehreren Millionen einbehaltener Gebühren und Treuhandgeldern der Nutzer.[19] Ob aus Angst vor den Behörden, zur Vernichtung von Beweismitteln oder einfach aus Kalkül und Geldgier, weiß bis heute niemand. Wie sein Nachfolger unter dem Nutzernamen Mr. White verschwand, wissen wir mittlerweile: Der ehemalige CNW-Administrator, ein damals 23-jähriger Student der Wirtschaftswissenschaften, wurde 2017 in Köln festgenommen. Nach neunmonatiger Untersuchungshaft und der polizeilichen Beschlagnahmung von rund einer Million Euro in Bitcoin legte er letztlich ein Geständnis ab.[20] Ende Januar verurteilte ihn das Landgericht Köln zu einer Freiheitsstrafe von zwei Jahren auf Bewährung.

Die nächste Reinkarnation des Forums Crimenetwork unter neuer Domain und neuer Führung ließ nicht lange auf sich warten. Bei unserem ersten Treffen mit Neil hieß der CNW-Boss, dem Neil technisch zuarbeitete, noch Sicario – wenige Monate später verschwand auch er. Und Neil rückte von seinem Job als Techmin nach ganz oben in die Führungsriege auf, die er sich nun mit einem Nutzer unter dem Alias inigo teilt.[21]

Cybercrime als Sprungbrett ins Darknet

Regulär arbeiten zu gehen und von seinem Einkommen Steuern an den Staat abdrücken – das hält Neil für sinnlos und ungerecht, er nennt es sogar »Betrug«. Eine Einstellung, die auf CNW weithin geteilt wird. Schließlich legitimiert man damit, andere Menschen abzuzocken. Aufhören ist für Neil jedenfalls keine Option. »Mir tun Leute leid, die nur arbeiten gehen«, sagt er. »Ich selbst habe einen super Job mit wahrscheinlich einem besseren Verdienst und mehr Verantwortung als die meisten in meinem Alter. Aber mir fehlt der Kick. Mein Leben ist langweilig. Wirklich loyal bin ich nur dem Board gegenüber.«

Also häuft Neil Geld an. Statt in Urlaub zu fahren, sitzt er Tag und Nacht am Backend von Crimenetwork, zieht die Fäden im Hintergrund und optimiert die Geldflüsse. Wir sehen Neil noch ein paar Mal wieder. Bei unseren späteren Treffen traut er sich, sein Handy mitzubringen. Es summt ständig und gibt ihm per Push-Nachricht im Minutentakt Meldung darüber, wie sein Vermögen durch Bitcoin-Trades und Anteile an illegalen Geschäften der CNW-Nutzer wächst. »Das macht mich stolz«, sagt er. Aber was nutzt einem der ganze Schotter, wenn er nur virtuell auf einer Festplatte abhängt? »Gestern hab ich mir Gründungsdokumente für eine Firma in den Arabischen Emiraten durchgelesen und mich bezüglich einer Offshorefirma erkundigt«, erzählt Neil.[22] Und wieso? »Um Teile der Bitcoin dort auszahlen zu können. Vielleicht.«

Denn Neil hat wie so viele Cybercrime-Täter ein Problem, das ihn nicht schlafen lässt: Er kommt nicht unbemerkt an sein Geld, denn das Zurückwechseln in Euro wirft unangenehme Fragen auf. Auscash-Optionen, ohne Spuren zu hinterlassen, gibt es immer weniger, selbst in der Angebotswelt des Deep-Web-Forums. Er überlegte, das Geld bei einem persönlichen Treffen mit einer Darknet-Bekanntschaft gegen Bares zu tauschen, verwarf die Idee aber wieder, weil ihm das zu riskant und die Gebühren zu hoch waren. Auch ein Gespräch mit einer

Anwältin ließ ihn ratlos zurück. »Das eigentliche Problem, ›was machen Sie dann mit dem ganzen Bargeld‹, war mir vorher auch noch nicht so bewusst. Da wusste ich wirklich nicht weiter. Das kann ich unmöglich einzahlen auf mein Bankkonto.«

Was die Akteure des Cybercrime eint, ist nicht nur eine Besessenheit von Technologie. Es ist die Liebe zum Geld und ein äußerst flexibler moralischer Kompass. »Wenn der Admin nun umsatteln würde und CNW der Waffenhandel Nr. 1 in Deutschland sein würde ... ich würde lügen, würde ich sagen, ich wäre nicht dabei«, sagt Neil.[23] Er zögert. »Ich habe, wie ein großer Teil der Fraudszene, einen psychischen Schaden.« Viel weiter kommt er in seiner Analyse aber nicht. »Auf der einen Seite schreibt mir eine alleinerziehende Mutter E-Mails: ›Wie soll ich jetzt die ganzen Rechnungen bezahlen?‹, und ich schreib zurück: ›Sieh zu wie du klarkommst‹[24], auf der anderen Seite bin ich absolut loyal gegenüber dem Admin des Forums – ja, da ist schon ein Widerspruch.«

Die Boards sehen unsere Quellen auch als Sprungbrett ins Darknet, wo es noch mehr Geld zu verdienen gibt. Schließlich sind Darknet-Märkte beliebte Handelsplätze für verbotene Substanzen, geklaute Daten und andere CaaS-Puzzleteile. Immer wieder machen sich einzelne Mitglieder von CNW mit eigenen Geschäften selbstständig – ganz besonders, wenn es um Online-Drogenverkauf geht. Zuletzt ging der internationale Drogenshop Chemical Revolution (CR) aus Crimenetwork hervor. An dem soll auch Neils Boss Sicario beteiligt gewesen sein. Die Hauptverdächtigen kannten sich von Crimenetwork und hatten von dort Betrugswebsites mit Ferienwohnungen aufgezogen, die es nicht gab.

2017 gegründet, verkaufte CR im Clearnet, im Darknet und auf dem Darknet-Kryptomarkt Wall Street Market in einem Jahr Drogen im Wert von zwei Millionen Euro. Die Ermittlungen des BKA stockten lange, doch dann gelang es der Polizei, einen Überläufer zu finden. Er identifizierte einen 26-jährigen Münchner, der mittlerweile auf Mallorca lebte, als Kopf der Bande. Am 28. Mai 2019 nahmen die Behörden den Mann bei der Wiedereinreise aus Mallorca fest.[25] So gelang es, Chemical Revolution zu zerschlagen. Elf Verdächtige wurden festgenommen, die Server abgeschaltet und sichergestellt.[26]

Neil ist »zu hundert Prozent« überzeugt, dass es sich dabei um seinen ehemaligen CNW-Boss Sicario handelt. »Er hätte nie mit dem Drogenshop anfangen sollen«, erzählt er Ende August 2019.[27] »Nun haben inigo und ich seit knapp drei Monaten das Baby in unseren Händen und ich merke bei jeder monatlichen Abrechnung, wie ich mehr will – obwohl ich pro Monat mit meiner aktuellen Beteiligung über 10.000 Euro als Gewinn verbuchen kann.«[28] Der Prozess gegen Chemical Revolution ist für den Sommer 2020 angesetzt und verspricht ein Spektakel zu werden: Weil es in Gerichten keinen Saal gibt, der genug Kapazität für alle Beteiligten hat, wird die Verhandlung vermutlich in einer Kongresshalle abgehalten.[29]

Im Sommer 2020 stellt sich heraus, dass Neil recht hatte. »Heute hat's gekracht. Aber nicht bei mir«, schreibt er mir am 23. Juni. Mit »gekracht« meint er eine bundesweite Razzia.[30] gegen Crimenetwork-Tatverdächtige, an der 1.400 Polizisten beteiligt waren und 32 Personen vorläufig festgenommen wurden. Einen früheren, 26-jährigen Administrator des Forums, heißt es in der Pressemitteilung zum »Action Day«, habe man am 28. Mai 2019 bei der Einreise nach Deutschland bereits festgenommen. Neil weiß mittlerweile auch, dass die Behörden die Datenbank des Forums im vergangenen Jahr ergattert und gespiegelt haben – »alle Threads, alle Privatnachrichten«, schreibt er. Er macht trotzdem weiter.

Auch die Protagonisten unseres nächsten Kapitels haben CNW als Hochschule für eine Karriere in millionenschweren Darknet-Geschäften besucht. Sie haben Chemical Revolution gezeigt, dass so etwas überhaupt möglich ist. So wie ein junger Programmierer namens Statine: Er schlug sich mit kleinen illegalen Jobs rund um Phishing und gestohlene Kreditkarten durch, bis er eine schicksalhafte Bekanntschaft auf dem CNW macht, die sein Leben verändern sollte. Sie führt ihn weg von billigen Abzock-Methoden mitten in den organisierten Darknet-Drogenhandel, der organisch auf den Foren mitgewachsen war.

3. DIE GESCHICHTE VON SHINY FLAKES

Die neue Seidenstraße: Wie Silk Road den Drogenhandel digitalisierte

Wenn man davon ausgeht, dass der Handel ganz generell durch das Internet komplett umstrukturiert wurde, dann gilt das seit dem Darknet insbesondere für den Drogenhandel. Das geringe Gewicht bei kleinen Mengen, die weltweit hohe Nachfrage, zuverlässige Postsysteme und der immense Profit, der mit Drogen erzielt werden kann, machen sie zum idealen Produkt für die Schattenwirtschaft im Darknet.

Seit es vernetzte Computer gibt, hat das den Drogenhandel vereinfacht. Schon über das ARPANET, dem Vorläufer des Internets, versuchten US-Studenten, ein bisschen Cannabis zu verkaufen, in den Internetforen der 80er-Jahre boten Internet-Pioniere LSD und Marihuana an (auch wenn man sich für die Übergabe noch persönlich treffen musste).[1] In den 90er-Jahren kamen Drogen-Diskussionsforen wie The Hive im Internet hinzu, auf denen man sich nicht nur über das beste High austauschte, sondern in blumiger Code-Sprache die hauseigenen Züchtungen für Interessenten in der Nähe anpries.[2]

2009 trat dann ein junger Kalifornier auf den Plan. Er war ein brillanter Programmierer und glühender Verfechter unregulierter Märkte und uneingeschränkten Handels. Im Netz trat er unter dem Pseudonym DreadPirateRoberts (DPR) als Pionier einer neuen, technologisch geprägten libertären Ära auf und scharte in Diskussionsforen eine wilde Mischung aus Sicherheitsforschern, Hippies, Drogendealern und politischen Extremisten um sich.[3]

Er hatte die Idee für den ersten Kryptomarkt im Darknet: Silk

Road. Frei von staatlicher Einmischung und durch die Anonymität des Darknets überhaupt erst möglich gemacht, sollte man auf Silk Road ungehindert, anonym und vor allem sicher jede Droge der Welt – und andere illegale Güter – handeln dürfen.

Silk Road war das, was Forscher und Ermittler als »kriminelle Innovation« beschreiben[4], eine völlig neue Art, Straftaten zu begehen – und zu verwischen: Denn sowohl die Identität als auch der Standort der Beteiligten waren durch den Tor-Browser verschleiert. Die Deals konnten weitgehend anonym abgewickelt werden, ohne dass Verkäufer und Käufer Strafverfolgung fürchten mussten. Gleichzeitig war Silk Road relativ einfach zugänglich, man muss nur die Onion-Adresse wissen. Auf Silk Road waren erstmals Substanzen verfügbar, die offline selbst in Großstädten nicht immer einfach zu bekommen sind. Ein Bewertungssystem ähnlich wie bei eBay schaffte Vertrauen zwischen anonymen Parteien und regulierte den Markt. Bewertet wurde, neben der Qualität der Ware, auch der Service der Händler. Das gab den Kunden Orientierung in der Angebotsflut und schaffte das nötige Vertrauen.

Silk Road entwickelte sich rasant. Der im Februar 2011 gegründete virtuelle Schwarzmarkt setzte schon Ende 2012 jede Woche umgerechnet rund 1,3 Millionen Euro um.[5] Das blieb nicht lange unbemerkt. »Silk Road ist um Lichtjahre dreister als alles bisher Dagewesene«, schimpfte US-Senator Chuck Schumer 2011 in seiner eindringlichen Aufforderung an US-Fahnder, das »hochkriminelle« Projekt endlich zu zerschlagen.[6] Das war leichter gesagt als getan. Es gelang nur durch die Zusammenarbeit mehrerer Strafverfolgungsbehörden, Testkäufe und die Infiltrierung der Seite durch verdeckte Ermittler.

Fast drei Jahre währte die Saga um die unbesiegbar scheinende Silk Road und ihren mysteriösen Gründer. Am 2. Oktober 2013 gelang es dem FBI, den 29-jährigen Chemie-Ingenieur Ross Ulbricht in der Science-Fiction-Abteilung einer öffentlichen Bibliothek in San Francisco zu verhaften, während er auf seinem Laptop als Administrator des Marktes unter dem Namen DreadPirateRoberts eingeloggt war.

Erstaunlich ist an diesem Fall, dass Ulbricht ein ganz neuer Tätertypus zu sein schien – meilenweit entfernt von dem Bild eines skrupellosen Drogen-Kingpins, das die US-Behörden gern zeichneten.

Doch selbst als Silk Road noch florierte, bekam das Image vom friedliebenden »Hugs & Drugs«-Libertären DreadPirateRoberts erste Risse. »Bestellseite neu programmiert. Böswilligem Hacker 50.000 Dollar wöchentliches Schutzgeld gezahlt. Die [US-Drogenvollzugsbehörde] DEA hat zwei Millionen Dollar von meinem Konto gestohlen.« – So lesen sich die Tagebucheinträge des Silk-Road-Gründers Ende Mai 2013, die das FBI später veröffentlichte. DreadPirateRoberts, der zum Schluss eine Million Nutzer auf der Onion-Website versammelte, stand unter gewaltigem Druck. Als seine engsten Vertrauten ihren Guru betrogen, zeigte der vermeintlich friedliebende, fürsorgliche Tech-Revolutionär seine andere Seite: DPR wollte, wie sich später herausstellte, zwei Menschen ermorden lassen, von denen er annahm, dass sie die Plattform bestohlen hatten.

Dass es keine Toten gab, lag letztlich nur daran, dass Ulbricht seine Mordaufträge bereits unwissentlich bei verdeckten US-Sonderermittlern per Chat aufgegeben hatte. Die Ermittler weihten das Opfer, einen abtrünnigen Mitarbeiter, ein und inszenierten mit seinem Einverständnis dessen »Mord« – mithilfe von Theaterblut und einer Dose Hühnersuppe mit Nudeln, um Ulbricht im Glauben zu lassen, den Mord durchgeführt zu haben. Im Laufe der weiteren Ermittlungen gegen die Plattform bedienten sich die Beamten selbst großzügig am Bitcoin-Schatz von Silk Road.[7] Später wurde Special Agent Carl Force IV dafür zu sechseinhalb Jahren Gefängnis verurteilt.[8]

Seine Festnahme zementierte Ulbrichts Status als Ikone für seine Nutzer, die ihn als »Erlöser« feierten und schworen, ihn aus der Haft zu befreien. Das ist bis heute zwar nicht gelungen, aber auch wenn Ross Ulbricht lebenslang in Haft bleiben sollte – seine kriminelle Innovation lässt sich nicht mehr aus der Welt schaffen. Sie hat Cyberkriminelle und Drogenhändler auf dem ganzen Globus inspiriert. Auch in Deutschland.

Die Geschichte von Shiny Flakes

> *»Was soll ich sagen, so kauft man heute Drogen. Freitag bestellt, Montag war's da, Quali und Kontakt 10/10. Ich bin jetzt immer nur noch hier, ihr seid die Besten!!!«*
>
> *Nutzerbewertung für Shiny Flakes*

Donnerstag, 26. Februar 2014. Zhivko Z. lenkt seinen roten Astra langsam auf den Parkplatz eines tristen Mehrfamilienblocks im Leipziger Gründerzeit-Viertel Gohlis und wartet.

Es war ein einfacher Auftrag gewesen. Eine Kneipenbekanntschaft hatte ihn gefragt, ob er sich nicht etwas dazuverdienen möchte. Jemand suche einen Fahrer, um Kosmetikartikel über die deutsche Grenze zu bringen. Warum nicht? Viel Geld war es nicht, aber 400 Euro und 200 Euro Spesen konnte er gut gebrauchen. Als Wirtschaftstechniker verdiente man in seinem Heimatland Mazedonien nicht gut, und in den Niederlanden hatte er durch die Sprachbarriere nie richtig Fuß fassen können.[9] Mit so einer Fahrt ab und an konnte er sich und seiner kleinen Familie das ein oder andere Extra leisten. Zhivko begann zu rechnen: Sechs Stunden von Amsterdam bis Leipzig für 600 Euro, minus 70 Euro Sprit und Brötchen an der Tanke. Bleiben noch über 500 Euro.

Zhivkos Kontaktmann in Leipzig ist ein kurz angebundener Typ, höchstens halb so alt wie er. Handschlag. Zusammen leeren sie den Kofferraum, heben die sieben schweren Kisten, die Zhivko in Amsterdam erhalten hatte, auf den Asphalt und verabschieden sich. Im Rückspiegel sieht Zhivko noch, wie sein junger Geschäftspartner die Lieferung nur mit Mühe vom Parkplatz schleppt. Er ist gerade um die Ecke gebogen, als aus dem Nichts Männer auftauchen und auf sein Auto zurennen.

Für Max S., 19 Jahre alt, beginnt jetzt die Arbeit. Vor ihm stehen in Kartons 27,6 Kilo Amphetamine, 24.850 Ecstasy-Tabletten, 20 Kilo Haschisch und 10.000 LSD-Trips. Das reicht gerade mal für ein paar

Tage. Es ist eine eher kleine Lieferung. Vergangene Woche waren es 300 Kilo.[10] Wie jedes Mal muss er mehrmals gehen, um die Ware aus den Niederlanden in die Wohnung seiner Mutter um die Ecke, in sein Zimmer, zu befördern.

Ihm bleibt nicht viel Zeit. Seine Mutter sitzt im Wohnzimmer und Max will ihr möglichst nicht begegnen. Sein Zimmer schließt er ab, sobald er drin ist, die Mutter darf es nicht betreten. Dort tut er, was er jeden Tag macht: Drogen portionieren und verpacken.

Immerhin war der Kurier diesmal wieder pünktlich. Und vor allen Dingen billig. Die Zeiten, in denen er einen zuverlässigen Mann hatte, der die Ware aus Holland kurz über die Grenze gebracht und in Deutschland in eine Packstation geworfen hatte, sind leider vorbei. Der Mann ist untergetaucht. Andererseits ist die Ware auch viel zu wichtig, um sie per Post zu empfangen. Sie per Post zu verschicken ist etwas ganz anderes.

Ein Polizeibeamter, der vor dem Haus im Auto sitzt, observiert Max schon länger. Die Regelmäßigkeit, mit der seine Zielperson die wöchentliche Lieferung aus Holland bekommt – jeden Donnerstagnachmittag direkt ans Haus –, ist schon fast zu akkurat, um wahr zu sein. So, wie andere Leute kegeln gehen, macht der Junge, den er beobachtet, einmal wöchentlich einen Ausflug auf den Parkplatz und bringt jedes Mal mehr hellgraue Kartons mit.

Dass sein Kurier wenige Hundert Meter weiter in Handschellen an ein Auto eines mobilen Einsatzkommandos gedrückt wird, ahnt Max nicht. Zu Hause öffnet er die Kisten und schaltet den Großbildfernseher an. Unten wartet das SEK. Das Go für den Zugriff kommt um 15.45 Uhr. Max erinnert sich später, dass er sich gefragt habe, wer um diese Zeit im Haus bohrt. »Polizei!«, brüllt jemand im Treppenhaus. Die Beamten bohren das Wohnungsschloss auf, Max weiß, dass ihm kaum Zeit bleibt. Er schafft es gerade noch, die Stromzufuhr an seinem Arbeitsrechner zu kappen und damit alle Inhalte der Festplatte beim Neustart hinter einer Passwort-Eingabemaske zu verschlüsseln. Nur Sekunden später kracht ein knappes Dutzend schwer bewaffneter SEK-Leute mit dem Rammbock durch die Wohnungstür von Max' Mutter Carmen S. in Leipzig-Gohlis. Sie zertrümmern die abgeschlossene Tür des Jugendzimmers und sehen Max, der mit erhobenen Händen im Raum steht, zum ersten Mal in die Augen. Und staunen.

Vollgestopfte meterhohe Regale und Schränke, davor, darauf und daneben prall gefüllte Kisten: Bis auf ein Bett und einen Computer scheint dieses Zimmer bis unter die Decke mit Drogen bestückt zu sein.

Der Monitor ist noch angeschaltet, doch auf dem Rechner tut sich nichts. Vergebens rüttelt der SEK-Beamte an der Maus. »Das Passwort!«, verlangen die Polizisten. Max weigert sich. »›Wieso sollte ich?‹, hab ich damals gedacht«, sagt Max.[11]

Die Asservatenliste, die die Spurensicherung angefertigt hat, liest sich, als hätte die Polizei an diesem Abend nicht ein kleines Zimmer, sondern ein Großlager auseinandergenommen:

88.749 Ecstasy-Tabletten »Mortal Kombat«
60.670 Ecstasy-Tabletten »Burger King«
28.004 Ecstasy-Tabletten »Chupa Chups«
56.971 Ecstasy-Tabletten »UPS«
650 Fentanyl-Pflaster,
2.450 Diazepam-Tabletten im Blister
2.262 Tramadol-Tabletten im Blister,
Clomazepam,
Testosteron,
Ketamin,
Fluoxetin[12]
Und so weiter.

Max' Mutter Carmen, die im Wohnzimmer mit einer Maschinenpistole in Schach gehalten wird, habe gezittert und geschluchzt, erzählt Max. Es ist das erste Mal seit Jahren, dass sie die Zimmertür ihres Sohnes geöffnet sieht, wird sie später vor Gericht sagen. Der Fußboden ist voller Kartons, ihr Sohn liegt lädiert und gefesselt im Flur. »Ich brauche einen guten Anwalt«, ist das Letzte, was Max zu seiner Mutter sagen kann, bevor er abgeführt wird.[13]

Treffen im Café

»Ich weiß immer noch nicht, wie ich die Geschichte erzählen soll«, sagt Max und starrt ins Leere. »Wie willst du einem Normalsterblichen vermitteln, was ich getan habe?« Es ist Oktober 2018 und wir sitzen in einem sonnigen Café in Berlin. Max hat von diesem Stadtalltag in den vergangenen vier Jahren nicht viel mitbekommen, weil er im Gefängnis war. Mittlerweile ist er im offenen Vollzug in Leipzig und hat sich zu einem Treffen bereit erklärt, um seine Sicht der Dinge darzulegen. Dafür ist er an einem Sonntagmittag in die Hauptstadt gekommen. Viel Zeit haben wir nicht: Um 22 Uhr ist in Max' JVA wieder Einschluss.

»Zur Begrüßung haben sie mir eine Maschinenpistole durchs Gesicht gezogen«, erzählt er.

»Ich sah übel aus. Mein Anwalt hat später Fotos von meinem zerbeulten Gesicht gemacht, aber wir haben das nie zur Anzeige gebracht«, sagt er. Wieso denn nicht?, will ich wissen. Max winkt ab. »Die waren zu acht oder neunt. Sie hätten einfach gesagt, ich hätte mich gewehrt.«

Die Polizei rechtfertigt ihren bewaffneten Einsatz vor Gericht mit der möglichen Gefahrenlage: Man habe anhand der gigantischen Menge Drogen, mit der hier gehandelt wurde, mindestens mit Handgranaten und anderem schwerem Geschütz gerechnet. Doch bis auf ein Teppichmesser zum Zerschneiden von Kartons wurde keine andere Waffe gefunden. »Na, ich glaube, ich hatte irgendwo 'ne Schere«, ergänzt Max lakonisch.

»Auf jeden Fall: Maschinenpistole durchs Gesicht, Kabelbinder um die Handgelenke, dann lag ich da, während sie die Wohnung gesichert haben und mir ständig wie zufällig auf die Knöchel getreten sind. Sie haben den zweiten Monitor einfach nicht angekriegt, also hab ich gesagt: ›Ihr seid zu blöd dafür. Gebt mir einfach die Fernbedienung und ich mach das.‹ Dafür hab ich mir direkt noch eine gefangen.«

Max wird auf eine Polizeiwache gebracht und nach einer Nacht in einer Zelle dem Haftrichter vorgeführt. Dort lernt er auch seinen Anwalt Stefan Costabel kennen, den ihm seine Familie organisiert hat.

Den Haftrichter beschreibt Max als moralisierenden Unsympath. Mitten in der Befragung durch den Haftrichter habe er zu seinem Anwalt gesagt: »Muss ich die Fragen von dem Arschloch da beantworten?« Die erste Einschätzung der ebenfalls anwesenden Jugendgerichtshilfe vor Ort sei dementsprechend nicht zu seinen Gunsten ausgefallen: »Völlig kaputter Typ.« Für Max geht es direkt weiter in die U-Haft.

Max vergeht das Lachen, wenn er an diesen Tag zurückdenkt. »Ich konnte wegen der Wunden von der Razzia kaum geradeaus gucken. Die Polizisten standen feixend hinter dem Haftrichter und meine Mutter hat nur noch geheult«, sagt er.

Frühjahr 2013 in Leipzig. Max ist 18 Jahre alt, hängt nach seiner Mittleren Reife in einer Ausbildung zum Restaurantfachmann fest[14] und poliert lustlos jeden Abend Gläser. Sobald er Feierabend hat, geht er nach Hause und sitzt an seinem Rechner. Max feilt an einem Geschäftsmodell.

Wer dem unauffälligen und mürrischen Max nichts zutraut, irrt sich. Er ist einfallsreich, diszipliniert und besitzt einen untrüglichen Geschäftssinn. Außerdem kann er mit Computern umgehen.

Von seinem Ausbildungsgehalt hat er sich 2.000 Euro zusammengespart. In diesem Jahr will er sie endlich investieren – in einer Welt, die ihm vertrauter ist und hoffnungsvoller erscheint als die Zukunft als Restaurantfachmann: im Internet.

Einer seiner regelmäßigen Anlaufpunkte ist das Cybercrime-Forum Crimenetwork. Dort tauscht er sich mit anderen Usern aus. »Projekte« hat dort jeder am Laufen. Legal sind die wenigsten. »Ich war da schon länger angemeldet wegen ... so Sachen«, sagt Max bei unserem Treffen und schüttelt unwirsch den Kopf. Weiter ins Detail will er nicht gehen.

2013 ist ein turbulentes Jahr in Sachen Online-Kriminalität. Die Geschichte von Silk Roads Aufstieg und Fall kennen Max und seine Chatpartner auf Crimenetwork natürlich und diskutieren sie rauf und runter. Im Forum waren sich alle einig, sagt Max:[15] Dieser Ross Ulbricht hat ein paar echt dumme Fehler gemacht. Vielleicht wäre es ja vermeidbar gewesen, dass Ulbricht aufflog? Max ist einer von vielen, der behauptet, es tausendmal besser hinzukriegen. Aber der Einzige, der es auch durchziehen wird.

Nach Silk Roads Niedergang erlebten Kryptomärkte im Darknet einen regelrechten Boom. Mithilfe des Tor-Browsers analysiert Max nun nach Feierabend systematisch, wie sich die Verkäufer illegaler Waren dort über Wasser halten. Max' Anwalt Stefan Costabel wird später sagen, sein Mandant sei »beeindruckt gewesen, was es auf den Märkten so alles gab«: sämtliche psychoaktiven Substanzen von Amphetamin bis Xanax, Handgranaten, Schusswaffen, Pornos, gefälschte Ausweispapiere, Falschgeld, gehackte Daten und gestohlene Elektronik. Doch die mit Abstand beliebteste Produktkategorie sind Drogen.

Ulbrichts Festnahme und der schlagartige Ruhm des Gründers von Silk Road haben Max überhaupt erst angespornt, erzählt er mir bei unserem Treffen. Er entscheidet, dass die Welt des Online-Drogenhandels auch seine Welt werden soll. »Die Nachfrage war da und die Marge hoch« – so erklärt Max Jahre später seinen Entschluss, in diesem Milieu völlig ohne Erfahrung mitmischen zu wollen. Ein paar Wochen später ist er bereits im Geschäft.

Vom Tellerwäscher zum Darknet-Meister

Im echten Leben gilt Max als Eigenbrötler, der anderen unfreundlich gegenübertritt und keine besonderen Fähigkeiten hat. In der Schule war er ein Außenseiter.[16] Im Internet ist Max ein unbeschriebenes Blatt. Was er jetzt braucht, ist ein erster Vertrauensvorschuss. Auf Agora, einem Kryptomarkt, findet er Anschluss im Chat. Einer der wenigen deutschen Drogenhändler im Darknet nimmt ihn als Mentor unter seine Fittiche und führt ihn in die Kunst des Online-Drogenhandels ein: RedBull.

RedBull ist eine Art Pionier unter den Darknet-Dealern. Als den meisten Ermittlern das Wort Darknet noch nicht mal richtig über die Zunge ging, verschickte er schon 2010 von einer Wohnung in Westberlin aus gefälschte Ausweispapiere, Kokain und Ecstasy. Erst Silk Road, dann Pandora, Agora, Evolution und Hydra: RedBull hat alle diese Kryptomärkte erlebt – und überlebt. Mit 830 abgeschlossenen Deals ist er der ideale Chatpartner für den wissbegierigen Max, der sich im Darknet zunächst DonCamillo nennt – nach seiner Ausbildungsstätte.

Aus der Forschung weiß man, dass nicht jeder Händler auf einem Kryptomarkt bestehen kann: Nur rund 70 Prozent aller Drogen-Angebote finden überhaupt einen Abnehmer. Mehr als jeder zweite Verkäufer verdient im Jahr weniger als 10.000 US-Dollar und betreibt den Handel nur als lukrativen Nebenjob neben einer anderen Lohnarbeit, um sich den ein oder anderen Luxus leisten zu können. Diese »Nebenjobber« zwacken gerade mal 3,5 Prozent des Gesamtumsatzes des Marktes ab, stellen aber die Mehrheit der Händler. Nur fünf Prozent Topverdiener machen mehr als 200.000 US-Dollar Umsatz im Jahr.[17]

Doch DonCamillo denkt noch größer. Darknet-Händler, schön und gut. Auf Agora wäre er jedoch nur einer unter vielen. Was wäre, wenn man die Rivalen am Markt einfach ausschalten könnte, indem man selbst eine ganze Palette Drogen auf einer eigenen Plattform anbietet? Was wäre, wenn er der nächste Ross Ulbricht werden würde – nur ohne Konkurrenz und Stress mit anderen Händlern?

Denn auf Ärger mit anderen Dealern hat Max keine Lust. Er hat noch nicht mal besonderes Interesse an Drogen. Aber er weiß, dass sie sich verkaufen. Er sucht, wie sein Anwalt später behauptet, »einfach nach Anerkennung im Netz«.

Am 27.9.2013 meldet Max sich beim Finanzamt als Kleinunternehmer an. In das Feld »Berufssparte« trägt er ein: »Webdesign«. Er verbringt den Winter hauptsächlich zu Hause und lernt, wie man Packstationen hackt, Bitcoin-Transaktionen erledigt und seine Spuren im Netz wirklich effizient verschleiert. Und er treibt das Projekt, einen eigenen Krypto-Drogenshop aufzubauen, voran.

Sein erster Plan für einen deutschen Online-Handel mit Kokain und anderen Drogen war arbeitsteilig. RedBull soll die Drogen liefern. Um den Versand soll sich ein gemeinsamer Darknet-Bekannter kümmern. »Keine Ahnung mehr, wie der im Netz hieß«, behauptet Max bei unserem Treffen, »die Nicknames werden da ja auch gewechselt wie Unterhosen. Vor Gericht hab ich ihn dann in DummesSchwein umgetauft«, erzählt er und grinst.

»Auf jeden Fall war die Grundidee, ich mach nur den Shop. Verschicken war mir zu doof, das ist ja nicht die Kunst. Jeder kann irgendetwas klein machen und einpacken. Das ist dumme Arbeit, die man delegieren kann, soweit man jemandem vertraut«, sagt er.

Zunächst aber organisiert sich Max selbst ein Starterpack Drogen, um es im Netz zu verkaufen und an Geld zu kommen. Er tauscht seine 2.000 gesparten Euro in Bitcoin um und kauft sich bei RedBull 30 Gramm Koks und psychedelische Pilze. Max' erste Koks-Investition ist riskant, doch es funktioniert. Ohne Internet hätte das nie geklappt, werden später Ermittler behaupten: »Der hätte keinen halben Tag am Hauptbahnhof durchgehalten.«

Ein Drogenshop entsteht

Max ist entschlossen, aus seinem Projekt das Maximum herauszuholen. In Rekordzeit bringt er sich Marketingkniffe zur Verkaufsoptimierung bei. Dazu gehört zuallererst eine ansprechende Präsentation der Ware. Das Kokain, das ihm RedBull in einem unauffälligen Umschlag per Post schickt, legt er in seinem Zimmer auf einen Spiegel und fotografiert die Kristalle mit einer teuren Spiegelreflexkamera im Closeup. Sie schimmern und glitzern auf seinem Monitor, fast wie Schneeflocken. »Shiny Flakes halt«, sagt Max später. »Liest sich gut.«

Der Name bleibt hängen:

Shiny Flakes nutzt er fortan als Namen seines Shops und zugleich als sein Admin-Pseudonym. Wer am 2. Januar 2014 auf die frisch eingerichtete Webadresse www.shiny-flakes.cc klickt, erfährt im lesefreundlichen Frage-Antwort-Format Folgendes:

> *»Kokain ist nicht böse. Stars wie Cristiano Ronaldo, Charlie Sheen, Paris Hilton, Robbie Williams, Eminem, Britney Spears, Justin Bieber, Lady Gaga und viele, viele mehr haben bereits zu Kokain gegriffen, sogar US-Präsident Barack Obama gab in seiner Autobiografie zu, in jungen Jahren öfters Kokain geschnupft zu haben!«*

Zum Schluss folgt noch ein mütterlicher Tipp: *»Nase putzen nicht vergessen.«*

Was klingt wie eine Satireseite, ist der erste Prototyp eines Unternehmens, dem deutsche Ermittler über ein Jahr hilflos hinterherlaufen werden – registriert auf den Kokosinseln im Indischen Ozean, die Server unerreichbar irgendwo im Ausland, Zahlung anonym in Bitcoin, Versand per DHL. Neben dem aufmunternden Werbetext und den Fotos hat Max Kauf-Buttons für Kokain, MDMA und Crystal Meth programmiert. Der Laden läuft über die Handelssoftware WooCommerce, ein automatisches Warenkorbsystem legt die gewünschten Artikel mit einem Klick bequem in den Einkaufswagen. *»Worauf wartest du noch? Schlag zu!«*

Ohne dass es jemand mitbekommt, kauft Max sich in den kommenden Wochen ein kleines Drogensammelsurium aus dem Darknet zusammen und verkauft es mit kleinem Aufschlag wieder weiter, um sich sein eigenes Portfolio als Händler langsam, aber sicher aufzubauen. Mit jedem Pilz- und Koks-Päckchen, das er auf den Weg schickt, lernt Max dazu: wie man Drogen luft- und blickdicht in einem Brief versteckt, wie man sicher versendet und sicher abholt, und über die Kommunikation der Händler mit den Käufern.

Er versteht, welche Margen im Darknet-Handel möglich sind – und wie gern deutsche Käufer bei deutschen Händlern kaufen. Mit jeder erfolgreichen Bestellung, die beim dankbaren Kunden landet, bekommt Max ein Sternchen für seine Bewertungsseite – und sein Profil nimmt Form an.

Ihm gefällt die Nüchternheit. Für ihn sind es einfache Transaktionen, die bei Verlässlichkeit belohnt werden. Vielleicht zum ersten Mal hat er das Gefühl, etwas wirklich gut zu können.[18]

Gummibärchen auf der Wache

Im Frühjahr 2014 beschäftigt die Ermittler in Sachsen, genau wie die in bayerischen Randgebieten, hauptsächlich ein Meth-Problem: Über die offenen Grenzen aus Tschechien wird die Droge in Autos importiert, sie macht schnell süchtig und hat sich auch in Leipzig ausgebreitet.[19] Dann stellt Oberkommissar Bernd Merbitz fest, dass plötzlich seltsame Sendungen in den Wachen der sächsischen Großstadt eintrudeln.

Leipziger Bürger haben Luftpolsterumschläge und Pakete vorbeigebracht, als sie lange bei ihnen im Treppenhaus liegen geblieben waren. Der Poststempel ist aus Leipzig, doch niemand – auch nicht die Post – kennt die Adressaten oder die Absender.

Auf der Wache öffnen Kriminalkommissare die Pakete. Pinke und grüne Pillen kullern heraus. Und dann ist da noch etwas in der Sendung, das verdächtig aussieht nach ... Gummibärchen?! Die Polizisten finden keine verwertbare DNA-Spur daran. [20]

Erste Tests im Labor bestätigen den Verdacht: Bei den Gummibärchen handelt es sich um gezuckertes Fruchtgummi mit natürlichen Aromastoffen. Und bei den Pillen um hoch konzentriertes Ecstasy.

Das Koks-und Pillen-Franchise im Internet ist noch nicht mal richtig angelaufen, als das Trio, RedBull (Lieferant), »DummesSchwein« (Verpacken und Versand) und DonCamillo (Max), das sich nur aus verschlüsselten Chats kennt, zu einem Duo aus Lieferant und Verkäufer zusammenschrumpft.

Max hatte einen Anfängerfehler gemacht. Er hatte einen seiner Crimenetwork-Kollegen mit der Aufgabe des Verpackens beauftragt:

»Ich meinte im Chat, pass auf, wenn du auch was verdienen willst, musst du nur meinen Anweisungen folgen. Du machst das klein und verschickst das«, erzählt er mir bei unserem Treffen in Berlin.

Das Organisieren der Drogen per Post, sagt er weiter, sei eigentlich ziemlich einfach gewesen. Genügend Geld zum Reinvestieren habe er vom Verkauf des Kokains gehabt. »Drei Wochen später hatte der Typ Drogen im Wert von 20.000 Euro vor sich liegen, die ich ihm besorgt hab – und sich natürlich nie wieder gemeldet.«

Max ignoriert einfach, dass er einen Partner verliert. Er habe immer an sein Projekt geglaubt, sagt er mir. »Und das bisschen Versand, dachte ich damals, krieg ich auch alleine hin.« In jeder freien Minute optimiert er seine Website. Für den Fall, dass RedBull sich plötzlich auch entscheiden sollte, nicht mehr zu liefern, sucht er sich schon mal selbst im Darknet ein paar neue und größere Lieferanten.

Um sich von anderen abzuheben, will er sich so schnell wie möglich aus der Deckung des Darknets begeben und die Drogen nicht nur über Tor, sondern durch mehrere ausländische Server getarnt auch auf einer deutschsprachigen Website im Clearnet anbieten. Dass er mit einer solchen Webadresse natürlich auch für die Behörden sichtbar wird, kalkuliert er von Anfang an ein.

Damit hat er seine Nische gefunden. Denn obwohl Kryptomärkte[21] theoretisch globale Plattformen sind und den Verkauf rund um die Uhr ermöglichen, sind sie in der Praxis eher ein Phänomen zwischen Akteuren des globalen Nordens, sagen Drogenforscher. Kunden entscheiden sich schon deshalb lieber für einen Händler aus ihrem eigenen Land, weil dieser die Muttersprache beherrscht.[22] Viel entscheidender ist jedoch, dass die Zustellung sicher abgewickelt werden kann. Wer von Deutschland verschickt und primär deutsche Kunden anspricht, muss sich um Probleme mit dem Zoll nicht kümmern – und kann davon ausgehen, dass bei der Post kaum eine Sendung hängen bleibt.

Das Darknet nutzt Max ab Winter 2014 auch als Werbefläche für seinen Shop. Auf drei verschiedenen Kryptomärkten, Agora, Pandora und Evolution, verkauft er Drogen und verschreibungspflichtige Medikamente parallel, mit dem Hinweis »Kauft lieber im Shop! www.shiny-flakes.cc«. Sein Ziel ist, die Kundschaft vom Darknet langfristig auf seine offene Internetadresse zu locken.

»Die ersten fünfzig Bewertungen auf den Darknet-Märkten hab ich mir einfach selber geschrieben«, sagt Max bei unserem Treffen. »Wäre ja dumm, wenn man das nicht macht, man muss ja erst mal sichtbar werden. Ich bestell also fünfzig Mal unter dreißig verschiedenen Accounts ein Gramm bei mir selbst, überweise mir selbst den Bitcoin-Betrag und gebe mir immer fünf Sterne. Dann lässt man das einfach laufen und die Kunden kommen von selbst. Wenn man irgendwann 500 Bewertungen hat, zögern die Leute überhaupt nicht mehr.«

Er hat mittlerweile so viele Deals über Kryptomärkte abgewickelt, dass er seinen guten Ruf und seinen exzellenten Bewertungsdurchschnitt nutzen kann, um für sein kleines Drogen-Start-Up zu werben. Das Cybercrime-Board Crimenetwork schien die ideale Adresse, um Kunden aus dem Clearnet anzulocken.

Und wenn Max schon mal dort ist, kann er auch über das Board direkt Drogen verkaufen. RedBull freut das, er liefert gern. Zahlung in Bitcoin, Bestellung per verschlüsselter E-Mail: Auf CNW spricht sich in rasend schneller Geschwindigkeit herum, dass dieser Typ namens Shiny Flakes hält, was er verspricht. Nach diesen Testimonials unter der großen Nutzerbasis von Crimenetwork hat Max gesucht. Sein Businessplan geht auf: Sobald er zum Gesprächsthema auf CNW aufgestiegen war, nutzt er seinen Ruhm, um die eigene Shop-Website www.shiny-flakes.cc zu pushen, und auf CNW kommt Max eine Idee, wie er Konkurrenten ausschalten kann: Er bezahlt den Betreiber dafür. »Ist doch blöd, wenn da noch andere Leute Drogen verkaufen«, erzählt er mir bei unserem Interview. »Also hab ich dem Boardbetreiber gesagt, ich geb dir jeden Monat 1.000 Euro und dafür sperrst du bitte alle anderen Händler hier.« Der Inhaber von Crimenetwork wittert ein gutes Geschäft. Max weiß, dass 1.000 Euro im Monat schon bald Kleingeld für ihn sein werden – und so einfach wird er zum Monopolisten auf CNW.

Der Laborant

Es sei »in einer schlaflosen Nacht« 2013 gewesen, als Michael W. die rettende Idee kommt, wie er sich sein Hobby finanzieren kann. Schon öfter habe er auf Speed oder Koks durchgemacht, als er an seiner Masterarbeit über anorganische Chemie feilt, wird er drei Jahre später vor Gericht sagen. »Mein einziges Ziel war der Masterabschluss«, erzählt er der Richterin. Doch Nachtschichten auf Koks sind teuer: »So kam ich auf die Idee mit der Reinheitsanalyse.«

Also machte Michael W. seinem Online-Dealer RedBull einen Vorschlag: Er würde die Drogen immer mal wieder per Magnetresonanz und Spektrometer im Chemielabor der Universität auf Wirkstoffe testen und im Gegenzug selbst etwas von dem Stoff bekommen. Und RedBull könnte mit dem Reinheitsgehalt seiner Drogen im Darknet Werbung machen.

Eine Win-win-Situation. RedBull empfiehlt ihn an seinen damaligen Geschäftspartner weiter, einen gewissen »Shiny Flakes«. Bald schickt auch der Pulver und Kristalle zur Analyse an Michael W.: Hier mal Koks, da mal Crystal Meth. Auch für Max lohnte sich der Tauschhandel, Kokain hatte er genug am Start. Die stets hervorragenden Testergebnisse für die codierten Drogen wie »Stern« oder »Bolivien_01«[23] sendete sein Kontakt per E-Mail zurück; bald konnten alle Kunden direkt auf den Produktseiten sehen, was für hochqualitativen Stoff Shinys Portfolio zu bieten hatte.

Leider habe er feststellen müssen, so sagt Michael W. im Juli 2016 vor dem Landgericht München aus, dass er im Uni-Labor gar nicht die richtigen Instrumente zur Analyse hatte. Er habe deshalb den Wirkstoffgehalt einfach abgeschätzt. »Die Ergebnisse waren frei erfunden«, sagt er aus.[24]

Tatsächlich ist der Mangel an verlässlicher Information über Inhaltsstoffe und Wechselwirkungen nicht nur für Konsumenten, sondern auch für Darknet-Händler ein großes Problem. Denn die Dealer bauen ihren Ruf auch auf dem beworbenen Reinheitsgehalt ihrer

Ware auf – und haben im Gegensatz zu den Leuten, die z. B. am Bahnhof Drogen verticken, Kundschaft, die für alle sichtbare Bewertungen hinterlassen und bei schlechter Ware jederzeit zur Konkurrenz überlaufen können.

Shiny Flakes versuchte sich damit abzusichern, dass er noch an zwei andere Tester Proben verteilte. Hier kam die spanische Organisation »Energy Control« sowie ihr Schweizer Pendant »Safer Party« ins Spiel. Shiny schilderte in München und Leipzig vor Gericht, dass er seine Drogen zur Analyse dorthin einschickte. Energy Control bietet allen ausländischen Endverbrauchern an, gegen eine Gebühr von 70 Euro »vertraulich und anonym« Samples aller gängigen Drogen auf Reinhaltsgehalt und Fremdstoffe zu untersuchen; das Testergebnis gibt es per E-Mail zurück.[25] Welcher der Werte aus diesen mehr oder weniger verlässlichen Analysequellen es letztlich auf die Produktseiten von shiny-flakes.to schaffte, bleibt Max' Geheimnis. Den definitiven Nachweis brachte erst ein forensisches Labor im Auftrag des LKA Sachsen nach der Beschlagnahmung: Im Gohliser Jugendzimmer gab es ausschließlich hochwirksame Ware mit Reinhaltsgehalt von bis zu 90 Prozent.

Shiny Flakes wird berühmt

Dass es eine Website gibt, auf der man sich jede erdenkliche Droge aus Deutschland liefern lassen kann, ohne dafür das Haus verlassen zu müssen, sprach sich im September 2014 rasend schnell herum. »Das war's, was die Seite so groß gemacht hat«, sagt Max. »Die Mundpropaganda.« Hatten manche potenzielle Kunden Vorbehalte dem Darknet gegenüber oder fanden die Kryptomärkte erst gar nicht, schien das Versprechen einer rund um die Uhr erreichbaren Clearnet-Version für Hunderte, später viele Tausend Menschen die Hemmschwelle, Drogen im Netz zu bestellen, drastisch zu senken.

Shiny Flakes war mit identischem Look gleich unter mehreren Adressen erreichbar: Im Clearnet unter www.shiny-flakes.to (registriert in Tonga), www.shiny-flakes.cc (registriert auf den Kokosinseln), später www.shiny-flakes.com und die ganze Zeit über unter diversen Onion-Adressen über den Tor-Browser im Darknet. Man konnte sich also aussuchen, ob man für den Besuch des Shops den Hidden Service bevorzugte, wie man es bei einem Kryptomarkt gewohnt war – oder einfach mit einem beliebigen Webbrowser darauf zugreifen wollte.

Der Shop war aufgebaut wie ein x-beliebiger Online-Versandhandel – Warenkorbsystem, Hilfeseiten, Kontaktadressen –, nur mit besserem Design. Die Kundschaft sprach der Shopbetreiber auf Deutsch und Englisch an. Alle paar Tage verfasste er Updates zu Lieferzeiten und neuen Produkten. Violette Akzente rahmten hochauflösende Bilder von Dutzenden illegalen Substanzen ein, die ins Rampenlicht gerückt wurden wie seltene Juwelen.

Wer Shiny Flakes betrat, konnte sich nicht nur mit Kaufempfehlungen helfen lassen, die von Amazon oder eBay inspiriert waren (»Kunden, die ›SHINY FLAKES SAUBERES METH 84 Prozent Reinheit‹ kauften, kauften auch …«). Hunderte Rückmeldungen von offensichtlich unbehelligten Kunden ließen nur einen Schluss zu: dass dieser in Deutschland einmalige Dienst – ein schneller und einfacher anonymer Drogen-Kryptomarkt, ohne in den nächsten dunklen Park oder sogar das Darknet abzutauchen – ganz offensichtlich florierte und auch in Sachen Produktqualität nichts zu wünschen übrig ließ:

19.08.2014:
X-te Bestellung wieder mal erfolgreich droppen können!
Wie immer Hard-Core-Fix-Versand :D
Das Speed ist wirklich TOP ! Habe eben meine erste Nase zum testen genommen … Juhuu sag ich nur, der Tag kann beginnen :D
Danke für alles :D
21.08.2014:
Kann mich den anderen nur anschliessen. So hochprozentiges Speed ist mir noch nie untergekommen, locker 5 mal so potent wie der Rotz

der auf der Strasse gängig ist und das auch noch zum mehr als fairen Preis!
21.08.2014:
das zeug ist pervers. verkaufe bei mir 1g für 10 euro und ich habe das beste speed in meiner stadt danke shiny. lass dich nicht packen.
»Moin. Uns fliegt hier gerade der Kopf weg vom Pulver. Hammer.«
»Shiny ist Gott.«[26]

Shiny steigt nicht nur in den Liebes- und Treuebekundungen auf seinen Websites, sondern auch in der Parallelwelt der Underground Economy nach und nach zur Legende auf. Besonders die Tatsache, dass der Shop vor den Augen der Ermittler im Darknet und im Internet operiert und die Post zum Drogenhändler macht, löst in kriminellen Kreisen Begeisterung aus. Da musste sich jemand offenbar sehr sicher fühlen und seine eigene sowie die Anonymität seiner Kunden perfekt schützen können. »Lass dich nicht erwischen!«, wünschen ihm Kunden und sogar manche Konkurrenten anerkennend[27] – und empfahlen ihn fleißig weiter.

Im August 2014 wissen auch Drogenfahnder, dass es da diese deutsche Internetseite gibt, die sich als ein Amazon für Drogen aufspielt und nicht nur in anonymen Netzwerken unter einer Onion-Adresse via Tor, sondern auch mit jedem x-beliebigen Browser im Internet zu erreichen ist.

Nicht nur können die Ermittler sehen, dass Drogenkäufer schnell und einfach zwei Tage nach ihrer Bestellung das Mittelchen in der Hand halten – die Betreiber brüsten sich sogar mit »exklusiven Produkten«:

SHINY FLAKES XTC – EXCLUSIVE 250mg green Chupa Chups.

Genau diese Pillen mit Chupa-Chups-Logo hatten die Beamten im Frühjahr schon mal selbst in der Hand – sie waren aus den verwaisten Paketen gefallen, die Leipziger Mieter in Treppenhäusern gefunden hatten.

»Bei den Pressern in Amsterdam kann man Formen und Farben von Pillen exklusiv herstellen lassen«, erzählt Max. »Das wollte ich unbedingt, weil dann die Leute googeln, woher ihre grünen Chupa-Chups-Pillen oder ihr lila MDMA kommt. So landen mehr Kunden direkt auf meiner Seite.«

Im August 2014 eröffnet die Staatsanwaltschaft Leipzig ein Ermittlungsverfahren gegen unbekannte Täter der »Gruppierung Shiny Flakes«. Dass hinter dem beliebten Drogen-Webshop eine organisierte Bande stecken könnte, ist für die Fahnder zunächst eine valide Arbeitshypothese. Dafür scheint schon die schiere Menge der verkauften Rauschmittel (laut Käuferfeedback) zu sprechen. Überhaupt: Was dort auf der Website passiert, ist für die Strafverfolger eine pure Provokation. Da gibt jemand den Kunden sogar öffentlich Tipps, wie man möglichst stressfrei und ohne erwischt zu werden an sein Koks kommt.

> *»Frage: Wie kann ich meine Sendung anonym empfangen? Kann das jeder?*
> *Antwort: Ja! – Und zuallererst möchten wir daran erinnern, dass uns deine Adressdaten nur bis zum Versand bekannt sind und anschließend gelöscht werden, des weiteren wissen wir nicht ob es sich dabei um eine geklaute Packstation oder einen toten Briefkasten handelte. Wichtig ist dabei nur, dass die Sendung per Deutsche Post/DHL zugestellt werden kann. Bei Bestellungen auf eine normale Hausadresse reicht uns zudem der Nachname, zum Beispiel: ›Meier‹ – du kannst dir die Sendung also auch ganz bequem nach Hause bestellen und änderst ganz einfach dein Briefkastenschild von ›Zimmermann‹ zu ›Zimmermann / Meier‹ bis deine Bestellung eintrifft.«*

Doch noch tappen die Ermittler völlig im Dunkeln. Sie probieren es zunächst per E-Mail bei der angegebenen Kontaktadresse, service@shiny-flakes.cc, geben sich begeistert und versuchen, die Betreiber zu einem Treffen zu überreden – oder ihnen wenigstens eine Spur zu entlocken. Doch die vermeintliche Gruppe geht auf die Versuche der Kontaktaufnahme gar nicht erst ein.

Auch die sächsischen Ermittler lesen die begeisterten Rückmeldungen auf Crimenetwork und auf Shiny Flakes. Viel mehr, als sich die Nutzernamen der Leute zu notieren, die sich als enthusiastische Kunden ausgeben, können sie aber vorerst nicht machen. Sie wissen, der Absender scheint direkt vor ihrer Nase im Raum Leipzig zu operieren, technisch kommen sie ihm und seiner auf mehreren Wegen erreichbaren Website aber nicht bei: Die Bitcoin-Zahlungsströme können sie nicht nachverfolgen.

Die Onion-Domains sind darauf ausgelegt, ihren Standort zu verschleiern, sodass er unmöglich zu lokalisieren ist. Und bei der Clearnet-Version seines Shops hatte Shiny Flakes den amerikanischen DNS-Provider Cloudflare vorgeschaltet, der die Seite nach außen hin genauso anonymisierte wie einen Hidden Service. Der Anbieter des sogenannten Bulletproof Hosting wirbt explizit damit, den tatsächlichen Serverstandort seiner Kunden gegen potenzielle Angreifer – oder neugierige Strafverfolger – zu verschleiern. Die Registrierung der Shop-Adressen unter einem Fake-Namen im Inselkönigreich Tonga und auf den Kokosinseln im Südpazifik hilft bei der Ermittlung der eigentlichen IP des Shops da auch nicht weiter.

Die Beamten müssen vorerst hilflos zusehen, wie Shiny Flakes im Internet wächst und gedeiht – und sich immer weiter aus der Deckung traut.

Packstation 145: Ein heißer Tipp von der Post

Im Sommer 2014 finden Beamte bei Hausdurchsuchungen im Rahmen von anderen Drogenfällen mittlerweile im ganzen Bundesgebiet Post von Shiny Flakes mit Drogen und Leipziger Poststempel.

Im Winter 2014 feiert Max seinen 20. Geburtstag, die berauschten Kunden feiern seine Cleverness, die Polizei einen klitzekleinen Durchbruch in der analogen Welt: Durch Nachforschungen bei der Post stellt sich heraus, dass alle zuvor in Leipzig gestrandeten Päckchen durch ein Sortierzentrum der DHL im sächsischen Radefeld liefen. Leider ist es gigantisch groß. Die Fahnder müssen vor Ort die Post in Radefeld händisch nach weiterer Shiny-Flakes-Post untersuchen, bevor sie bei Kunden landet – ähnliche Adressaufkleber, vielleicht die gleichen fiktiven Absenderadressen. Gegen diese Maßnahme stellt sich die Post erstaunlich lange quer. Erst nach wochenlangem Hin und Her und richterlichen Beschlüssen wird diese Inspektion zugelassen. In den riesigen Hallen des Sortierzentrums stehen im Winter 2014 nun tagein, tagaus Polizisten, die an den Fließbändern jede Sendung oberflächlich checken, in der Hoffnung, auf verdächtige Luftpolsterumschläge zu stoßen und sie nach weiteren Hinweisen auf den Absender zu durchforsten. Das Problem: Selbst wenn sie etwas finden, dürfen sie in die Umschläge nicht hineinsehen. »Das ist das Briefgeheimnis«, sagt Max. »Und das steht im Grundgesetz und gilt bis zum Maxibrief.«

Max' Geschäftsvolumen steigt Tag für Tag. Seit mehr als einem Jahr verschickt er Drogen durch Deutschland – und gibt öffentlich damit an: »Wir sind sehr schnell gewachsen«, behauptet Max in einem Interview.[28] »Es gibt da eine gewisse 50.000-Einwohner-Stadt, die beliefern wir, als würden wir vor Ort eine Filiale betreiben. Die örtlichen Dealer wären bestimmt sehr froh, wenn wir tot umfielen.«

Erst im Januar 2015 finden die Beamten, die die Sisyphusarbeit im Sortierzentrum leisten, endlich eine wirklich heiße Spur: Wird der Inhalt eines bestimmten Stadtviertels ins Sortierzentrum gebracht, sind unter genau diesen Päckchen immer häufiger Sendungen, die optisch ins Shiny-Flakes-Raster fallen. Sie kommen aus der Packstation 145, Dantestraße 17 in Leipzig.

Es ist der entscheidende Hinweis in der langen Fahndung. Der Täter ist jetzt nicht mehr nur ein Phantom unter Hunderttausenden in Leipzig. Sein Geschäft scheint einen klaren Dreh- und Angelpunkt zu haben.

Die Nachfrage bei Shiny Flakes wächst und wächst. Neben Drogen aller Art hat Max im Winter 2014 mittlerweile auch eine halbe Apotheke verschreibungspflichtiger Medikamente in seinem Portfolio. RedBull ist nur noch einer seiner vielen Lieferanten.

Jeden Donnerstagnachmittag nimmt Max kiloweise Pillen und Speed aus den Niederlanden entgegen, die ihm von seinem Kurier

Zhivko Z. mit dem Auto an den Parkplatz seines Wohnhauses vorgefahren werden. Der Rest kommt per Post. Shiny verkauft aktuell über fünf verschiedene Kanäle und Märkte im Clear- und Darknet Drogen. Auf Pandora handelt er weiter als DonCamillo, auf Agora und Evolution heißt er wie seine Website, Shiny Flakes.

Er braucht jetzt schon ein eigenes Programm, um die Bestellmengen und Versandkosten pro Order zu errechnen.

Um der Bestellungen Herr zu werden, entschließt sich Max dazu, die Mindestbestellmenge zu erhöhen; erst auf 70 Euro, dann auf 200 Euro. Den Besuchern seiner Website bleibt Max' Überlastung nicht verborgen: Aus Kundeninformationen auf shinyflakes.com werden Ende 2014 eindringliche Anweisungen zur korrekten Bestellung, schließlich barsche, militärische Kommandos in Großbuchstaben, aus denen die Frustration des Verfassers förmlich trieft:

> *»DO NOT USE KYRILLIC LETTERS!*
> *ADDRESS MUST NOT BE MORE THAN 5 LINES!!!*
> *WE DO NOT HAVE SPACE FOR MORE THAN 5 LINES!!!*
> *NOT 6 LINES! NOT 7 LINES! NOT 8 LINES!«*

Je größer Shiny Flakes wird, desto mehr häufen sich auf Crimenetwork im Laufe des Jahres negative Kommentare über die Qualität von Shiny Flakes' Drogen – völlig unberechtigterweise, fand zumindest Shiny Flakes.

Auch in der Internet-Economy gibt es unsaubere PR-Maßnahmen. Dazu gehört, dass sich Konkurrenten in Foren wie Crimenetwork gegenseitig schlechtreden, um die eigene Kundenbasis zu stärken. Auch beim Drogenhandel im Netz werden in den Threads Ersatz-Revierkämpfe ausgefochten, bei denen Händler versuchen, den Rivalen durch Berichte über vermeintlich schlechte Erfahrungen zu vertreiben.

Max will das nicht hinnehmen. Was er sich hier völlig allein aufgebaut hat, wollen ihm irgendwelche ignoranten Idioten kaputt machen? Auf gar keinen Fall.

Bei den negativen Beurteilungen auf seiner eigenen Website ist es einfach: die löscht er einfach selbst, Problem gelöst. Doch das Forum Crimenetwork gehört ihm nicht. Also setzt er *sync*, den Administrator des Forums mit 80.000 angemeldeten Usern, unter Druck, Nutzer sofort zu sperren, sollten sie sich negativ über die Qualität seiner Ware äußern. Der hat damit kein Problem. Shiny Flakes zahlt ihm schließlich jeden Monat Geld.

Das zähe Ende

RedBulls Karriere endet am 29. Januar 2015 mit einer Hausdurchsuchung in Spandau, keine zehn Kilometer Luftlinie von der Altbauwohnung entfernt, in der er seinen Drogenvorrat lagert. Als Fahnder die Altbauwohnung durchsuchen, stellen sie fest, dass Robert R. alias RedBull ein Mann mit drei Helfern und vielen Gesichtern ist. Allein 181 Aufenthaltsgenehmigungen sammelt die Polizei bei ihm ein, außerdem mehrere Pässe und Ausweise. Die Papiere halfen seinem Team, immer wieder im Ausland Medikamente und Drogen zu beschaffen. Auf manchen Dokumenten ist auch Robert R.s Gesicht zu sehen. Sein echter Name steht auf keinem.

Da auch bei Darknet-Geschäften laufend Kosten anfallen, hat sich Robert R. einen praktischen Weg ausgedacht, um die Portokasse zu schonen: Er fälscht die Briefmarken für seine Drogenpakete gleich mit den anderen Dokumenten mit. Ein riskantes Vorgehen, wenn man einen Kokainversand betreibt und Postrückläufer unbedingt vermeiden will. Und so muss sich Max' Mentor vor dem Landgericht Berlin nicht nur wegen jahrelangen Drogenhandels im Darknet, sondern auch wegen Urkundenfälschung in 780 Fällen verantworten.

Noch interessanter finden die Fahnder aber die an die Packstation 145 in Leipzig adressierten Drogenpakete, die Lieferant RedBull noch ein paar Tage zuvor in Postfilialen aufgegeben hat.

Dass RedBull im Januar 2015 einfach verschwindet, nimmt Max kaum wahr. Er ist längst so überarbeitet, dass ihm nicht richtig klar ist, was das bedeutet.

»Da gab es eine Lieferkette, die musste eingehalten werden«, erzählt er mir später. An das niederländische Dealernetzwerk Dutchmasters überweist Max insgesamt 1,6 Millionen Euro in Bitcoin für chemische Drogen. Doch um RedBulls Ausfall zu kompensieren, braucht Max neue Quellen. Gute Großhändlerpreise auszuhandeln ist für ein Unternehmen von Shiny Flakes' Dimension mittlerweile ein Kinderspiel, doch das Knüpfen von neuen Dealerkontakten aus einer bedürftigen Situation heraus ist immer mit einem hohen Risiko verbunden.

Im Winter wagt sich Max untypischerweise ein einziges Mal nach draußen, um für 60.000 Euro Drogen zu kaufen. Doch die Übergabe wird zum Desaster: Sein Kontaktmann, der sich als Freund RedBulls ausgegeben hatte, macht sich mit dem Geld aus dem Staub und lässt Max ohne Ware sitzen.

»Egal«, sagt Max heute. »Das hatte ich in 'nem halben Tag wieder drin.«

Das Geschäft ist Max inzwischen über den Kopf gewachsen. Er schläft nicht mehr. Ab und zu pfeift er sich eine angstlösende Tramadol aus seinem eigenen Vorrat ein. Manchmal ist es auch Diazepam. Aber es hilft nichts.

Die Kamera an der Max-Liebermann-Straße zeichnet jeden auf, der die Packstation benutzt. Und da ist er endlich wieder: Ein unauffälliger Typ mit schwarzer Reisetasche, der Pakete wegbringt. Ein Observationsteam der Polizei hatte ihn schon öfter dabei fotografiert. Jetzt bleiben sie ihm auf den Fersen. Tatsächlich scheint sich der Mann nach Hause aufzumachen – in einen unauffälligen Wohnblock an der Ausfallstraße direkt um die Ecke. Klick. Ein weiteres Foto vor der Haustür.

Die Fahnder vergewissern sich beim Hausmeister, wer auf diesem Foto zu sehen ist. Dann heften sie sich an die Fersen des Dealers, protokollieren penibel jeden Schritt. Eine ganze Woche lang. Doch es ist wie verhext: Ausgerechnet in dieser Woche macht der Mann überhaupt keine Anstalten, etwas Illegales zu starten.

Erst nach einer Woche Observation stellt sich heraus, dass sich der

Hausmeister geirrt hat. Während die Polizei dem vermeintlichen Darknet-Drogenboss auf Schritt und Tritt folgt, sitzt der richtige Darknet-Drogenboss ein paar Stockwerke entfernt im selben Haus und kauft, verkauft, verpackt.

Ein einfacher Abgleich mit Personalausweis-Bilddaten vom Einwohnermeldeamt hätte genügt, um Maximilian zu identifizieren – doch auf diese Idee kam die Leipziger Polizei aus unerfindlichen Gründen erst mal nicht.

Am 24. Februar 2015 wuchtet Max ein schweres Paket an einen Siegburger Kunden, der sich im Netz Heisenberg1020 nennt, in die Packstation. Er bemerkt nicht, dass er dabei beobachtet wird. Die Fahnder fischen es wieder heraus und checken das Paket, das Gericht hat ihnen die Erlaubnis zur Beschlagnahmung gegeben. Bingo.

In dem Paket sind zwei große Tüten mit je 1.000 Ecstasy-Pillen vom Typ »UPS« und »Chupa Chups«, exklusiv erhältlich bei Shiny Flakes, ein gutes Kilo Speed und ein Gramm Kokain als Gratis-Betthupferl.

Bis zuletzt hatte Shiny Flakes eine treue Fanbasis, auch wenn er einen unangenehmen Ton angeschlagen hat. Welche Leute zieht eine Website, die leichte und sichere Verfügbarkeit von Drogen verspricht, eigentlich an? Zumeist sind es Einzelkonsumenten, wie zum Beispiel dieser sorglos-pragmatische Fan:

> *»Das einzige was man beklagen kann, sind die langen Lieferzeiten ... :(Naja, wenigstens gestern Gutschein bekommen im Wert des Ketamins, da hol ich mir eben was anderes für Silvester. Wird's wohl doch einfach wieder good old Cocaine.«*[29]

Studien, die auf der Befragung von Kunden der Kryptomärkte beruhen, zeichnen ein schärferes Bild: Etwa 80 Prozent der Kunden sind männlich, in ihren 20ern, technisch versiert, haben überdurchschnittlich oft Abitur oder einen vergleichbaren Schulabschluss.[30] Viele zählen sich zur Clubbing-Szene, verdienen ihr eigenes Geld und werden hauptsächlich in ihrer Freizeit high – auch wenn unter ihnen Leute sind, deren Drogenkonsum als problematisch beschrieben werden kann. Die Global Drug Survey 2017[31], eine groß angelegte jährliche internationale Online-Umfrage unter Drogenkonsumenten, kommt zu ähnlichen Ergebnissen, was die Geschlechterverteilung angeht: Acht von zehn Akteuren auf Kryptomärkten – Händler und Käufer – sind männlich und wirtschaftlich selbstständig. In den vergangenen drei Jahren kaufte laut der freiwilligen Befragung knapp die Hälfte der Darknet-Käufer Ecstasy, dicht gefolgt von Cannabis, LSD und neuartigen Psychedelika.[32] Heroin ist in dieser Auflistung nicht einmal in den Top Ten der gekauften Drogen.

Die Drogenforscher Monica Barratt und Adam Winstock[33] interviewten anonymisiert 10.000 Silk-Road-Kunden aus den größten Darknet-Bezugsländern USA, Großbritannien und Australien per verschlüsseltem Chat und hörten sich an, was die Community an Deepweb-Schwarzmärkten schätzt[34]: die große Vielfalt, die bequeme, zeitlich und räumlich ungebundene Bezugsmöglichkeit, die Verlässlichkeit der Qualität. Viele nutzen die Foren der Darknet-Märkte als erste Informationsquelle vor einem Kauf und legen dann ihr Vertrauen in Anbieter mit guten Bewertungsdurchschnitten.

Die demografischen Charakeristika aus dieser Untersuchung sind konsistent mit einer früheren Befragung aus dem Jahr 2016, in der 3.794 Käufer auf Kryptomärkten einen Fragebogen ausfüllten. Auch wenn eine solche selbsteinschätzende, freiwillige und anonyme Untersuchung ihre methodischen Grenzen hat, kamen die Forscher zu einem ähnlichen Ergebnis: Darknet-Märkte sind stark männerdominiert (82 Prozent identifizierten sich als männlich) und voller junger Leute (das angegebene Durchschnittsalter lag bei 22 Jahren).

Ganz generell kann man sagen: Weil die Informationen über die Funktionsweise von Bitcoin-Wallets oder Darknet-Märkten nicht überall gleichmäßig verfügbar sind und sich auch nicht alle Menschen weltweit auf eine Postzustellung verlassen können, ist es vor allem der bürgerliche Freizeit-Konsument in westlichen Industrienationen, der von den Vorteilen der anonymen Märkte profitieren kann – und eher nicht der isolierte Junkie, der in prekären oder nicht permanenten

Wohnverhältnissen lebt und auf einen morgendlichen Schuss angewiesen ist. Tzanetakis spricht in ihrer 2016er-Studie über AlphaBay von »digital literacy«, die für Transaktionen auf Kryptomärkten Voraussetzung ist. Die Kundschaft anonymer Drogen-Versanddienste ist also in gewisser Weise flexibel und privilegiert – nicht nur in Bezug auf ihre wirtschaftlichen Verhältnisse, sondern auch durch ihr technisches Vorwissen und ein weniger problematisches Konsummuster.

Gleichzeitig erwarten Kunden eines Drogen-Versanddienstes im Darknet oder Internet die gleiche Annehmlichkeit und Nutzerfreundlichkeit wie bei einem E-Commerce-Angebot für legale Güter. Wenn ein Anbieter diese Erwartungen nicht erfüllt, hat die Kundschaft – wie Shiny Flakes erfahren musste – auch keine Hemmungen, im Streitfall ihren Unmut öffentlich in den Reviews kundzutun:

»Wieder mal nur leere Versprechungen von Shiny, um die Leute hinzuhalten. Wer seine Kunden so belügt, der muss sich nicht wundern, wenn das die letzte Bestellung war. Alternativen gibt es mehr als genug. Diese ewige Warterei und keine persönliche Antwort auf meine E-Mail kotzt mich dermaßen an!«
»Ganz ehrlich, der Betreiber dieses Shops hat von kundenfreundlicher Betreuung nichts drauf. Man wird beleidigt und wenn es ihm mal nicht passt, dass man schreibt, dann droht er damit, die Bestellung einfach Monate später abzuschicken. Ich glaub, die ziehen zu viel vom eigenen Koks. Sehr, sehr schlecht!«

Shiny hätte entspannt und professionell mit solchen Urteilen umgehen können. Tut er aber nicht.

»Wenn jemand unzufrieden mit seinem Produkt ist, bin ich sehr direkt. Ich sage ihm, er solle sich dann eben woanders umsehen. Alle unsere Produkte sind hochklassig. Aber vor allem bei Kokain und Speed meint ja jeder, Profi zu sein. Bei diesen zwei Produkten kannst du nie alle zufriedenstellen. Damit halte ich mich also nicht weiter auf«, sagte Max in seinem Interview.[35]

So kann man den fragwürdigen Umgang mit der eigenen Kundschaft auch schönreden. Kundensupport, das bedeutet für Shiny Flakes zuallererst: Mein Business, meine Regeln.

Eine zunehmend problematische Einstellung, denn gleichzeitig klemmt es gewaltig in der Maschine. Die meisten Kunden sind nicht unzufrieden mit dem Produkt, sondern mit dem Händler. Shiny hält nicht nur die Lieferzeiten nicht ein, sondern verliert selbst im schriftlichen Umgang mit den Käufern ständig die Nerven. Wenn er sie nicht gerade als »Meckerkrähen« oder »Nervzwerge« beleidigt, herrscht er sie in barschen E-Mails an, rastet öffentlich auf dem Schwarzmarktforum aus oder maßregelt sie in Privatnachrichten wie an diesen jungen Mann, der es gewagt hat, einmal zu oft nach seiner Bestellung zu fragen:

> *»c) Für deine dämliche E-Mail ›öööhh, guter Service Fehlanzeige, war dann wohl meine letzte Bestellung‹ meldest du dich am 15. Februar per Mail, vorher wird deine Piss-Bestellung nicht versendet. Bis dahin bleibt der Scheiß auf canceled, am 15. Februar schaue ich es mir an. Und danach kannst du dich verpissen.*
> *d) Kommt noch eine dumme E-mail, verlängert sich das Ganze.«*[36]

Der schroffe Umgang mit den Käufern war riskant. Denn eigentlich zeigen die Gesetze der Kryptomärkte immer wieder, dass der Markt aussiebt, wer sein Business nicht ganz und gar in den Dienst des Kunden stellt, und dazu gehören neben schlechter Qualität der Ware eben auch schlecht gelaunte Verkäufer. Doch Max hielt sich für unantastbar.

Ein Ass für die Ermittler

Plötzlich verstummt Shiny Flakes im Netz. Tagelang taucht er nicht auf. Am 5. März bekomme ich ein paar E-Mails in das Tippgeber-Postfach der Redaktion. Die Absender sind in heller Aufruhr.

»Ich hatte gerade eine Hausdurchsuchung wegen Shiny Flakes! Wie kann das sein, die haben hier alles auf den Kopf gestellt!«

In den kommenden Tagen verbreiten sich die Gerüchte rasant. Gleich mehrere Kunden berichten im Internet von Hausdurchsuchungen. Die erklären sie sich mit einer weitverbreiteten Theorie: Shiny-Flakes.com ist ein Honeypot, also längst von Ermittlern übernommen, und würde nun von Fahndern betrieben werden, um an Kundendaten zu gelangen. Auf Reddit wird ein möglicher Hack des Webshops diskutiert. Im Schwarzmarktforum füllt die Diskussion, ob man dort noch sicher kaufen könnte, nach wenigen Stunden mehrere Dutzend Seiten. Das Cybercrime-Forum wird zu einer Konferenz von Hobbyermittlern. Pressemeldungen über jüngere Busts einer niederländischen Drogenküche werden herumgereicht, Vermutungen angestellt, abseitige Schlüsse gezogen und seitenlange Analysen erstellt. Warum hat Shiny Flakes vor Kurzem seinen PGP-Key[37] zum Verschlüsseln von Nachrichten geändert? Wie ist sein Verhalten der vergangenen Wochen genau zu deuten? Was, wenn Shiny sich für immer mit dem Geld davongemacht hat? Wer hat hier wen verraten? Wer ist ein Hurensohn?

Die wilden Spekulationen weichen schließlich Ernüchterung und Schock, als die Polizei am 12. März zu einer Pressekonferenz einlädt. Sie beginnt mit den Worten: »Am 20. Februar klickten in Leipzig die Handschellen.«

Die Polizei lässt sich für den Ermittlungserfolg feiern. Dass er eher ein Glücksgriff war, sagen die Behörden nicht, sondern: »Wir haben nach aufwendigen Ermittlungen das Darknet durchdrungen, keiner ist mehr sicher.« Doch das war Propaganda.

Es war ganz und gar nicht die Technik, zu der sich die Behörden mit Superhacks, Trojanern und Darknet-Fahndern Zugang verschaffen konnten. Im Gegenteil: Daran bissen sie sich bis zum Schluss die Zähne aus. Max' Fehler lag dort, wo sich die digitale mit der analogen Welt verbindet. Es ist genau diese Schnittstelle, die Darknet-Kriminelle eben doch aus der Anonymität zerren und verraten.

Denn Max hatte ganz einfach bei der Frankierung geschlampt. Es war ein simpler Flüchtigkeitsfehler im Frühjahr 2014, der eine Handvoll Sendungen mit fünf Cent zu wenig frankiert hatte und die Drogenpäckchen zu Rückläufern machte – an Leipziger Absender, die es an den Adressen nicht gab oder die leerstehende Gebäude waren. Diese verwaisten Päckchen landeten bei der Polizei und der Poststempel aus Leipzig kreiste den Aktionsraum des Täters schnell ein.

Trotz seines elaborierten Sicherheitssystems und weitsichtigen Vorkehrungen wie z.B. jedem Kontakt ein anderes Handy zuzuweisen, brachten Max letztlich seine Routinen zu Fall, die von einer gewissen Bequemlichkeit zeugten – oder von Überforderung. So ähnlich wird ihn später auch sein Anwalt beschreiben: »Hochintelligent, aber ein bisschen faul.«

Max ist längst auf der Wache, als sich die Polizisten noch bis spätabends durch das Jugendzimmer und kistenweise Drogen arbeiten. In diesem Durcheinander findet die Polizei einen kleinen Zettel, den Max vergessen hatte. Darauf steht das lange und komplizierte Passwort für den Rechner, den Max noch schnell vom Strom getrennt hatte, bevor die Handschellen klickten.

Auf diesem Rechner befinden sich zwei Dateien, die der Schlüssel zu allen Ermittlungsmaßnahmen von Polizei und Staatsanwaltschaft sind, die später folgen sollen: Sie heißen *wichtige_logins.txt* und *bestellungen.xls*. Denn Max hatte fahrlässigerweise alle Zugänge für sein Geschäft im Klartext in ein einfaches Textdokument geschrieben und damit eine der wichtigsten Sicherheitsregeln verletzt, die Nutzer kennen müssen: Niemals alle Passwörter an einem Ort aufbewahren.

Deshalb konnte die Polizei Sachsen noch in derselben Nacht ihr Logo auf die Shiny-Flakes-Darknet- und Internetpräsenzen hochladen. Deshalb konnte sie die Drogenfotos und Angebote in Minuten vom Server fegen und durch ein lässiges »Sorry«-Emoji ersetzen. Es war schlicht egal, wie komplex die Serverstruktur aufgesetzt war, die Anfragen an die Shiny-Flakes-Website in einem technischen Verwirrspiel um den ganzen Planeten geleitet hatte. Mit diesen Logins halten die Polizisten für fast alle wichtigen Accounts den Generalschlüssel in der Hand und vernichten alles noch in derselben Nacht bequem mit ein paar Klicks.

»Die haben doch Glück gehabt!«, sagt Max' Anwalt später. Nicht ganz zu Unrecht: Ohne das Passwort hätten die Behörden rein gar nichts gegen die Shops ausrichten können. Sie hätten Max zwar wegen des Besitzes von Hunderten Kilo Drogen anklagen, aber ohne technischen Zugang nicht zweifelsfrei nachweisen können, dass er Shiny Flakes betrieben hat.

Fast genauso ein Hauptgewinn für die Ermittler war die zweite gefundene Datei, *bestellungen.xls*. Max, der in unserem ersten Interview beteuerte, »alle Kundendaten zweimal am Tag zu löschen«, hat das genaue Gegenteil gemacht. Die Beamten fanden eine ordentlich geführte und farblich codierte Shiny-Flakes-Lieferliste – was an welchen Kunden, Bezahlstatus, Menge, Bearbeitungsstatus – für die Gesamtdauer von fast zwei Jahren:

87 Seiten.

Zu Heisenberg1020s Paket – dem glücklosen Siegburger Großabnehmer – sollten die Beamten später den entsprechenden Eintrag auf Shinys Computer finden. Lieferung an einen »heisenberg1020«, steht in der Tabelle, säuberlich neben dem Bestelldatum und der gewünschten Menge hat Max vermerkt:

»150g Speed, 1 Gramm Kokain erstatten. 5 kg Marke!
ALS PAKET«

Die Beamten wissen jetzt also nicht nur genau, wer da rund eine Tonne Drogen verschickt hat – sondern auch, wer in der gesamten Bundesrepublik was wann zu welchem Preis bestellt und bezahlt hat. Ein unvorstellbarer Datenschatz.

Aufarbeitung

Stefan Costabel ist ein engagierter und erfahrener Strafverteidiger. Gemeinsam mit seiner Frau führt er eine Kanzlei in der Leipziger Goldschmidtstraße.

»Ich mach das ja jetzt seit über 20 Jahren, aber so was? Wow. Noch nie erlebt«, sind seine ersten Worte, als ich ihn Ende Juni 2015 in seinem Büro besuche. »7,3 Kilogramm Amphetamin-Paste, 44.000 LSD-Trips, 138 Kilogramm Ecstasy, 4,4 Kilogramm Kokain, 52,2 Kilogramm MDMA und 89,7 Kilogramm Haschisch«, liest er aus der Anklage vor. »Und das war nur in den Regalen.«

Seitdem die Staatsanwaltschaft Leipzig am 26. Juni 2015 Anklage erhoben hat, ist klar: Die Verhandlung wird der bislang größte Drogenprozess der Bundesrepublik werden.[38] Der Fall Shiny Flakes lässt keinen kalt. Was dem jungen Leipziger vorgeworfen wird, ist enorm: Rund eine Tonne, nämlich 914 Kilo Drogen soll er in 14 Monaten an Tausende Kunden verschickt haben, zwischen 360 Kilo Drogen ging er zuletzt schlafen. Zum Schluss managte er im Schnitt 60 bis 100 Pakete pro Tag und lieferte Ware nicht nur nach Deutschland, sondern bis nach nach Usbekistan, Indonesien, China und Australien.

»Zu verteidigen gibt's da, ehrlich gesagt, nicht viel«, sagt Costabel.

September 2015. Prozessauftakt in Leipzig. Das soll der Typ sein? Ich kann es kaum glauben. Neben seinem Strafverteidiger Stefan Costabel, einem massigen, ruhigen Mann, wirkt der angeblich so gefährliche Drogenboss wie ein Praktikant: ein bisschen schmächtig, blass, die Haare in einer stoppeligen Nicht-Frisur, gelangweilter Blick. Er trägt ein schwarzes Polohemd, in der Hand hält er ein Tetrapack Wasser. Manchmal muss er unvermittelt grinsen, als der Staatsanwalt ihm vorliest, was ihm zur Last gelegt wird.

Die Verlesung der Anklage dauert allein gute drei Stunden. Über vier Millionen Euro habe Max in 14 Monaten mit über 14.000 Drogendeals verdient. Die »geringfügige Menge«, rechnet ein Ermittler vor, hat er allein beim Jugendzimmer-Drogenvorrat um das 15.000-Fache überschritten. Die 320 Kilo in seinen Regalen hatten ebenfalls einen Marktwert von 4,1 Millionen Euro. Dass er bei einem Handelsvolumen von rund einer Tonne Drogen und einer akkuraten Buchführung, die jedem Steuerberater Bewunderung abgenötigt hätte, nicht wusste, was er tat, glaubt ihm wohl niemand. Die Staatsanwaltschaft jedenfalls nicht. Hinweise auf Hintermänner gibt es bislang keine. Fünfzehn Jahre Haft kann es dafür schon geben, heißt es aus Ermittlerkreisen.

Die 56 Seiten Anklageschrift sind eine gnädige Light-Version des Unternehmens Shiny Flakes. Denn sie wirft ihm Verkäufe erst ab dem 31.12.2013 vor. Ziemlich sicher hat Max davor schon Hunderte Deals im Darknet abgewickelt, damit hat er jedenfalls auf seinem Kryptomarkt und im Interview mit Motherboard geprahlt – nur nicht so systematisch darüber Buch geführt, dass man ihm sie nachweisen könnte.

Der Fall ist so umfangreich, dass Max andere Delikte einfach geschenkt werden: »Durch die Auswertung der Bestell- und Lieferliste lassen sich nur geringfügige Einnahmen an Bitcoins finden, die nicht auf der Veräußerung von illegalen Rauschgiften und verschreibungspflichtigen Arzneimitteln beruhen«, liest der Staatsanwalt vor. »So verkaufte der Angeschuldigte unter anderem auch (...) 1.621 polnische Debitkarten. Die hierbei erzielten Einnahmen [Bitcoins im Wert von ca. 48.940 Euro, ca. 1,1 Prozent des Gesamtumsatzes] können bei der grundsätzlichen Betrachtung des Erlangten aus Rauschgift- und Arzneimittelverkäufen außer Betracht bleiben.«

Es ist der dritte Verhandlungstag in Leipzig, und plötzlich gibt es eine überraschende Wende im Prozess gegen Maximilian S.: Er will sprechen.

»Eigentlich war es eine Schnapsidee«, setzt Max an.

Es ist sehr still im Saal. In den nächsten paar Stunden beschreibt Max im Detail, wie er sein Business auf die Beine gestellt hat. Nüchtern erklärt er, wie er seine Kommunikation per verschlüsselten E-Mails abgeschirmt hat, wie er seine Darknet- und Clearnet- Shopseiten so uneinnehmbar gemacht hat und wie er sich dank Treuhandverfahren und Bitcoin-Zahlungen völlig allein und in Heimarbeit zum stinkreichen Darknet-Kingpin mausern konnte. Was war denn mit der Ausbildung? – »Desinteresse.« Und warum das Ganze? »Die Idee war einfach, etwas besser zu machen.«

»Meinem Mandanten ist es tatsächlich völlig gleichgültig, ob er jetzt mit Schuhen oder mit Drogen handelt«, ergänzt Costabel.

Ungläubige Nachfrage des Richters: »Bei diesem Geschäftsvolumen haben Sie doch nicht wirklich ganz allein gehandelt?« Eigentlich schon, sagt Max: Die Tücken und Tricks des Geschäfts habe er mit freundlicher Unterstützung eines Dealers auf Agora mitgekriegt, der im Februar 2015 leider verschwand. Er zuckt mit den Schultern. »Da ich keine halben Sachen mag, hab ich einfach weitergemacht.« Er sei aber sowieso von vornherein überzeugt gewesen, das Geschäft besser aufziehen zu können als sein Lehrmeister. So verabschiedete er sich früh, um seine Solokarriere zu starten. Und, na ja, die habe ja dann ganz gut geklappt. »Es ging mir einfach darum, das Projekt perfekt zu machen«, sagt er. Am Ende sei es aber anstrengend gewesen. Er sei froh, dass jetzt alles vorbei ist. »Zum Schluss gab es keinen Tagesablauf mehr«, erinnert sich Max. »Hier und da vielleicht mal zwei Stunden Schlaf.«

Für die Richter und Staatsanwälte vielleicht am verblüffendsten in der ganzen Geschichte ist die Tatsache, dass Max kein Interesse an Geld zu zeigen scheint. Das einzige Bitcoin-Vermögen, das Max bewegte, reinvestierte er in neue Ware.

Als die Mutter Carmen S. in den Zeugenstand gerufen wird, ist ihr ihre Überforderung anzusehen. Ihren Sohn, der sie auch vor Gericht zu ignorieren scheint, hatte sie schon verloren, als der sich immer mehr verschanzte. Man glaubt ihr, dass sie von all dem nichts ahnte. »Ich dachte, er bereitet sich auf seinen neuen Beruf vor«, erzählt sie. »Außerdem hatte er doch nie Geld. Er hat mich einmal sogar gebeten, ihm 20 Euro zu leihen.« Die ganze Sache ist ihr sehr peinlich. Zu Recht: Staatsanwalt und Richter können kaum glauben, dass Mutter und Sohn auf so engem Raum zusammenwohnten, ohne dass Carmen S. etwas von den Umtrieben ihres Sohns mitbekommen hat. »Die Tür war doch immer zu«, sagt Carmen S. und wirft entschuldigend die Hände hoch. »Frische Wäsche hab ich ihm vors Zimmer hingelegt.«

»Haben Sie eigentlich auch mal was Legales gemacht?«, will der Richter von Max wissen. Er nickt. »*Battlefield 4* gespielt und ab und zu ein FC-Bayern-Spiel angeschaut.«

Das Urteil

Nach seiner umfangreichen Aussage sieht sich die Staatsanwaltschaft bestätigt: Max hat das Gros des Geschäfts selbstständig und im vollen Bewusstsein ohne die Leitung eines Dritten oder gar eines mafiösen Drogenrings aufgezogen.

Allerdings hat er in diesen ganzen Jahren keine Gewalt angewendet und ist selbst kein Konsument. Er ist auch zuvor nie polizeilich auffällig gewesen. Als »fremdbestimmt« versucht ihn Stefan Costabel darzustellen: »Ein Gefangener seiner eigenen Maschine.« Max nickt. »Ich hatte keine Zeit mehr zu denken.«

»Es ist schwierig, hinter Ihre Fassade zu gucken«, findet der Richter, der sich sichtlich um Verständnis bemüht und den Blick des jungen Mannes auf der Anklagebank sucht. Vergebens. »Ein Wort des Bedauerns haben wir ja auch nicht gehört.« Max sieht durch ihn hindurch, als ginge ihn das alles nichts an.

Zur Klärung seines Charakters trägt ein Gutachten eines Gerichtspsychologen bei. Dr. Christof H. attestiert Max Intelligenz, aber auch eine starke Reifeverzögerung im sozialen und emotionalen Bereich. Ja, der Angeklagte hätte wohl schon ganz genau gewusst, was er da tut. Aber Emotionen von Menschen richtig einordnen und entsprechend reagieren, das hätte er eindeutig nicht drauf – sehr untypisch für sein Alter. Das zeige sich nicht nur im gestörten Umgang mit seiner Mutter und in seinem allgemeinen Sozialverhalten, sondern auch in der Bewertung seiner Tat. »Emotional verwahrlost, würde ich sagen.« Er plädiert für die Anwendung des Jugendstrafrechts.

Das psychologisch-forensische Gutachten rettet Max. Er wird unter anderem wegen seiner fehlenden emotionalen Reife tatsächlich nach Jugendstrafrecht verurteilt, und das sieht eine Höchststrafe von zehn Jahren Haft vor. »Eine ›Schnapsidee‹ war das mitnichten«, resümiert Richter Norbert Göbel. »Das war generalstabsmäßig aufgezogen.«

Auch wenn die Jugendkammer über die geballte kriminelle Energie von Max den Kopf schüttelt, hat der Vorsitzende Richter am Ende so etwas wie Anerkennung für die Professionalität und Komplexität des Unternehmens übrig. »Wenn es nicht illegal gewesen wäre, müsste man den Hut vor Ihnen ziehen«, meint der Richter. »Sie haben die Fähigkeiten, was mit Ihrem Leben anzufangen«, und er ermutigt ihn, sich künftig legalen Tätigkeiten zu widmen.

Max muss für sieben Jahre ins Gefängnis. Er sagt, er wolle in Haft eine Ausbildung anfangen. Was dem jungen Mann denn so vorschwebe, will der Richter noch wissen. »Weiß nicht. Hauptsache, kein Pfleger oder Künstler.«

Stefan Costabel federt an diesem Tag aus dem Saal. »Na aber hallo, ich bin total zufrieden!« Er hatte sechs Jahre und sechs Monate gefordert, der Richter ist diesem Vorschlag fast gefolgt. »Wir haben heute alle Ziele erreicht.«

Max' Kurier Zhivko hat nicht so viel Glück. Wegen der wiederholten unerlaubten Einfuhr diverser Rauschmittel wird er zu fünf Jahren und zehn Monaten verurteilt.

Robert R., der 48-jährige Kopf der Berliner Lieferantengruppe hinter dem Pseudonym RedBull, muss wegen Vorstrafen für sechs Jahre ins Gefängnis; auch seine beiden Helfer bekommen Haftstrafen.

Wer hinter den Lieferanten Dutchmasters aus den Niederladen steckt und Zhivko K.s Auto in Amsterdam mit den schweren hellgrauen Kisten beladen hat, bleibt zumindest in diesem Prozess ungeklärt.

In vielerlei Hinsicht ist der Shiny-Flakes-Prozess eine Premiere. Zuvor waren Bitcoin-Wallets, GPG, Treuhandsysteme, Cloudflare und Tor nur einer kleinen Minderheit bekannt. Durch den Prozess im Herbst 2015 aber sind diese Begriffe in der öffentlichen Diskussion. Man beginnt, das Darknet zu verstehen.

Frühjahr 2015. Nachdem Max verurteilt ist, verschwindet sein Drogenberg in einer staatlichen Müllverbrennungsanlage, und seine Handykollektion wird zusammen mit dem riesigen Fernseher, dem Magnetkartenlesegerät und anderen Tech-Gadgets online über das Portal justizauktion.de versteigert – wo laut eines Justizmitarbeiters selbst Max' olle Nokia-Mobiltelefone Höchstpreise erzielen, als seien sie Reliquien. Die Behörden müssen nur noch eine Sache regeln – aber die stellt sich komplizierter dar als gedacht: Wie geht man mit Max' Bitcoin-Vermögen um? Der Verkauf der Währung soll in die Staatskasse fließen: In Max' Zimmer hatte die Polizei 1.197 Bitcoin auf mehreren Wallets im Wert von rund 700.000 Euro beschlagnahmt. Nur – wie funktioniert ein Kryptowährungs-Handel?

Das haben sich die Staatsanwälte wohl auch gefragt. Anders ist nicht zu erklären, dass die Staatsanwältin Jana Friedrich am 19. Februar 2016 verkündete, das Bitcoin-Vermögen des Dealers, 1.197 Bitcoin, »als sogenannte Notveräußerung« losgeworden zu sein, »wobei ein Erlös in Höhe von 432.080,70 Euro erzielt werden konnte«. Zu diesem Zeitpunkt – das Urteil gegen Maximilian S. war noch nicht mal rechtskräftig – war ein Bitcoin 361 Euro wert.

Nur vier Monate später konnte man einen Bitcoin in ganze 554 Euro tauschen. Der Grund für die Kurssteigerung war das sogenannte Halving am 10. Juli 2016. Das Halving ist ein vorhersehbares, weil fest einprogrammiertes Ereignis in der Bitcoin-Welt, nach dem Miner – so heißen die Menschen, die gegen eine kleine Belohnung Bitcoins errechnen oder überprüfen – bei gleicher Rechenleistung stündlich nur halb so viele Bitcoins hinzuverdienen können wie bisher. Dass der Kurs zu dieser Zeit anstieg, war für viele Analysten zu erwarten.

Die Staatsanwaltschaft hat also einen ziemlich schlechten Deal gemacht. Hätte sie jedoch gewartet, hätte man der Behörde vielleicht Spekulation vorgeworfen. An welchen Glücklichen auf dem weitgehend unregulierten Markt die Behörde ihren Schatz verkauft hat, wollte sie übrigens nicht verraten.

Max wird's egal sein – wenn er aus dem Gefängnis kommt, schuldet er dem Staat nämlich selbst noch rund drei Millionen Euro. »Und das ist zu Ihren Gunsten noch geschönt«, sagt der Richter im Prozess. »Der Staatsanwalt hat Ihnen fast eine Million geschenkt!«

Wie viel Max tatsächlich in diesen Jahren verdient hat, nämlich mindestens vier Millionen Euro, ließ sich leicht errechnen – dank der akkuraten Buchführung des Dealers, der Datei *bestellungen.xls* und den auf der Blockchain eingeschriebenen Nachweisen, dass für die Bestellungen auch die jeweilige Summe von Kunden an Shiny Flakes überwiesen wurde.

Dass Max noch irgendwo Geld aus seinen illegalen Geschäften gebunkert hat, konnte man ihm nicht nachweisen, es ist aber sehr wahrscheinlich.

Eins von mehreren Bitcoin-Wallets konnten die Ermittler nämlich bis zum Schluss nicht knacken – und vor Gericht wollte Max das Passwort einfach nicht mehr einfallen. Der Kurs der Kryptowährung hat sich zwischenzeitlich durchaus zu Max' Gunsten entwickelt. Bei Max' Festnahme war ein Bitcoin nur 215 Euro wert. Heute, im Herbst 2019, gibt es rund 9.500 Euro pro Bitcoin – viele frühe Investoren sind mit vergleichsweise geringem Einsatz überraschend zu Multimillionären geworden. Was auch immer Max noch versteckt haben könnte – es hat sich ganz ohne sein Zutun vervielfacht.

»Da ist doch sicher noch etwas«, mutmaßte schon Richter G. im Prozess. »Ich glaub ja auch, dass er noch was hat«, sagt sein Anwalt auf Nachfrage. »Aber wer weiß das schon.«

Max weiß es natürlich. Aber Nachfragen nach seinem Vermögen und nach der Finanzierung seines zukünftigen Lebens in Freiheit blockt er kategorisch ab.

Max' Vermächtnis: 5.000 Fälle und ein Leben im Schubbus

Hilfe von der Post, Observation, Hausbesuch: Letztlich führte in diesem ersten großen deutschen Darknet-Fall klassische Ermittlerarbeit zum Ziel. Keineswegs ist es den Fahndern gelungen, »Licht ins Darknet« zu bringen. Der Öffentlichkeit wollte man aber – wohl aus Gründen der Abschreckung – eine andere Geschichte erzählen: Nämlich die, dass man nun einfach im Darknet fahnden könne und Personen problemlos trotz Tor-Software enttarnen könne. »Niemand ist sicher«, droht Oberstaatsanwalt Ricardo Schulz schon bei der Pressekonferenz im März. »Wir werden auch versuchen, die Leute zu ermitteln, die auf der Plattform bestellt haben. Wer bestellt hat, macht sich strafbar.«

Es folgten Taten. Nicht einmal 24 Stunden nach Max' Verhaftung durchsuchen Polizisten im gesamten Bundesgebiet 38 Wohnungen, nehmen Verdächtige fest und beschlagnahmen kiloweise Drogen.

Der Rest läuft fast auf Autopilot – der Datei *bestellungen.xls* sei Dank. Bald liegt auf den Tischen in deutschen Polizeiwachen der wohl größte Schwung fast ausermittelter Verfahren der Geschichte. Da die Fahnder durch die Liste der vermerkten Bitcoin-Adressen einen Nachweis haben, dass die Drogen bezahlt und verschickt wurden, können sie ohne Vorladung und Hausdurchsuchung direkt einen Strafbefehl an die Käufer schicken. Allein in Leipzig ermittelt die Kripo binnen weniger Wochen gegen 60 Personen, die mutmaßlich bei Shiny Flakes shoppen waren.[39] Bundesweit sind es knapp 5.000 Fälle. Und noch Jahre später trudeln in der Motherboard-Redaktion Kopien von Hausdurchsuchungen bei mutmaßlichen Shiny-Flakes-Kunden ein.

Als bekannt wird, dass Shiny Flakes die Daten aller seiner Kunden gespeichert hat, bekommt der Ruf des jungen Großhändlers im Netz einen empfindlichen Knick. Doch das hält erstaunlicherweise nicht lange an. Kurz nach Shinys Verurteilung klingelt in der JVA Leipzig das Telefon. Dort meldete sich mit verzerrter Stimme am anderen Ende der Leitung ein gewisses »Kommando Free Shiny« und kündigte an, den Inhaftierten gewaltsam zu befreien. In Leipzig nahm man diese Drohung ernst – vielleicht zu ernst: Ein SEK wurde geschickt, um das Gefängnis zu sichern.[40] Natürlich passierte nichts: Es waren Scherzkekse von Crimenetwork, die den Anruf abgesetzt hatten. Auf Amazon kann man noch heute von begeisterten Fans erstellte T-Shirts kaufen. Eins mit dem Titel »Legendary Shiny Flakes« zeigt einen Schneemann[41], auf dem anderen steht in Blockschrift: »STILL NOT BUSTED«. Auch die Boulevardpresse schlachtet das Thema aus. Die »Bild«-Zeitung hält es für eine gute Idee, das Wohnhaus von Familie S. in einem ihrer vielen Artikel nicht nur abzubilden, sondern auch das Fenster des »Kinderzimmer-Dealers« mit einem roten Kreis zu markieren. Später wird die Zeitung sich mit dieser Aktion eine Rüge vom Presserat einhandeln. Für die »Bild« bleibt das folgenlos.

Für Max' Familie nicht: 2018 taucht ein Video auf YouTube auf. Eine Gruppe Jugendlicher, die Shiny Flakes als ihr »Idol« bezeichnen, belästigen Max' Mutter zu Hause über die Sprechanlage. In dem Videoclip sieht man nicht nur die Hausnummer, sondern auch das gesamte Klingelschild mit vollen Namen der Mieter. »Äh ja, hallo? Können Sie Ihrem Sohn 'nen Gruß ausrichten?« – »Aber wer sind Sie denn?«, fragt Frau S. unsicher. »Ein ehemaliger Unterstützer von Ihrem Sohn. Sagen Sie 'nen Gruß vom Crimenetwork! Wir sind extra aus Bayern hergefahren!« Vor der Tür werden Selfies gemacht und High Fives verteilt, als habe man etwas wirklich Großes erreicht. »Krank, Alter«, freut sich der Typ, der bei Carmen S. Sturm geklingelt hat, »ich spür, wie die Aura auf mich übergeht und mich beflügelt. Ein Lebenstraum hat sich gerade erfüllt, Wahnsinn, Alter, geil!«[42]

Von der popkulturellen Ikonisierung, die Darknet-Dealern zuteilwird, kann Ross Ulbricht ein Lied singen. Es bringt ihm aber nichts: Ohne Chance auf Begnadigung wird er, wie es aussieht, in seinem Leben nicht mehr die Freiheit sehen. Max dagegen hat nach seiner rechtskräftigen Verurteilung eine außergewöhnliche Karriere gemacht.

Denn aus der Shiny-Flakes-Bestellliste ergaben sich 4.516 Strafverfahren in ganz Deutschland – und Max wird fast immer als Zeuge im Prozess geladen, Hunderte Male pro Jahr.

Diese Prozesswelle hatte der Verteidiger Stefan Costabel schon früh antizipiert. Aus taktischen Gründen hat er deshalb gegen das Shiny-Flakes-Urteil Revision eingelegt, um ihm ein paar Wochen lang Aussagen in anderen Verfahren zu ersparen. Denn solange ein Verdächtiger nicht rechtskräftig verurteilt ist, kann er sich in Verfahren gegen andere Beteiligte nämlich noch auf sein Zeugnisverweigerungsrecht berufen, um sich nicht möglicherweise selbst zu belasten. Es half aber alles nichts: Während seiner Haftzeit wird Max fast pausenlos durch die Republik gekarrt, wo er bei unzähligen Folgeprozessen gegen seine mutmaßlichen Kunden oder Zulieferer aussagen muss.

»Es war immer dasselbe«, erzählt Max. »›Und Sie haben das alles alleine gemacht?‹ – ›Yo.‹ ›Wie hat das noch mal funktioniert?‹ – ›Blablabla, ungefähr wie eBay‹. ›Kennen Sie den Angeklagten?‹ – ›Natürlich nicht.‹ Scheine abholen, Papierkram erledigen, und dann musste ich entweder direkt zum nächsten Termin eiern oder vielleicht zehn Tage mit der Rückreise verbringen.«

Max hat deshalb auch in so gut wie jedem deutschen Gefängnis schon mal übernachtet.[43] Denn ein Gefangener reist nicht mit dem Zug, sondern mit einem sogenannten Schubbus. Die Schubbusse sind ein Netzwerk aus Justiz-Bussen, die nach einem festen Fahrplan zwischen den einzelnen Haftanstalten in Deutschland hin- und hertingeln. Sie fahren nicht besonders oft. Eine vierstündige Reise von Leipzig nach Frankfurt kann damit auch schon mal zwei Wochen dauern.

Das erfordert gewaltige Logistik-Mühen vonseiten seiner Haftanstalt: Max hat eine eigene Sekretärin, die sich exklusiv um die Koordination seiner vielen Termine kümmert. Eine große, stundenplanartige Tafel listet die nächsten begleiteten Ausflüge auf. Zeit für eine Ausbildung hat Max S. nicht.

Wenn Stefan Costabel sich in der JVA nach dem Fortschritt seines Mandanten erkundigte, habe man nur mit den Schultern gezuckt, erzählt der Anwalt: »Es hieß immer: Wir kennen ihn ja kaum, er ist ja nie da.«

Ich frage Max zum Schluss unseres Treffens im Café, ob er eigentlich etwas bereut. »Dass ich das meiner Schwester und meiner Mutter angetan hab, ja. Und die ganze verlorene Zeit«, sagt er heute.

4. DIE GESCHICHTE VON CHEMICAL LOVE

Nach der Shiny-Flakes-Berichterstattung wurde unsere Online-Redaktion über Wochen mit Zuschriften überflutet. Die Absender streuten Gerüchte, berichteten von neuen Kryptomärkten oder fragten besorgt nach, was ein Shiny-Flakes-Kunde im Falle einer Hausdurchsuchung zu befürchten hätte. Anfang Juni 2015 checke ich routinemäßig das verschlüsselte E-Mail-Postfach der Motherboard-Redaktion, das wir nach Max S.' Festnahme extra für Tippgeber rund ums Thema Darknet eingerichtet haben. An diesem Tag möchte wieder jemand mit uns Kontakt aufnehmen.

»Sehr geehrte Redaktion«, begann die freundliche Mail, »wir, das Team von www.chemical-love.cc, sind und waren die Lieferanten von Shiny Flakes. Wir wurden dank Shiny Flakes auf das Business im World Wide Web und Darknet aufmerksam. Da wollten wir gerne fragen, ob ein Artikel von uns publiziert werden kann? Liebe Grüße!«[1] Unterschrieben ist diese E-Mail von einer »Angi – Chemical Love Support Team«.

Es folgen weitere Mails desselben Absenders; ich ignoriere sie zunächst. Direkt nach einem Artikel zu fragen, als könnte man ihn bestellen, finde ich dreist. Auf keinen Fall will ich unser Online-Magazin als Werbefläche für Drogendealer missbraucht sehen. Dann komme ich ins Grübeln. Was, wenn die Verfasser nun doch Details über die Shiny-Flakes-Hintermänner liefern können, die im Prozess im Dunkeln geblieben sind?

»Klingt interessant«, schreibe ich auf die dritte E-Mail zurück. »Könnt ihr das beweisen? Lasst uns doch in Kontakt bleiben, gern auch verschlüsselt.«

Das »Chemical Love Supportteam« – mal unterzeichnet von einer »Gabi«, mal von einer »Angi« – war sofort auf meine Bitte nach Beweisen angesprungen und schickte jeden zweiten Tag enthusiastische E-Mails. »Wir können euch Bilder senden, aber auch ein Testpaket, um sich auch wirklich ein Bild der hochwertigen Ware zu machen«, hieß es. »Wir zahlen mehr als 10.000 Euro für Werbung, wir haben ein spezielles Marketingteam.«

Es ist Ende Juni 2015, als ich den Online-Drogenversand Chemical Love zum ersten Mal mit dem Tor-Browser ansurfe. Das Logo: Ein Erlenmeyerkolben, aus dem Herzen blubbern.

Der Betreiber, der sich auf der Website wortreich vorstellt, hat sich das Pseudonym z100 gegeben.

Die Website begrüßt Besucher mit einem Video: »Wir sind die Quelle«, ist zu lesen, bevor sich die Schrift auf dem Bildschirm in Bewegung setzt und auflöst. Die Kamera fährt nah an ein fotorealistisches Auge, in dem sich verschiedene chemische Verbindungen spiegeln. Ruckartig zieht sich die Pupille zusammen, die Kamera rast durch sie durch wie durch einen Tunnel, pinke und blaue Polygone verändern ihre Formen: ein Gehirn auf Drogen. »OWN WORLD – OWN RULES«, rauscht auf einem animierten Banner ins Bild. »BE A PART OF IT.«

Die Website des deutschsprachigen Drogenshops Chemical Love erinnert an Shiny Flakes, doch hier wird in Sachen Ästhetik und Marketing noch eins draufgesetzt. Auf Chemical Love gab es harte Drogen: Crystal Meth, hoch dosiertes Ecstasy, drei verschiedene Kokainsorten.

Kostenloser Versand, Großhändlerpreise und eine gute News-Sektion machten klar: Hier hat jemand echtes Interesse an Kunden, besonders an solchen mit viel Geld. Wer mag, kann sich sogar eigenes Ecstasy mit Wunschlogo pressen lassen.

Der oder die Dealer unter z100s Führung, die hier aufgetaucht waren, versprachen, genau das besser zu machen, woran es bei Shiny Flakes immer gehapert hatte: Kundenfreundlichkeit und Service. Wie Chemical Love seine Käufer bei der Stange halten wollte, hatte einen gewissen Unterhaltungswert: In der Technofestival-Saison schnürte z100 seinen Kunden zum Beispiel ein preisreduziertes »Nature One-Paket« (2 Gramm Kokain, 1 Gramm MDMA, 5 Ecstasy-Pillen mit Mercedesstern-Pressung), kochte ein politisches Thema wie z.B. der »Grexit« in den Nachrichten hoch, gab es zu diesem oder anderen beliebigen Anlässen einen Rabatt auf bestimmte Drogen. Später kamen Gewinnspiele in Form von YouTube-Videos dazu, in denen Drogen verlost wurden.

Interessant war die Seite, ohne Frage. Aber wie groß und relevant war das Unternehmen wirklich, und waren sie wirklich, wie »Angi« oder »Gabi« wiederholt per E-Mail bekräftigten, die Lieferanten von Shiny Flakes? Abgesehen von windigen Behauptungen (»Wir haben eine sehr große Größe und das weiß jeder«) war in den E-Mail-Nachrichten an uns wenig Handfestes dabei. Was sie uns aber unbedingt beweisen wollten, war, dass sie tatsächlich einfach so Drogen durch Deutschland schicken können.

»Hi, wir möchten euch gerne einen kleinen Geschenkekorb zukommen lassen.«
»Wir wissen ihr arbeitet hart und lange, manchmal ist es auch ganz gut, ab und an ein kleines chemisches Lächeln ins Gesicht gezaubert zu kriegen ;-)«
»Falls ihr Lust habt, schreibt uns doch mal kurz eure Lieferadresse, wir stellen für die gesamte Redaktion etwas Schönes zusammen.«

Einen Geschenkekorb! Ich muss an die Zellophan-Ungetüme mit Leberwurst im Glas denken, die in den Lebensmittelabteilungen von Kaufhäusern darauf warten, zu Firmenjubiläen verschenkt zu werden. Würden wir uns Drogen an den Schreibtisch bestellen, würden wir uns schon wegen Anstiftung zu einer Straftat strafbar machen. Die Verifizierung einer Darknet-Geschichte ist oft nicht so einfach.

z100s Deutsche Apotheke

Die Geschichte des späteren Darknet-Shops Chemical Love beginnt auf Crimenetwork. Dort treibt sich zwischen rund 60.000 anderen registrierten Nutzeraccounts auch ein gewisser z100 herum und sucht nach Kundschaft. Sein Angebot ist die »Deutsche Apotheke«: Er bewirbt auf dem Forum verschreibungspflichtige Medikamente.

Natürlich interessieren sich nicht nur Käufer und Verkäufer für das breit gefächerte Angebot auf Crimenetwork, sondern auch Polizisten wie Kriminalkommissar Sebastian S. vom Zentralen Kriminaldienst Hannover. Im Mai 2015 klickt er sich durch das Cybercrimeboard crimenetwork.biz[2] und liest z100s Anzeige:

»Das Amazon des Drogenhandels – z100s Deutsche Apotheke – weltweiter Versand«.

Auch wenn die »Apotheke« ein Äskulapstab-Logo hatte, war sie natürlich keine echte Apotheke, sondern nichts als eine grafische Oberfläche und eine E-Mail-Adresse. Wer ein Mittel haben wollte, musste z100 anschreiben, alles Weitere wurde dann in Privatnachrichten geklärt. »Lasst eure Fantasie spielen«, liest der Polizist. »Ihr geht in die Apotheke und sagt einfach, was ihr kaufen möchtet. Rezept oder Ähnliches braucht ihr natürlich NICHT.«[3]

Sebastian S. entschließt sich, den Nutzer im Auge zu behalten. Er macht Screenshots. Dann verfasst er einen ersten polizeilichen Bericht – und stößt damit Ermittlungen an, die die Polizei und das LKA Niedersachsen über Jahre beschäftigen sollten.

Denn was S. noch nicht weiß: z100 hat seine Deutsche Apotheke nur als Fingerübung angelegt. Längst hat er Größeres vor. Er will Shiny Flakes beerben. Am 3. April 2015 – keine 60 Tage nach Max' Festnahme – legt z100 mit den Planungen los. Auf der Suche nach einem Grafiker gerät er auf Crimenetwork an den jungen Phishing- und Kreditkartenbetrüger unter dem Pseudonym Statine[4], der dort ab und zu auch Grafik- und Programmier-Aufträge erledigt.

z100, so berichtet es Statine später, stellt sich in verschlüsselten

Chatnachrichten als großer internationaler Drogendealer vor und umreißt einen Job, den er zu vergeben hat: ein bisschen Grafikdesign, und wenn es gut läuft, der technische Aufbau eines globalen Drogen-Versandhandels über eine eigene Website. Und im Darknet. Wie Shiny Flakes soll das Ganze werden; nur größer und besser, schöner und vor allem: unantastbar.

Statine ist skeptisch. Um zu verifizieren, ob sein Auftraggeber tatsächlich so eine große Nummer ist, wie er behauptet, beschließt er, sich abzusichern.

»aha so du bist dealer ja?
schick mal foto von 10.000 € in bar
und leg nen zettel daneben
ich sag dir gleich was draufstehen soll«
tippt Statine.
»kein problem«
erwidert z100.[5]

Ein paar Minuten später überträgt z100 tatsächlich ein Foto über das verschlüsselte Chatprogramm. »Ich dachte: Alles klar – der Typ hat's drauf, der ist ein Player«, erzählt mir Statine bei einem Treffen später[6]. Er sieht: Einen großen Stapel zerknitterter 50er, 100er und 200-Euro Scheine, gut und gerne 10.000 Euro. Eine Rolle Paketband, das den Stapel gerade so zusammenhält. Einen Hauch Blümchentapete im Hintergrund. Und einen rosa Zettel auf dem Geldstapel, auf dem in krakeliger Schrift geschrieben steht, was Statine zuvor diktiert hat: »48484. LUKAS ist GAY«.[7]

Es ist in Cybercrime- und Darknetforen durchaus üblich, dass Händler Fotos ihrer Ware mit einem handgeschriebenen Zettel verifizieren, auf den sie beispielsweise ihren Nutzernamen und das Datum schreiben. So wird klar, dass der Verkäufer das Bild nicht irgendwo im Internet gesucht und die Ware tatsächlich aktuell vorrätig hat.

Doch dann untersucht Statine das Bild genauer. Plötzlich wird ihm klar: z100 hat sich verraten. Der Mann mit dem großen Bargeldvorrat hat Statine nämlich gerade aus Versehen in den Metadaten des Fotos seinen exakten Standort mitgeschickt. Er hatte beim Fotografieren vergessen, die Geodaten-Funktion seiner Kamera auszuschalten. Sie schreibt auf den Meter genau in die Bilddatei, wo auf der Welt das Foto aufgenommen wurde und damit auch, von wo aus z100 das nächste große Ding drehen will: Stuttgart-Degerloch.

Statine kann es sich nicht verkneifen, diese Information sofort auszuspielen. Es war aber auch zu ironisch: Dieser Typ wollte Shiny Flakes Konkurrenz machen und ist technisch nicht mal in der Lage, ein anonymes Foto zu schießen?

»yo
stabiles bild digga
und?
wie ist das wetter so in degerloch?«

Statt einer Antwort kappt z100 die Verbindung. Er wird später Statine berichten, dass ihn in diesem Moment in Degerloch die nackte Panik ergriffen habe, weil er nicht verstand, woher Statine das wissen konnte. Was, wenn man ihn gehackt hätte, bevor seine Idee richtig Fuß gefasst hat? Was, wenn Statine ein Ermittler und ihm schon ganz nah auf den Fersen war? Er habe sich deshalb dazu entschieden, dem Spuk mit Gewalt ein Ende zu bereiten, indem er so lange auf seinen Laptop eindrosch, bis dieser zerstört auf dem Boden lag und keinen Mucks mehr machte.

Wenige Tage später ist z100 mit einem neuen Rechner zurück und kontaktiert erneut Statine, der ihn gern aufklärt. z100 ist nun felsenfest von zwei Dingen überzeugt: Dass Statine ein technisches Genie ist, und dass er so jemanden wie Statine unbedingt im Team braucht.

Für z100 ist Statine jetzt auf jeden Fall unverzichtbar, und der lässt sich dementsprechend gut bezahlen: 1.500 Euro pro Arbeitstag in Bitcoin überweist ihm z100.

Bei diesem attraktiven Tagessatz erträgt er es gelassen, dass z100 beim täglichen Chat-Austausch über die Arbeit zu leicht größenwahnsinnigen Spontan-Monologen wie diesem hier neigt:

»Hallöle
Ich bin der Champ, der die Manege kennt
Ganz im ernst
Ich mach alle Preise kaputt
Das ist dir klar, oder?
Ich zerstöre das clearnet
Ich zerstöre alles«

Statine braucht ungefähr einen Monat, um die Infrastruktur für z100s Drogenversand im Clearnet und im Darknet zu bauen. Wie man sich anonym im Netz bewegt und selbst eine Clearnet-Seite hinter Servern im Ausland versteckt, weiß er aus dem Crimenetwork-Forum. z100 liefert ihm Fotos von allen möglichen Drogen und Medikamenten zu, die er auf der Seite anbieten will.

Währenddessen kümmert sich z100 um die Rahmenbedingungen. Vom Crimenetwork-Forenadministrator unter dem Pseudonym sync erkauft er sich zunächst das Recht, als einziger Nutzer Drogen anbieten und bewerben zu können. z100 schreibt den Betrag, den er dafür im Monat an sync zahlt, prominent in sein Nutzerprofil: 10.000 Euro.

Als Nächstes kündigt z100 in einem Beitrag im Forum an, seinen Medikamentenversand, die »Deutsche Apotheke« auf Crimenetwork, dichtzumachen. Er habe das Projekt »just 4 fun« gestartet, erklärt z100, wolle sich aber jetzt endlich auf »das Kerngeschäft« konzentrieren: den Verkauf von Drogen über das Netz.

Anfang Mai geht sein Projekt gleichzeitig im Darknet unter einer .onion-Domain und einer auf den Kokosinseln registrierten URL im offenen Internet online. Den Namen verbreitet z100 prominent im Crimenetwork-Forum: Chemical Love.

Zu den ersten und treuesten Besuchern, das zeigen Gerichtsakten, gehören die Fahnder aus Niedersachsen.

Schon in den ersten Wochen von Chemical Love stellen die Fahnder fest: z100 hat ein ausgeprägtes Mitteilungsbedürfnis. Auf dem Forum Crimenetwork, das er nach wie vor permanent nutzt, meldet er sich mit täglichen Ansagen zu seinem Projekt Chemical Love. Mal behauptet er, »neue 400-Euro-Jobs« geschaffen zu haben, mal erzählt er, er sei übers Wochenende bei seiner »Familie in den Niederlanden« gewesen, ein anderes Mal lost er »zehn Tester für Gratis-Crystal Meth« aus. Dabei entwickelt er eine Tendenz zu ständigen komplizierten Änderungen und permanenter Prahlerei und gibt jede Woche die aktuellen Lieferzeiten für die ganze Welt durch. »Kunden sollten den Stealth[8] beachten, da ab Mittwoch zwei neue Versandbabes beginnen«, kündigt er im Juni zum Beispiel kryptisch an. »AB SOFORT legen wir den nächsten 3 Bestellungen eine Überraschung bei und es sind keine Gummibärchen!«

Die Fahnder aus Niedersachsen fühlen sich herausgefordert. Auch die Seite des Webshops chemical-love.cc ist für die Ermittler interessant. Zum Beispiel z100s Selbstdarstellung im Bereich »Team«, in der er sich als »eleganter Stratege, seit einem Jahrzehnt im Schmuggelgeschäft« bezeichnet. Immer wieder füttert er die Besucher freigiebig mit Informationen zu seinen Lieferanten. »Wir arbeiten mit Partyflock zusammen, eine sehr bekannte Manufaktur, die fur uns MDMA und XTC herstellt.« »Das Kokain kommt aus Peru oder Mexiko. Das Meth kommt aus Europa, selten aus Asien, die Qualität ist clean. Weed und Hasch aus unserer Heimat NL. Die Medikamente aus Apotheken in Deutschland. Keine EU-Ware, nur DE-Ware. Die Inhaltsstoffe unseres Amphetamin kommen aus Asien, produziert wird es in NL.«

Ob das stimmt, kann erst mal niemand nachvollziehen, aber es klingt für viele Nutzer überzeugend genug. Im Juni 2015 stehen auf der Seite schon 289 positive Reviews.

Die Telefonnummer

In der Redaktion begegnen wir den aufdringlichen E-Mails von Chemical Love mit großer Skepsis. Und wir entscheiden uns nach der

Erfahrung mit Shiny Flakes früh, keinesfalls noch ein Interview zu veröffentlichen, vor allem, weil Chemical Love es unbedingt will.

Ein öffentliches Interesse, das eine Berichterstattung über Darknet und Drogen rechtfertigte, war bei den Dimensionen und der Einzigartigkeit von Shiny Flakes natürlich gegeben. Auch der Zugang zu Max alias Shiny Flakes war einmalig gewesen. Aber wir fragen uns kritisch, ob wir uns nicht auch zu PR-Handlangern eines Kriminellen gemacht hatten. Schließlich ist es unmöglich, schriftliche Aussagen eines anonymen Drogendealers zu überprüfen. Sowohl die Lüge über das Löschen von Kundendaten als auch die falsche Behauptung, man sei ein großes Team, mussten wir im Interview mit Shiny Flakes so stehen lassen, weil wir es nicht verifizieren konnten.

Das sollte uns nicht noch mal passieren. Diesmal wollen wir in unserer Kommunikation strategischer vorgehen. Bevor wir über eine Veröffentlichung nachdenken, brauchen wir nähere und belastbare Informationen über das Geschäft, schreiben wir dem Chemical-Love-Support-Team, und müssten am besten mit dem Betreiber persönlich sprechen. z100s Antwort kommt prompt und unerwartet: Er ist einverstanden. »Ich gebe dir bald eine Nummer, die nur an diesem Tag aktiv sein wird. Nenne auch gerne Jahresbeträge, die dabei rumkommen, und wie ich das Geld im Groben wasche«, schreibt er mir.

Einen Tag später ziehe ich mich zurück und wähle die Nummer des Burnerhandys[9] von z100, die er mir im verschlüsselten Chat übermittelt hat. Sich mit einem Dealer zu verabreden ist einfacher gesagt als getan. Die Nummer wechselt mehrmals wöchentlich, an Vereinbarungen hält er sich nicht. Wenn mich z100 mal wieder versetzt, lässt er sich von seiner Support-Angi – die sich offenbar nicht immer sicher ist, wie ihr Name richtig geschrieben wird – via E-Mail für das Termin-Versäumnis entschuldigen: »Montag und Dienstag war er in Übersee, vielleicht wegen der Zeitverschiebung ... noch mal liebe Grüße! Angie!« Ich habe schon fast wieder aufgegeben – da nimmt er Wochen später tatsächlich ab.

»Wir kriegen das Koks direkt als Brikett aus Peru, Kolumbien und Mexiko – mit Kartellstempel«, erzählt der Mann, mit dem ich die nächsten 90 Minuten telefonieren werde. Es ist z100. Er behauptet, um die 30 Jahre alt und der größte Online-Drogendealer Europas zu sein. Was mich am meisten überrascht: Er wirbt pausenlos um Verständnis. Seine Sätze beginnen oft mit Formeln wie »Weißt du«, »Verstehst du« oder »Schau mal« – selbst wenn es um seine Rivalen geht.

Ebenfalls überraschend ist sein Dialekt. »Schau, Marketing isch uns halt sehr wichtig, um die Konkurrenz auszuschalten«, schwäbelt der Mann, der sich gerade noch als gebürtiger Niederländer vorgestellt hat. »Deswegen zahle ich auch 10.000 Euro im Monat für Werbung.« Es ist die Summe, mit der sich Chemical Love/z100 das Werbe- und Verkaufsmonopol auf dem Schwarzmarktboard Crimenetwork.biz gekauft hat.

z100 erzählt aber noch viel mehr: über korrupte Hafenmitarbeiter, Drogenlagerhallen in Rotterdam und Amsterdam und über die Schwächen seiner Vorgänger. »Max war ein guter Junge, hat aber dumme Fehler gemacht. Dass er die Kundendaten gespeichert hat, des isch völliger Wahnsinn«, findet er. »Bei uns wird alles gelöscht. Alles! Wir sind ein internationales Team, damit uns die Arbeit nicht über den Kopf wächst. Wir werden größer und besser, als Shiny Flakes es jemals war. Wir haben jahrzehntelange Erfahrung im Straßenhandel. Damit machen wir jetzt noch immer die größeren Umsätze.« Und wie viel Umsatz macht ihr online?, frage ich. »Eine Viertelmillion im Monat. Aber weißt du, das müssen wir auch. Wenn man nicht die Nr. 1 sein will, ist man in diesem Geschäft schnell weg vom Fenster«, antwortet z100.

Ich frage nach der Lieferkette. In den Niederlanden kämen die Drogen aus Übersee an, er habe dort zwei Lager, verschicke aber aus Deutschland, erzählt z100. Das deckt sich mit Forschung auf diesem Gebiet: Die Top 5 der Länder, aus denen Händler des Darknet-Kryptomarkts AlphaBay angaben zu versenden, sind laut Studien von Meropi Tzanetakis die USA, Großbritannien, Australien, die Niederlande und Deutschland.[10] Aus Sicherheits- und logistischen Gründen geben jedoch nicht alle Händler ihr tatsächliches Versandland an, das bestätigen mir später auch andere Forscher. Wer beispielsweise in sein Darknet-Händlerprofil schreibt, dass er aus den Niederlanden verschickt, fährt sehr wahrscheinlich über die Grenze nach Deutschland, um seine Pakete loszuwerden, da die Post in den Niederlanden wegen der liberaleren Drogengesetzgebung im Land strenger kontrolliert wird. So wollen die Niederlande den Export von Drogen verringern.

Nichts deutet darauf hin, dass der Mann am anderen Ende der Leitung nicht der ist, der er zu sein vorgibt. Er bietet zum Abschied sogar an, den Quellcode des Darknet-Shops so verändern zu lassen, dass eine Grußnachricht an mich erscheint (ich lehne dankend ab). Mein erstes langes Gespräch mit einem Darknet-Großhändler endet freundlich. »War schön, mit dir zu reden«, sagt z100. Wir vereinbaren, in Kontakt zu bleiben. Ich pokere und frage: »Können wir uns vielleicht mal treffen?« – »Wenn ich mal wieder in Berlin bin – warum nicht.«

»Wir kennen alle Tricks«

Das Telefonat über Drogenlager in Rotterdam habe ich der Staatsanwaltschaft Hannover voraus, doch auch ihr ist nicht entgangen, wie exponiert sich die neuen Dealer geben, die Kunden bereits begeistert als Shiny Flakes' Nachfolger feiern. Die Website ist mittlerweile um eine Sektion erweitert worden, die sich »Team« nennt. Was dort passiert, ist wahnwitzig: Hier stellt z100 sich und seine Mitarbeiter persönlich vor, als sei man ein mittelständisches Unternehmen. »Gebürtiger Holländer. Eleganter Stratege«, ist da über z100 zu lesen, »Spezialgebiet: Kokain und schöne Uhren«. Er sei verantwortlich für Geschäfte in »Übersee«. Der kleine Steckbrief prangt nonchalant neben einem Foto, auf dem ein verpixelter Kopf und ein muskulöser, braun gebrannter, nackter Männeroberkörper zu sehen ist, der an einer Bootsreling lehnt.

Auch der Rest des »Teams« wird der Öffentlichkeit und so auch den Ermittlern präsentiert. Da gäbe es zum Beispiel noch den »tollwütigen Mexikaner ›r-4 Gaviera‹«, der »seinen Gegnern bis zur letzten Sekunde ins Gesicht lacht«, eine eigene Corporate Identity, ein »Mission Statement«, Werbevideos und Pressespiegel: Hier scheint sich jemand extrem sicher zu fühlen. »Wir kennen alle Tricks«, prahlt z100. Ob das stimmt? Die Staatsanwaltschaft Hannover nimmt diese Herausforderung an, weil die Anzahl der Feedback-Berichte auf ein gigantisches Versandvolumen bei Chemical Love schließen lässt.

Dass der Haupttäter hinter dem Alias z100 von seiner Schriftsprache her sehr wahrscheinlich aus dem deutschsprachigen Raum kommt, ist den Ermittlern klar. Also entschließt man sich in Hannover, den Slogan »Be a part of it« wörtlich zu nehmen. Wenige Tage nach unserem Telefonat beantragen die Fahnder aus Hannover bei der Staatsanwaltschaft die Erlaubnis, undercover in Sachen z100 zu ermitteln. Die Polizei will selbst Drogen bei Chemical Love bestellen.

Wie gewonnen, so zerronnen

Juli 2015: z100 und ich haben noch ein paar Mal telefoniert. Ich merke, wie ich in eine seltsame Rolle rutsche: z100 gibt Privates preis, erzählt von seinen Sorgen und spricht mich manchmal an wie eine gute Freundin. Ihm ist bewusst, dass ich seine Identität schütze. Sein Dealerleben, so versichert er häufig, ist nicht nur einsam, sondern auch anstrengend. »Glaub mir«, sagt er, »der Job raubt dir ab einer gewissen Masse die letzten Nerven.« Es sei ein Geschäft, »in dem alle gegen dich sind oder dich über den Tisch ziehen wollen«, beschwert er sich ein anderes Mal. Deswegen habe er sich längst eine Leibgarde zugelegt – zwei schwere Jungs, die immer bei ihm seien – und einen mexikanischen Kollegen »fürs Grobe«. Dass ihm Fahnder auf der Spur seien, sei logisch, er könne nur darüber lachen. »Die haben sowieso alle Minderwertigkeitskomplexe«, findet z100.

Auch wenn z100 niemals vergisst, sich höflich nach der Lage in der Redaktion und meiner Gesundheit zu erkundigen, münden unsere Gespräche dennoch im gleichen Spiel: Ich versuche, ihn zu einem

Treffen zu überreden. Er versucht, mich zu einem Artikel zu überreden. »Habe mal das Wochenende über eure Seite gecheckt, ihr habt richtig spannende Themen, wirklich Respekt!«, schreibt er, um dann subtil wieder auf sein eigentliches Thema zu lenken: Was wir denn noch bräuchten, um jetzt mal endlich ein Interview per Mail mit ihm zu veröffentlichen?

Ein Interview sei eine Option, schreibe ich, aber wenn das alles stimmt mit den Millionenumsätzen und dem großen Team, könnten wir doch eigentlich sogar einen Film drehen. Ich will ihn schließlich treffen, so hatten wir es ja auch besprochen. »Unsere Videos haben viel mehr Reichweite als Texte«, versuche ich ihn zu locken. »Es könnte auch gut sein, dass die Doku weltweit ausgespielt und in mehreren Sprachen untertitelt wird.«

Für mich wäre der Wechsel vom Digitalen ins echte Leben journalistisch die einzige Möglichkeit, nachzuprüfen, was der vermeintliche Betreiber erzählt. Sind da wirklich niederländische Lagerhallen voller Drogen? Kann man verifizieren, welche Mengen verschickt werden? Was bedeutet »internationales Team«? Wie sehen die Arbeitsteilung und die Infrastruktur eines Online-Drogenhandels aus? Können wir die Lieferkette einer Substanz nachvollziehen? Passt die Telefonstimme zu dem Menschen, der vor uns steht?

Zwei Tage lang ist Funkstille. Wir halten unseren eigenen Vorschlag für ziemlich gewagt. Deswegen bin ich völlig baff, als ich folgende E-Mail von z100 bekomme:

> *»Ich habe lange nachgedacht und werde dieses Interview mit dir machen. Kann sein, dass mein Partner dabei sein wird, ich glaube nicht, dass der was reden wird, der will nur schauen, ob alles in Ordnung ist.*
> *Wir machen das zu 110%. Das wird gut. Die Doku steht, da hast du mein Wort drauf, das zählt in diesem Geschäft mehr als alles andere.«*

Für z100 steht nur leider außer Frage, dass er ab sofort eine aktive Rolle in unserer Themenauswahl einnimmt. Fast täglich schickt z100 nun Updates, »Ideen« und Fragen zum Dreh und plant munter drauflos:

> *»Ich würde gerne als Vorspann ein kleines Interview geben, zumal sich hier einige mit falschen Lorbeeren schmücken. 90% der Händler im Internet sind Laufburschen und Faker. Mit der Zeit wirst du das auch merken. Darknet, Clearnet – es gibt so wenige, die wirklich so viel verdienen, dass sie die Macht haben, den ganzen Markt zu verändern, wenn sie das wollen. Daher wäre ein deutliches Wort an die Szene nicht schlecht.«*

Wieder steht die Dealerpropaganda im Raum. »Jetzt lass uns uns doch erst mal kennenlernen«, antworte ich etwas müde.

In Hannover passieren derweil ungewöhnliche Dinge – die Polizei wird von den Menschen beschenkt, die sie jagt. Die verdeckten Ermittler aus Niedersachsen haben sich für ihren Testkauf das »Chemical Love 2.0«-Special ausgesucht, ein Paket aus Kokain, fünf Ecstasy-Tabletten und etwas Haschisch zum Vorzugspreis. Obwohl sie nur einmal bestellt haben, bekommen sie das ganze Drogenpaket am 3.11.2015 aus unerfindlichen Gründen gleich zweimal zugeschickt. In beiden Päckchen liegt noch eine Drogenüberraschung: Statt Gummibärchen wie bei Shiny Flakes verteilt Chemical Love eine Gratis-Ecstasy, wie Gerichtsdokumente später belegen.

Ebenfalls erstaunlich: Als Absender ist auf dem Paket ein gewisser Jan H. angegeben, den die Ermittler bereits kennen – er hatte in der Vergangenheit schon öfter wegen Drogen mit der Polizei zu tun. Die Fahnder wundern sich, entschließen sich aber, ihn vorerst nicht zu kontaktieren oder zu überwachen. So doof, Drogen unter dem eigenen Klarnamen zu verschicken, wird wohl niemand sein, heißt es sinngemäß in einem Bericht der Ermittler.

Über die Sendungsnummern können die Polizisten ermitteln, dass die Pakete aus einer Packstation in Karlsruhe abgeschickt wurden. Doch statt diese Station zu überwachen, bestellen sie wenige Tage später noch mal bei Chemical Love – und genau das sollte sich als Schlüssel zu einer wichtigen Spur erweisen.

Denn dieses Paket bricht das Muster bereits: Jemand hatte es in Pforzheim in einer Postfiliale aufgegeben, ergibt die Recherche der Polizei über die Sendungsnummer. Für die Beamten ist dieser Ortswechsel ein Glücksfall. Denn jetzt haben sie schon zwei örtliche Anhaltspunkte. Sie beantragen eine Funkzellenauswertung in Karlsruhe für einen Bereich um die Packstation herum zur Einwurf-Uhrzeit. Außerdem lassen sie den Funkzellenbereich rund um die Pforzheimer Postfiliale untersuchen und checken die Video-Überwachungskamera der Filiale für den Tag und die Uhrzeit der Frankierung. Tatsächlich: Auf dem Film ist ein junger Mann zu erkennen, der sieben Pakete am Schalter aufgibt.

Für die Funkzellenauswertung müssen die Telekommunikationsunternehmen nun per richterlichem Beschluss die Rufnummern aller Handys übermitteln, die sich zum Zeitpunkt der Paketaufgabe in der Funkzelle befanden. Was die Fahnder wissen wollen: Gibt es eine Handynummer, die sich in beide überwachten Funkzellen, also in Karlsruhe und später in Pforzheim eingewählt hat? Volltreffer: die gibt es. Die Nummer gehört einem jungen Mann namens Denis T. Er ist der erste identifizierte Verdächtige im Fall Chemical Love.

Um Denis' Aktivitäten zu verfolgen, setzen die deutschen Ermittler den IMSI-Catcher ein. Mit diesem Überwachungsgerät, mit dem die auf der Mobilfunkkarte eines Mobiltelefons gespeicherte International Mobile Subscriber Identity (IMSI) ausgelesen und der Standort eines Mobiltelefons innerhalb einer Funkzelle eingegrenzt werden kann, kann ein Mobiltelefon – und damit auch sein Besitzer – überall in Deutschland binnen Sekunden geortet werden. Der IMSI-Catcher ist auch deshalb beliebt, weil er unabhängig von der Mobilfunkrufnummer funktioniert. Denis T. könnte aus Vorsichtsgründen seine SIM-Karten wechseln, sooft er wollte – die Polizei findet ihn trotzdem. Die Ermittler holen sich auch die richterliche Erlaubnis zur Überwachung der genutzten Telefonnummern und beginnen, Denis' Gespräche heimlich abzuhören.

z100 ist sich jetzt sicher, dass er durch unseren Film zum Medienstar wird – und erzählt immer mehr Details von seinem Geschäft. Mittlerweile bekomme ich auch nachts E-Mails von ihm.

»Hi :)
ich bin es z100, bin wieder da.
Sorry, ich war in den Niederlanden – wir hatten ein wenig stress die tag ... musste für 6 tage nach mexiko... wie du dir denken kannst hat sich das überhaupt nicht gelohnt, es war ... nicht wirklich erholsam. Ich liebe Mexiko, ja – wunderschön ... auch die Lebenseinstellung gefällt mir. Es kommt darauf an, wen du kennst und warum du dort hingehst :) Dieses Mal war es einfach nur stressig und mit ärger verbunden. Das Problem ist, wenn du es dort mal eilig hast und in der Branche tätig bist, dann kotzt dich die Gelassenheit irgendwann an :)
Ich hatte etwas zu erledigen und musste dort einen Fehler begleichen, das war sehr wichtig.
Dann geht es erstmal los dass die den ganzen Tag Bier saufen, ist ja schon fast wie Wasser für die Mexikaner. Dazu noch dieses narco corrido gesinge, das ist schwer auszuhalten wenn du dich nicht völlig abschiesst.«

Einen »Fehler« in Mexiko begleichen? Klingt seltsam. Könnte es tatsächlich sein, dass der Betreiber einer Online-Plattform nach Mexiko fliegt und die Lieferkette persönlich überwacht?

Auf den Darknet-Kryptomärkten spielen die klassischen Drogen-Produktionsländer für Kokain oder Heroin so gut wie keine Rolle. Das hat mehrere Gründe, doch unter anderem muss sich ein erfolgreicher Händler auf die Post als Zusteller verlassen können, außerdem braucht es einen stabilen Internetzugang. Auf AlphaBay, dem Markt, den die Kriminologin Meropi Tzanetakis untersucht hat, wurde ein Drittel der Drogen nach Angaben der Händler aus Europa verschickt, ein Viertel aus den USA und ein überproportional großer Teil – neun Prozent – aus Australien. Und in genau diese Länder fließen auch die Gewinne.[11]

Untersucht man das Drittel, das in den europäischen Ländern über den Darknet-Drogenmarkt auf AlphaBay läuft, liegt Deutschland mit 7,2 Prozent Anteil am Gesamtumsatz auf AlphaBay auf Platz drei. Mehr Stoff verschicken nur Großbritannien und die Niederlande, beides Länder mit großen Häfen. Das Phänomen Darknet-Drogenhandel ist also äußerst relevant für Deutschland. Im globalen Darknet-Drogenmarkt sind wir weltweit die Nummer fünf.

Die Produzenten harter Drogen aus Schwellenländern profitieren also von den neuen technischen Möglichkeiten und den Profiten eines Darknet-Marktes wenig. Daher interessiert mich die Verbindung zwischen z100 und seinem mexikanischen Lieferanten besonders.

Auf Nachfrage erzählt z100 immer wieder gern von seiner Erfahrung mit den mexikanischen Gangs. »Wenn du erst mal gesehen hast, wie die Köpfe abschneiden, weißt du: Die leben zu 1.000 Prozent für ihr Business«, sagt er. Kann er das gesehen haben oder gibt er nur an?

Einen Monat später, im November, schreibt er mir: »Wir haben jetzt auch Heroin im Angebot. Findest du das schlimm? Unser Support hat Anfragen gebündelt, das sind mittlerweile richtig viele«, rechtfertigt er sich und erklärt: »Wir haben zwei Quellen: Unser türkisches Heroin ist gut zum Rauchen, und afghanisches zum Fixen. Wenn das Zeug nicht gestreckt ist, geht man davon nicht kaputt. Es sind die Streckstoffe, die Menschen durchdrehen und extreme Sucht aufbauen lassen. Unsere Kunden leben auch alle noch.«

Wie er mitkriegen will, ob irgendjemand seiner anonymen Kundschaft von seinem Stoff in Lebensgefahr schwebt oder überhaupt noch lebt, erklärt z100 nicht.

Nun haben Fixer ab sofort auch im Clearnet eine Quelle für Heroin per Post aus Deutschland. z100 findet, das sei ein Grund zur Freude: »Vielleicht retten wir ja dem ein oder anderen die Gesundheit, wenn die sich mal Qualität reinziehen statt das Rattengift von der Straße«, schreibt er. Tatsächlich zielt sein Angebot in eine Nische: Heroin wird über das Netz viel weniger verkauft als auf der Straße. Laut Kriminologen liegt das oft daran, dass die Droge den Alltag von süchtigen

Menschen so sehr in Anspruch nimmt, dass sich die Konsumenten kaum mehr mit etwas anderem beschäftigen können als mit dem nächstbesten Schuss. Die Organisation von Kryptowährung, die Abwicklung der Bestellung im Darknet und das Warten auf die Post sei schlicht überfordernd für Heroinabhängige, die zumal überdurchschnittlich oft keinen festen Wohnsitz haben.

z100s Kommunikation mit uns wird zunehmend erratischer. Ein Treffen schiebt er immer wieder weg. Je nach Tagesform meldet er sich per Telefon, mit Links zu sich selbst zerstörenden Nachrichten, diversen Chatprogrammen oder kryptischen SMS. Auf das Marketing durch einen Film ist er zwar scharf, doch er verlangt, ich müsste den Film alleine drehen, und zwar sofort. Mit anderen Personen aus unserer Firma will er nicht reden, mit mir dafür fast jeden Tag. Er wechselt ständig seine Nummer, teilt sie mir dann aber nicht mit. Er behauptet, mich erreichen zu wollen, und schimpft dann, weil ich angeblich nicht ans Telefon gehe. »Da ging ein Marcel dran!«, schreibt er panisch ein anderes Mal. »Hier arbeitet kein Marcel«, antworte ich.

Wenn wir reden oder mailen, schweift z100 ständig ab und geht nicht auf Fragen ein. Stattdessen erhöht er den Druck, damit wir über ihn berichten.

> *»T. sag mir jetzt alles was du brauchst und welch infos du brauchst etc. so dass ihr anständig arbeiten könnt.«*
> Oder er schmeichelt sich ein:
> *»und wann kriege ich eines dieser legendären interviews ?*
> *du bist ja langsam schon so der Capo der Unterwelt-Reportagen, wann kommen wir in die hall of fame? oder willst du uns nicht dabei haben?«*

Und schließlich kündigt er es im September 2015 einfach selbst auf der eigenen Website an:

> *»Wir haben alle Rekorde gebrochen und sind stolz auf euch. Wir haben hier etwas gemeinsames geschaffen und es wächst und wächst.*

In den nächsten Tagen kommen ein paar Interviews dazu (VICE), wir haben ausnahmsweise ein paar Underground Websites unterstützt, weil wir selbst Underdogs sind und waren. Wir supporten immer gern unsere Wurzeln!«

Zwei Brüder und ein anonymer Chef

Am einem Donnerstag um 5.17 Uhr morgens bekommt z100s Helfer Denis T. eine SMS:

»Morgen. Musst 11 Uhr bei R sein. Er gibt dir Paket mit dass muss nach Frankfurt wie gestern. 250 für dich. R und ich jeweils 150. Geld gibt gleich. lst auftrag von Chino, nicht von mir. Also nicht versauen. Gruss schlafe noch 2 std.«

Wer dieser R sein könnte, können sich die Ermittler durch die abgehörten Gespräche bereits zusammenreimen. Es ist wohl dieser Rene, mit dem Denis T. besonders häufig telefoniert. Außerdem verbringt Denis viel Zeit am Telefon mit einer weiteren Person aus dem Raum Stuttgart, die die Ermittler noch nicht identifizieren können. Sie nennen den Gesprächspartner im Polizeijargon »umP_Stuttgart« (für »unbekannte männliche Person«). Die unbekannte männliche Person hat wohl die SMS an Denis geschickt.

Denis setzt sich morgens ins Auto und fährt pünktlich los. Sein Auto haben die Ermittler bereits mit einem GPS-Tracker ausgestattet und verfolgen jetzt, dass Denis sein Auto um elf Uhr zu einer Adresse im rheinland-pfälzischen Rülzheim steuert. Dort hält es für eine Weile und fährt dann weiter in Richtung Frankfurt.

Anhand des Timings kombinieren die Ermittler, dass die Adresse in Rülzheim zu »R« gehören muss. Tatsächlich: Das Haus gehört einem Rene L. Es ist – trotz anderem Nachnamen – Denis' Bruder. Da er Denis laut der SMS ein »Paket« mitgibt, schlussfolgern die Fahnder, dass bei Rene Drogen lagern – er muss der Bunkerhalter des Teams sein.

Bald darauf hören die Beamten auch Renes Handys ab und stellen fest: Auch er hat Kontakt zur umP. Die »unbekannte männliche Person« ist umtriebiger als gedacht: Sie bespricht mit Rene die Abarbeitung von rund 30 Aufträgen pro Tag, ärgert sich über Geldverschwendung, wundert sich, dass eine Sorte Ecstasy schon wieder alle ist. Außerdem erklärt sie Rene detailliert, wie er Pillen stylen und fotografieren soll. Und er scheint nicht selbst Auto zu fahren.

Die Theorie von Rene als Bunkerhalter verfestigt sich, als Renes Internetanschluss ebenfalls angezapft wird: Auf Amazon klickt er sich durch Produktseiten für Verpackungsmaterialien. Die Fahnder haben jetzt schon zwei Menschen identifiziert, die dringend verdächtigt sind, hinter Chemical Love zu stehen: den mobileren Denis, der durch die Gegend fährt und die Pakete verschickt, und Rene, der sie zu Hause vorbereitet.

Jetzt fehlt ihnen nur noch der Chef.

Anfang November 2015 ging der Bitcoin-Kurs plötzlich steil nach oben. Binnen weniger Tage verdoppelte sich der Wert der digitalen Währung auf einen zwischenzeitlichen Höchststand von 499 Euro (im Juni 2020 liegt der Wert bei 8.226 US-Dollar): Grund war unter anderem eine Abwertung des Yuan sowie verschärfte Kapitalmarktkontrollen in China; die dortigen Anleger setzten lieber auf Bitcoin statt auf die lokale Währung. Investoren erster Stunde jubelten, Darknet-Drogendealer auch: Ohne einen Finger zu rühren, war z100 über Nacht zweimal so reich geworden. Entsprechend gut war er gelaunt. In einer E-Mail mit dem Betreff »Great Day!!!« kündigte er an, es gäbe etwas Wichtiges im Chat zu besprechen, und zwar sofort.

»hey t.
1 mio. Umsatz diesen monat!!!!
danke bitcoin!!! :D
send mir mal die bitcoin-adresse
> Welche Adresse?
dein wallet, einfach weil du ne liebe art hast
come on, will dir bloss 500 Euro in btc schenken

> Äh, nein! So funktioniert das nicht. Ich will meinen Job gut und sauber machen, da kann ich kein Drogengeld von dir annehmen!
ist alles was ich habe, drogengeld?
bezahlen die denn so gut?
was ist, wenn jetzt bspw. ein geschenk dort liegt
das liegt einfach so auf dem tisch
darfst du das dann annehmen?
> Nein!
was??
du bist der erste mensch, dem ich geld aufzwingen muss
ich weiss auch nicht, habe den drang, dir etwas zu schenken
> Ist sehr nett, aber das geht nicht.
das finde ich irgendwie ... süss
Ist das nur ein problem bei bitcoin
Oder auch in bar?
> was glaubst du denn?
t., ich will dir das ganz ehrlich sagen
ich hätte dir fürs interview eh geld gegeben
sollte eher eine überraschung werden
los, her mit der wallet jetzt!«[12]

z100, fand ich, verabschiedete sich an diesem Punkt seiner Karriere in den Größenwahn. Sein transparenter Bestechungsversuch war nur eins der Symptome dafür.

Routinekontrolle

Die umP, das wissen die Beamten jetzt, ist der Strippenzieher von Chemical Love. Er koordiniert, befiehlt, erinnert und mahnt, und organisiert mit Denis sogar eine Auslandsfahrt, bei der 20 Kilo Speed organisiert werden soll. Die Ermittler wissen, dass es nach Holland geht. Doch bei internationalen Ausflügen gibt es ein Problem: Sobald Verdächtige die deutsche Grenze passieren, dürfen die Ermittler keine Gespräche mehr abhören und wissen nicht mehr, was geschieht. Die Fahnder können sich erst wieder einschalten, sobald die Handys der Verdächtigen wieder irgendwo in Deutschland auftauchen.

Auch beim dritten und vierten Testkauf haben die verdeckten Ermittler nicht mehr so viel Glück mit z100s Großzügigkeit. Die Beutel mit 50 Ecstasy-Pillen, die sie im Januar 2016 bestellen, werden zwar von der niedersächsischen Polizei pünktlich in Bitcoin bezahlt, aber nicht geliefert. Dass sie dieses Schicksal mit vielen anderen Kunden teilen, ist nur ein schwacher Trost.

Die Stimmung in der Zentralinspektion Hannover sinkt noch mehr, als die Fahnder kurz darauf ihre Leitung zu den Dealern komplett verlieren. Während die Beamten warten, dass die nächste Shoppingtour in die Niederlande stattfindet, wechseln die drei Beteiligten allesamt ihre Handys. Die Organisation der Tour unternimmt Chemical Love also wieder persönlich, und die Fahnder müssen wieder die GPS-Standorte der Autos vergleichen und sie auf Kreuztreffer der eingewählten Nummern in der Funkzelle abklopfen.

Kurz davor hat der Chef allerdings noch ein wichtiges Telefonat mit Denis geführt: Er müsste mal kurz nach Serbien, um ein paar Dokumente abzuholen, erzählt er und bittet seinen Fahrer, ihn zu kutschieren. Am 2.4.2016 machen sich Denis und sein Chef in Denis' Opel Mokka auf den Weg. Das Auto ist längst mit einem GPS-Sender verwanzt. So sieht die Polizei auf dem Bildschirm, wie die beiden die Grenze nach Österreich bei Bad Reichenhall passieren.

Als die beiden zwei Tage später kurz vor Mitternacht wieder über denselben Grenzposten nach Deutschland fahren wollen, stehen Beamte parat und kontrollieren die Personalien der beiden Reisenden. Denis und sein Beifahrer bleiben ruhig, zeigen ihre Ausweise und werden durchgewunken. Festnehmen wollte man die beiden nicht, sondern sie in Sicherheit wiegen. Und die Kontrolle war für die Polizei ein Volltreffer. Denn jetzt haben sie endlich einen Namen zu dem Mann, den sie als Koordinator von Chemical Love verdächtigen:

Nikolas K., geboren 1986, wohnhaft in Stuttgart, bereits auffällig geworden wegen Betrugs und des Handels mit Crystal Meth in nicht geringer Menge.

Im Februar 2016 gerate ich mit z100 endgültig aneinander. Er wird ungehalten, weil wir immer noch kein Interview veröffentlicht haben und darauf bestehen, verifizieren zu müssen, dass das, was er sagt, auch tatsächlich stimmt.

»Ich sagte dir bereits, ich habe keine Nerven für so was, deine Leute reden nur Scheiße, ihr telefoniert mit uns, wir geben euch eine Chance, danach kommt nichts mehr«, schreibt z100 in einer E-Mail an uns. Er verlangt: »Wir arbeiten nur noch mit Theresa, notfalls einem Kameramann, beide geben Personalien davor ab.«

Beides ist nicht drin. Ich möchte z100 auf gar keinen Fall meine Adresse verraten, und um eine halbwegs professionelle Doku zu drehen, müssten mindestens zwei Leute für Kamera und Ton mitkommen. Das lehnt z100 ab, beziehungsweise, sagt er, sein Partner, ein mysteriöser Mexikaner, hätte ihm das verboten.

Auch z100s letzter Vorschlag, mir bei meiner Ankunft in einem Waldstück einen Sack über den Kopf zu ziehen und mich dann mit dem Auto in die Lagerhalle zu bringen, stößt in unserer Redaktion nicht auf Begeisterung.

Also knicken wir die Idee. Der Kontakt bricht nach einem anstrengenden Jahr ab und wir beobachten Chemical Loves Expansion nur noch von Weitem – kein Film, kein Interview.

Treffen im Halbdunkeln

Im Frühjahr 2016 habe ich Chemical Love fast vergessen. Bis zum 15. April 2016, als ich eine Nachricht über Jabber bekomme.

»theresa
hallo
Z100 busted
Oder exit ripp

Dieser Hurenschmock hat alles mitgeloggt
Ich kann das beweisen
Ich kann diese verfickte chemical love show aufdecken«

Das schreibt mir Statine, der die Plattform programmiert hat – behauptet er zumindest. Ich kannte ihn bisher nur von einigen E-Mails und aus dem Cybercrime-Forum, wo z100 ihn als Teammitglied und technischen Admin vorgestellt hat. Wir telefonieren, genauer gesagt: Statine redet im Stakkato, ohne Luft zu holen. »z100 ist seit Tagen nicht mehr online«, sagt er. »Entweder die Bullen haben ihn oder er ist mit dem Geld abgehauen.«

Ein paar Tage später lerne ich Statine kennen, einen schlauen, hypernervösen Typ in Designer-Sportklamotten, der in der Shishabar seines Freundes irgendwo in Nordrhein-Westfalen nervös an einem Energydrink nuckelt und nach eigenen Angaben die letzten paar Nächte durchgekokst hat. Die Bar öffnet nur für uns, wir sitzen konspirativ im Halbdunkel. Statines Vorsicht ist angebracht. Er ist zu diesem Zeitpunkt das einzige Chemical-Love-Mitglied, das – wie sich später herausstellt – noch frei ist – und deutlich jünger, als ich dachte: gerade mal 18 Jahre alt.

»Fuck, ey, ich mach doch bald Fachabi«, sagt er und tippt ein sehr langes Passwort in eine Tastatur ein. »Hoffe mal nicht, dass die Bullen mich davor noch schnappen.«

Er hat seinen Laptop mitgebracht, um zu demonstrieren, wie viel Einblick er in das Geschäft hatte, und fährt mehrere Programme zur Verschleierung seiner Identität hoch, loggt sich dann vor meinen Augen ins Backend von Chemical Love ein und zeigt auf den Bildschirm. Tatsächlich: Dort sind die Daten aller Kunden gespeichert, die bei Chemical Love Drogen bestellt haben. »z100 wollte das so«, sagt Statine. Er zeigt mir verschiedene Chats und Dokumente, die beweisen, dass er tatsächlich den Auftrag zum Aufbau der Seite bekommen und gegen Bezahlung ausgeführt hat. »Die Server haben sie noch nicht beschlagnahmt, deswegen ist die Seite noch online«, sagt Statine. »Hab ich gut versteckt, wa?«

Der Server der Plattform läuft auf der herkömmlichen Online-Shopping-Software namens WooCommerce, mit der Bestellungen halb automatisiert abgewickelt werden können. Nur die Bezahlung musste Statine von Euro auf Bitcoin umstellen.

Später stellt sich heraus, wozu z100 die Kundendaten gebraucht hatte: Er wollte seine eigenen Kunden als potenzielle Absender der Drogenpakete anschwärzen. Deshalb stießen die Ermittler in Hannover bei der Recherche nach der Identität der Absender auch zunächst auf Menschen, die bereits wegen Drogendelikten in Erscheinung getreten waren. Eine recht perfide Idee mit einem klaren Vorteil für z100: Verdächtige Rückläufer konnten so minimiert werden. Kommt ein Päckchen mal nicht beim Empfänger an, gehen die Drogen zumindest an ehemalige z100-Kunden zurück – und liegen nicht in Hausfluren herum.

Statine ist aufgekratzt, er scheint sich die letzten Monate von der Seele reden zu wollen. In wenigen Sekunden wirft er das von z100 mühsam aufgebaute Konstrukt des »Marketing- und Kundensupportteams« über den Haufen. »Tschüsch, ach was. Angie? Gabi? War alles ich.«

Für Statine war die Kommunikation Stress, auch wenn er seine Macht oft genossen hat. »Ich musste die ganze Zeit texten, schlechte Bewertungen von Nutzern löschen und kommunizieren, manchmal als angeblicher Mexikaner, manchmal auch unter z100s Nutzernamen. Ich hatte seine Zugänge und alles«, winkt er ab.

Doch die Zeiten sind vorbei. Nun ist Statine nicht nur nach eigener Aussage pleite, sondern auch ziemlich allein mit seinen kriminellen Geheimnissen: Partner weg, Einkommen weg, und wenn es schlecht läuft, gibt es irgendwann nachts eine Hausdurchsuchung in seinem Elternhaus, in dem er noch immer lebt.

Dankbar für die »geile Zeit« ist er Chemical Love trotzdem, sagt er. »Leider ist nix mehr übrig von dem ganzen Geld.« Spielschulden, sagt Statine und grinst. Auch heute, erzählt er, habe er bereits ein paar Hundert Euro im Spielautomaten neben der Theke versenkt. Zu Chemical-Love-Zeiten sei er dafür lieber ins Casino gefahren – mit einem gefälschten Ausweis, den er sich erst mal auf Crimenetwork bestellen musste, um überhaupt am Türsteher vorbeizukommen.

Statine ist gerade noch mal davongekommen, bis heute wurde er nicht belangt. Gelernt scheint er aus dem Untergang von Chemical Love nichts zu haben. Mir gegenüber wechselt Reue (»ich mache jetzt auf jeden Fall erst mal eine Therapie!«), Rechtfertigung (»aber irgendwann will ich meinen Eltern noch ein Haus kaufen«) und Relativierung (»im Dezember höre ich dann WIRKLICH auf mit den illegalen Sachen«) sich ab mit dem Verlangen, mit dem nächsten »Projekt« doch noch mehr abzuräumen: »Also, 30.000, 40.000 Euro im Monat gehen auf jeden Fall noch.« Er steht an einem Scheideweg, denn er hat ein legales Jobangebot, aber auch noch zwei lukrative Arbeitsaufträge: zum Coden neuer Drogenshops. »Hab ich so Anfragen bekommen.«

Eine Woche nach unserem Treffen ist die Chemica-Love-Website dann doch urplötzlich offline. Aber nicht nur das: Auch Statines bisherige Operationsbasis Crimenetwork wurde abgeschaltet – vorübergehend[13], aber das weiß Statine zu diesem Zeitpunkt noch nicht.

»ich
fick
gerade
mein leben«

schreibt mir Statine. Sein bester Online-Freund, der Boardbesitzer sync, ist parallel zum Ende von Chemical Love von Crimenetwork verschwunden, er erreicht ihn auch nicht mehr telefonisch.

Was bleibt, ist die Gewissheit, dass Chemical Love trotz des Werbeversprechens von »Top-Sicherheit und Garantie« mit den Kundendaten noch leichtsinniger umgegangen ist als sein Vorgänger Shiny Flakes. »Trusted Drugshop«? Von wegen.

Wieso hat Statine die Tausende Kunden eigentlich nicht gewarnt? Statine zupft am Armband seiner Rolex und zuckt mit den Schultern. »War mir doch egal. Der Bastard hat gut gezahlt.«

Der 14. April 2015 wird der letzte Tag des Unternehmens Chemical

Love sein. Denis und ein ab und zu engagierter Helfer namens Achim fahren einmal mehr in die Niederlande, um von einem Kontaktmann 50 Kilo Speed zu besorgen. Deutsche Polizisten haben die Fahrt schon genau im Blick. Diesmal wollen sie sie nicht davonkommen lassen. Um 20.30 Uhr heften sich Einsatzpolizisten in der Nähe von Bingen an ihre Fersen und verfolgen die beiden Autos auf dem Weg zurück in Deutschland.

Helfer Achim fährt nach Hause, Denis macht sich mit der Ware auf den Weg zum Bunker seines Bruders Rene in Rülzheim. Um 22.00 Uhr kommt Niko in einem schwarzen Jaguar dazu, mit dabei sind seine Freundin Ratchanee und deren Sohn Perry. Niko lässt die beiden für eine Weile im Auto sitzen – er will mit Rene und Denis Fotos der neuen Ware machen. Ein mobiles Einsatzkommando wartet, bis das Trio im Haus vereint ist.

Dann schlagen die Fahnder zu. Die Chance, alle drei – Niko, Denis und Rene – mit möglichen weiteren Mittätern direkt nach ihrem Drogenimport in der Zentrale zu erwischen, ist einmalig.

Während Niko das Pulver im Bunker begutachtet, werden Ratchanee und Perry festgenommen. Dann stürmt ein SEK-Trupp das Haus und findet im Keller die drei verdutzten Dealer vor – mit 54 Kilogramm Amphetaminen, 4 Kilogramm Heroin, 1,3 Kilogramm Kokain und 25.000 Ecstasy-Pillen. Und außerdem 1.750 Lieferadressen, diesmal, anders als bei Shiny Flakes, säuberlich ausgedruckt.

Im Flur nimmt die Spurensicherung noch eine Tasche mit Nikos Macbook mit. Verschlüsselt ist es nicht. Auf seinem Laptop schlummern Logindaten für die Website Chemical Love, als Admin und als Moderator auf Crimenetwork, außerdem die Electrum-Software mit 8.000 Bitcoin-Zahlungseingängen. Damit können sie Niko ziemlich sicher nachweisen, dass er Europas größten Drogenversandhandel betrieben hat.

Noch in der Nacht klicken bei Achim, dem Fahrer, die Handschellen. Es braucht mehrere Wochen und Tipps von mehreren V-Männern, bis es der Kripo Hannover gelingt, erst zwei Proxy-Server in den Niederlanden und Bulgarien abzuschalten, und schließlich die Seite selbst. Zugriff auf die vollständigen Kundendaten, die mir Statine gezeigt hat, haben die Beamten zu diesem Zeitpunkt nicht – das geht aus Gerichtsdokumenten hervor.

Die Ermittler recherchieren zuerst die Kunden auf den ausgedruckten Bestelllisten, die nicht unter ihren Klarnamen bestellt haben. Dabei bekommen sie Schützenhilfe von unerwarteter Seite: Ausgerechnet die nach eigenen Angaben »vertrauliche« Plattform bitcoin.de, die größte deutsche Bitcoin-Börse, verrät den Fahndern anhand der benutzten Wallet-Adressen alles über die Kunden von Chemical Love – freiwillig.

Außenstehende sehen in der Blockchain, dem öffentlichen Register, das alle Bitcoin-Zahlungsflüsse dokumentiert, nur einen Code für jede Transaktion. Bitcoin.de verteidigte ihr Vorgehen im Hinblick auf Chemical Love mit einer »gesetzlichen Meldepflicht«. Laut den Datenschutzbeauftragten von Hamburg und Niedersachsen existiert so eine Pflicht allerdings nicht, zumindest nicht bei Polizeianfragen ohne richterlichen Beschluss.

Ebenfalls äußerst kooperativ zeigt sich Denis T. In Untersuchungshaft belastet er Niko schwer – auch, weil die Beweislage erdrückend ist. Ja, er sei der Logistiker von Chemical Love gewesen, später habe er seinen Bruder dazugeholt, der zu Hause Drogen verpackte. Gelegenheitsfahrer Achim sei ein alter Saufkumpan der beiden Brüder. Und Niko kenne er als Meth-Dealer über dessen Freundin, die als Prostituierte arbeitete.

Hier ein »eleganter Stratege«, da ein »tollwütiger Mexikaner«: So stellte z100 sein Team auf Chemical Love vor. Die Realität – das wird nach den Verhaftungen klar – sah anders aus. Die Menschen, die Chemical Love zu Millionenumsätzen verhalfen, waren keine gewieften Spezialisten mit Auslandserfahrungen. Es war eher eine nicht allzu raffinierte und in Teilen vorbestrafte Handlanger-Truppe in schwierigen Lebensumständen, die die Unternehmung bisweilen sogar gefährdete. Ein Beispiel: Weil Achim die Angewohnheit hatte, seinen Müll an einer Raststätte wegzuschmeißen, entsorgte er dabei versehentlich einmal zwei Kilo Kokain.

Zwar versuchte die Bande, konspirativ zu agieren – so wurden alle Städtenamen am Telefon abgekürzt und die Drogen mit Codenamen wie »Pink« oder »Delfin« versehen –, aber das ist nicht immer gelungen.

Das Millionen-Unternehmen Chemical Love scheiterte letztlich an der Schludrigkeit der Helfer. Nicht nur lieferte Chemical Love der Polizei bei ihrem versehentlich doppelt gelieferten Testkauf die ersten wichtigen Anhaltspunkte für Kreuztreffer, Denis T. konnte sogar in der Postfiliale identifiziert werden, als er seinen Ausweis am Tresen vorzeigte. Ihn zum Drogenbunker seines Bruders zu verfolgen, war dann ein Kinderspiel.

Für die Organisation des Internet-Drogenhandels benutzten Denis, Rene und Niko ein überraschend einfaches System: ein gemeinsames E-Mail-Postfach namens bieristgut@openmailbox.com. Es diente der Gruppe als toter Briefkasten im 21. Jahrhundert. Keine einzige E-Mail wurde von diesem Postfach abgeschickt, stattdessen empfingen Rene und Denis von Niko täglich neue Aufträge und Manöverkritik (»35 Päckchen am Tag sind sauschlecht!«) im Entwürfe-Ordner. Wenn es mal nicht so gut lief, drohte Niko mit einem mysteriösen Oberboss namens Chino.

Vielleicht hätten die beiden Brüder Denis und Rene abstreiten können, dass sie auf »bieristgut« Anordnungen von Niko empfingen. Dummerweise hatte sich Denis das Passwort dazu auf einem Zettel direkt neben dem Schreibtisch notiert – dabei standen die Chancen, es sich zu merken, eigentlich gut: Es war der Name seines eigenen Hundes.

Letztlich haben Überwachungsmaßnahmen die Ermittler zum Erfolg geführt: Drei Dutzend Telefone wurden abgehört, alle Verbindungsdaten ausgelesen, Funkzellen ausgewertet, Internetverkehr mitgeschnitten, an fünf Autos klebten GPS-Tracker, dazu kamen Observations-Teams. Die Website – sowohl im Darknet als auch im offenen Internet – kriegten die Ermittler dagegen lange nicht klein.

Von den Details der Festnahme erfährt die Öffentlichkeit erst Wochen später, am 2. Mai, als Chemical Love nach mehreren Server-Beschlagnahmungen im Ausland aus dem Netz gelöscht wurde. In der Pressemitteilung heißt es:

> *»Das verdächtige Quintett aus Beschuldigten von 21 bis 60 Jahren sitzt wegen Verdunkelungs- und Fluchtgefahr in Untersuchungshaft.«*

Zu diesem Zeitpunkt wissen wir noch nichts von Denis' Helfern Rene und Achim. In der Redaktion rätseln wir aber vor allem, welche Rolle der 60-Jährige wohl eingenommen hat. Es ist ein äußerst untypisches Alter für einen Internet-Drogendealer. Ein Ermittler klärt mich schließlich am Telefon auf: »Chemical Love, das war wohl ein Familienunternehmen«, sagt er. Der 60-Jährige ist Nikos Vater – und eine kleine Berühmtheit.

Vom Nationalspieler zum Drogenkurier

Nachdem die Fahnder z100 als Nikolas K. identifiziert hatten, fällt ihnen auf, dass er immer wieder eine bestimmte Nummer kontaktierte, wenn es um Fahrdienste ging: Es ist ein auf falschen Namen angemeldetes Handy, an dem sich jemand mit »Walter« meldete.

Bei diesem Walter handelt es sich um den Vater von Niko, wie sich bei den Ermittlungen herausstellte. Walter K., ehemaliger Stürmer der deutschen Fußballnationalmannschaft.

Nach seiner aktiven Zeit im Sport arbeitete Walter K. zunächst als Versicherungsvertreter, dann sattelt er um auf Immobilien. Er treibt 2010 und 2011 bei Freunden Geld für Bauprojekte ein und verspricht ihnen sechs bis zehn Prozent Zinsen. »Geschichten erzählen konnte er gut«, erinnert sich ein Freund von früher. Diese Fähigkeit half Walter K. bei der »Fremdakquise«, wie es im Finanzjargon heißt.

Die Immobilienprojekte werden nie fertiggestellt, das Geld der Freunde – oft im sechsstelligen Bereich –, und manchmal sogar deren Rente, ist weg.

2016 hat Walter K. einen Tiefpunkt erreicht: Nicht nur ist ihm die

Staatsanwaltschaft Stuttgart wegen Investitionsbetrugs auf den Fersen. Die Ermittler in Sachen Chemical Love sind sich schon durch die abgehörten Telefonate sicher, dass Walter K. in das Geschäft seines Sohnes involviert war. Mindestens sechs Mal habe er Niko zu Dealern im Ausland und mit neuen Ladungen Drogen wieder zurück über die Grenzen chauffiert.

Walter K. bemüht sich, in den Vernehmungen den Eindruck zu vermitteln, er habe mit Nikos Leben »überhaupt nichts zu tun«, aber ihm trotzdem ab und zu selbstlos geholfen, weil Niko ja keinen Führerschein hatte. Chemical Love? Hätte er nie gehört. Was, Drogen? Er habe gedacht, sein Sohn arbeite im Rotlichtmilieu.

Die Staatsanwaltschaft sieht das anders – und weist nach, dass sich Walter K. gern in der Nähe seines Sohnes aufhält. So auch am 14.3.2016, wo Niko und Denis durch ein Frankfurter Wohngebiet fahren, bevor sie an einem McDonald's-Parkplatz anhalten. Die Beamten können durch die Scheiben erkennen, wie Niko sein mobiles Modem herauskramt und kurz etwas am Rechner macht. Dann geht er über den Parkplatz und setzt sich zu einem Mann mit Steppjacke und asiatischen Gesichtszügen in einen roten Audi. Keine zwei Minuten später ist Niko wieder bei Denis – mit einer gefüllten Mülltüte.

Was die Polizisten vor Ort bei ihrer Observation sehen, wird Denis später erzählen: Er habe Niko dabei beobachtet, wie er im Auto 149 Bitcoins, ca. 55.000 Euro, an eine Bitcoin-Adresse überwies. In der Mülltüte brachte Niko den Gegenwert in cash wieder zurück. Nächster Stopp für Denis und Niko: Eine Sackgasse in der Nähe. Dort parkt schon ein anderes Auto. Am Steuer sitzt jemand, den Denis später als »elegant gekleideten Mann mit zurückgegelten Haaren« beschreibt, und diese Beschreibung passt perfekt zu Walter K.

Die Mülltüte wechselt ein weiteres Mal ihren Besitzer. Dann fahren beide Autos in entgegengesetzte Richtungen davon.

Walter K.s Anwalt versucht später in einem Brief an die Staatsanwaltschaft, die Glaubwürdigkeit des Zeugen Denis T. infrage zu stellen: Der habe doch regelmäßig getrunken und sich vielleicht einfach verguckt? Außerdem habe sein Mandant doch »schütteres Haar ohne Geleinsatz«. Doch abstreiten, vor Ort gewesen zu sein, kann K. nicht mehr: Auch das mobile Einsatzkommando hatte ihn bei der Übergabe beobachtet. K. behauptet daraufhin, die Mülltüte in der Annahme entgegengenommen zu haben, es sei die dreckige Wäsche seines Sohns.

Selbst mit viel Fantasie geht die Geschichte nicht wirklich auf – und auch die Polizei lässt sich nicht für dumm verkaufen. Der Vater, der mit seinem Sohn angeblich nichts zu tun hat, sich aber mit ihm in einer abgelegenen Straße in Frankfurt trifft, um seine Schmutzwäsche heim nach Stuttgart zu nehmen? »Lebensfremd«, finden das die Ermittler.

Wohin das Chemical-Love-Geld floss, wird nach der Razzia im Rülzheimer Bunker jedenfalls schon bald klarer. Auf Nikos Macbook ist die Chemical-Love-Finanzzentrale installiert: das Programm Electrum, mit dem man Bitcoin speichern, empfangen und transferieren kann. Es wirbt damit, dass es für jede Transaktion eine neue Bitcoin-Adresse[14] generiert, um eine zusätzliche Schutzschicht an digitaler Anonymität herzustellen. Das macht die Nachverfolgung des Empfängers zwar nicht unmöglich, aber doch deutlich schwieriger. Für Chemical Love war das ideal: Bei jeder Bestellung im Shop wurde eine neue Wallet-Adresse als Zielkonto für das Drogengeld generiert, um zu verschleiern, wer hinter den Konten steckt.

53.900 Euro schickte Niko an die Adresse, die er mit dem Zusatz »Monopol« gekennzeichnet hatte und die sich dem Forum Crimenetwork zuordnen ließ. Das bestätigt, was er mir über seine Werbeausgaben erzählt hat, bringt aber für Ermittlungen nicht viel: Sollte sich der Forenbetreiber nicht sehr vertun, ist auch die Zieladresse eine Einmaladresse, die ihren Empfänger nicht preisgibt.

Bitcoin-Geldwäsche ist riskant, und Auscashen, ohne eine Spur zu hinterlassen, ist schwierig. Manche Interviewpartner beschreiben den Wechsel des digitalen Geldes in Euro als »Königsdisziplin« des Darknet-Handels.

Niko hatte dafür einen Spezialisten. Zehn Überweisungen – insgesamt 449.000 Euro – flossen an eine Adresse, die Ermittler dem Mann mit den asiatischen Gesichtszügen im roten Audi zuordnen konnten. Von dort wanderte das Geld kurz nach der Überweisung weiter an eine Adresse der Seite localbitcoins.com. Auf dieser Internetseite kann man sich mit Menschen treffen, die Bargeld gegen Bitcoin tauschen. Und Niko brauchte ständig Bargeld – um Drogen zu kaufen, um die Hotelzimmer in bar zu bezahlen, in denen er unter falschem Namen wohnte, aber auch um Bargeld auf geheimen Konten im Ausland zu parken.

Auch der Sohn von Nikos Freundin, Perry, berichtete von zwei solchen Treffen mit einem Engländer in einer Bar in den Niederlanden, bei denen Niko einem Mann Bitcoin überwies und dafür große Summen Bargeld bekam. »Die Bündel waren bestimmt fünf Zentimeter dick«, erinnert sich Perry in seiner Vernehmung. Niko habe später damit angegeben und das Geld aus einem Sack über Perry ausgeschüttet, als sei es Konfetti.

Nicht immer konnte sich Nikolas aber die zeitaufwendige Methode eines persönlichen Treffens leisten, um die Digitalwährung loszuwerden. Fast eine Million Euro, 917.000 Euro, schickte er an die Adressen von Online-Geldwechselstuben weiter: MtGoxandOthers, BTC-e.com, litebit.eu. Um die Transaktionen zusätzlich zu verschleiern, überwies er zunächst an ein weiteres Wallet. Große Summen »wechselte« er auch in Online-Wettbüros wie 999dice.com, cloudbet.com ein – diese Methode ist momentan eine der beliebtesten zum anonymen Auscashen von Kryptowährungen. Man kauft »Jetons« in Bitcoin, zockt online und lässt sich die Gewinne in Euro auszahlen. Und wenn man verliert? Pech gehabt.

Am Beispiel Chemical Love lässt sich eine der größten Tücken in der Ermittlung von Darknet-Dealern nachvollziehen: Die Kripo Hannover kann genau beobachten, was auf dem Wallet passiert. Doch in die Staatskasse kann sie das Dealer-Vermögen nicht transferieren – dazu fehlt ihnen ein Passwort zum Überweisen. Sie versuchen es mit einem Programm zu knacken – ohne Erfolg.

Ganz besonders geschäftig geht es auf einem Wallet mit der Nummer 001ffcce84 zu: Über 4.100 Transaktionen werden darüber abgewickelt, und die meisten davon sind Zahlungseingänge. Noch im Februar 2016 hatte es einen Kontostand von 857 Bitcoin, was nach heutiger Umrechnung einem Wert von 7,7 Millionen Euro entspricht. Handelt es sich dabei um Transaktionen von Chemical Love? Gut möglich.

Kurz nach der Razzia in Renes Bunker wird das Vermögen in mehreren Schüben an andere Adressen bewegt. Wem sie gehören, wissen die Ermittler nicht. Und sie werden es wahrscheinlich auch nicht erfahren. Und vor Gericht wollte Niko das Passwort für die Wallet einfach nicht mehr einfallen.

Im Prozessverlauf wird klar: Niko hatte sich die ganze Mexiko-Nummer, das »Marketing-Team«, die Lagerhallen und die Reisen nach Übersee alles exklusiv für uns ausgedacht. Er hatte sich in Hunderten E-Mails, Anrufen und langen Briefen ein Leben zusammengeträumt, das er mit den Umsätzen verband, die er mit Drogen machte. Oder mit den Filmen über Drogendealer, die wir alle kennen: Scarface, Blow, Narcos.

Doch dass sein Alltag so einsam und stressig würde, damit hatte er nicht gerechnet. Vielleicht hat er auch deshalb immer wieder den Kontakt zu uns gesucht. Einerseits war es Kalkül, um ein Interview bei mir durchzusetzen – und sich dafür glamouröser darzustellen, als er war –, andererseits, weil ich einer der wenigen Menschen war, mit denen er reden konnte, ohne dass sie ihm direkt an den Kragen wollten: Ich war weder Konkurrenz noch Familie, noch Ermittler.

Als aus Niko der Online-Dealer z100 wird, braucht er seinen Vater für die Fahrdienste und wohl auch zur Geldwäsche. Walter K. wiederum braucht seinen Sohn, um mit seiner Freundin mietfrei zu wohnen und luxuriöse Autos zu fahren, denn er geht selbst seit Jahren keiner geregelten Arbeit mehr nach.

Seine Mitarbeiter speiste Niko mit vergleichsweise mickrigen Beträgen ab. Denis hatte als Logistiker und Fahrer rund 3.000 Euro im Monat übrig. Dafür, dass Rene seine Wohnung zum Lagern der Drogen zur Verfügung stellte, sah der ehemalige Speditionsmitarbeiter gerade mal 150 Euro Miete im Monat, dazu 2.000 Euro fürs Verpacken. Wenn Denis mit dem Chef auf Reisen ging, gönnte sich Niko eine luxuriöse Suite – für Denis gab es ein Standardzimmer.

Niko selbst führte ein ruheloses Luxusleben: Er stieg fast nur in 4- oder 5-Sterne-Hotels ab und bezahlte die oft fünfstelligen Rechnungen in bar, pendelte ansonsten aber in einem sehr beschränkten Wirkungskreis zwischen Rastatt und Pforzheim herum.

Zwischen den Nächten im Hotel lagen kleine Geschäftsaufenthalte in den Niederlanden, Paris, Serbien oder Brüssel. Nikos Lebensmittelpunkt war jedoch in Baden-Württemberg, nicht weit von seinen Eltern.

Die Chemical-Love-Mietautos – es waren Dutzende – durfte der Vater immer auch privat benutzen. Protzige Autos spielten eine wichtige Rolle im Leben der beiden K.s. Niko hatte selbst mit 20 Jahren einen Porsche Turbo, dann sechs weitere Luxusautos zu Schrott gefahren, behauptet eine Ex-Freundin in ihrer Vernehmung. Zwischendurch kauft sich Niko einen Maserati über einen Kontaktmann in Serbien, obwohl er ihn nach Verlust seines Führerscheins gar nicht selber fahren kann. Wo das Auto abgeblieben ist, weiß bis heute niemand.

Dokumente belegen, dass die beiden K.s planten, mehrere Luxusautos und Häuser auf dem Balkan zu kaufen. Offenbar wollten sich Vater und Sohn nach Osteuropa absetzen. Vater Walter hatte versucht, eine Scheinfirma in Serbien zu gründen, über diese Firma wollte er Immobilien laufen lassen, um seinen Namen nicht damit in Verbindung zu bringen.

Die meisten Anklagepunkte räume er ein, sagt Niko am 17. Verhandlungstag, nur eine Sache nicht: Er will es nicht gewesen sein. Die Fäden bei Chemical Love habe gar nicht er, sondern eigentlich dieser mysteriöse »Chino« gezogen, den er selbst nie kennengelernt habe.

Die Richter kaufen ihm das nicht ab und fällen im Mai 2017 ein hartes Urteil: 14 Jahre und zehn Monate muss Niko ins Gefängnis. Es ist eine Strafe, die ihn schwer zu treffen scheint. »Ich bitte Sie, zu berücksichtigen, dass ich schnellstmöglich eine Therapie machen will«, sagt er.

Auch für Walter K. sieht es schlecht aus. Gerade erst im Sommer wurde er zu einer Bewährungsstrafe wegen des Anlagebetrugs verurteilt, und nun sitzt er wieder auf der Anklagebank. Sein Verfahren wurde von dem gegen Niko abgetrennt. Über seinen Anwalt erklärt er, nichts von den kriminellen Machenschaften seines Sohns geahnt zu haben. Staatsanwalt Oliver Rissel lässt in seinem Plädoyer kein gutes Haar an Walter K. Er habe wegen seines Bankrotts seit 2012 keine Autos mehr leasen und keine Telefonverträge mehr abschließen können, daher sei ihm die finanzielle Unterstützung in Form von Nikos Drogenkurierjobs nur recht gekommen. Am 30.11.2017 fällt das Urteil: K. muss für drei Jahre ins Gefängnis. Ein weiteres Verfahren wegen Insolvenzverschleppung steht noch aus.

Nach 19 Verhandlungstagen gegen Chemical Love ist einiges rund um den Aufbau und die Dimensionen dieses massiven Drogenhandelskomplexes klarer geworden. Wo jedoch das Geld geblieben ist, bleibt Nikos Geheimnis. Dass er unter der Haft leidet, geht aus den Postkarten hervor, die er an seine Mutter und eine Freundin schreibt. Sie wurden von der Staatsanwaltschaft wegen möglicher Suizidgefahr konfisziert und landen deshalb in Gerichtsdokumenten. Er empört sich in einem Brief an seine »Mum« über die rüden Umgangsformen in der Haft. Er sorge sich über die Rückentwicklung seiner Sprache, schreibt er. Und: »Ich halte diese Kälte nicht mehr aus, bitte schickt mich in einen Himmel. Hier gibt es keine Liebe, und ohne Liebe sterbe ich.«

Der Online-Drogenhandel geht nicht mehr weg

»Sobald jemand 18 ist, ist er volljährig«, äußerte sich Shiny Flakes zum Thema Legalisierung in einem Interview mit dem Online-Magazin Motherboard 2014. »Natürlich sind Drogen teilweise wirklich nicht ungefährlich. Die Entscheidung, Drogen zu nehmen, sollte jedoch mir überlassen sein«, findet Shiny. »Ich darf Wodka kippen, bis ich ins Koma falle. Wen interessiert es, sofern ich dabei keine anderen Menschen schädige? Außerdem werden die meisten Drogen auf Partys oder zu ›besonderen Zwecken‹ eingeworfen. Zigaretten raucht man einfach aus Langeweile. Eine Legalisierung würde nicht plötzlich dazu führen, dass jeder drei XTC am Tag einwirft.«[15]

Grundsätzlich steht er damit auf einer Linie mit Suchtforschern, die aktuell zu der Thematik des Online-Drogenhandels und der Schadensminimierung forschen. Die Kriminologin Meropi Tzanetakis von der Universität Oslo sagt dazu: »Ein Kryptomarkt kommt einem Harm-Reduction-Ansatz nach. Das heißt, wenn man davon ausgeht, dass Menschen immer Drogen nehmen werden – und der Stand der Forschung ist einstimmig, dass das so ist –, kann ein solcher Markt helfen, das gesundheitliche Risiko für Nutzer zu senken.«

Das funktioniere so, erklärt Tzanetakis: »Auf echten Drogenmärkten kontrolliert niemand, ob Ware verunreinigt ist oder in welcher Qualität die abgegeben wird. Das kann lebensgefährlich sein. Ein weiterer Aspekt eines illegalen Marktes ist, dass die Akteure immer Gefahr laufen, verhaftet zu werden«, erläutert Tzanetakis. »Bei Kryptomärkten ist es nun genau andersherum: Die technisch gesicherte Anonymität führt ausgerechnet dazu, dass hauptsächlich Drogen in hoher Qualität verkauft werden, bei schlechtem Feedback siebt der Markt die Händler aus. Gleichzeitig reduziert die Anonymität das Risiko, von Strafverfolgungsbehörden enttarnt beziehungsweise überhaupt verfolgt zu werden.«[16]

Für Käufer geht die Anonymität der Kryptomärkte noch mit einem weiteren wichtigen Nebeneffekt einher. Sei es, um Gangmitglieder für eine Kooperation mit der Polizei zu bestrafen, Transaktionen zu forcieren oder Endkunden auszurauben: Traditionell wird der globale Drogenhandel zu Recht mit einem hohen Maß an körperlicher oder psychischer Gewalt assoziiert.

2016 befragten die Suchtforscher Monica Barratt und Adam Winstock[17] Dutzende Nutzer von Kryptomärkten in Interviews nach solchen Erlebnissen. 35 Prozent der Befragten hatten bereits Gewalterfahrungen mit ihnen unbekannten Dealern auf der Straße gemacht; 24 Prozent gaben an, von einem ihnen bekannten Dealer bedroht worden zu sein, und immerhin noch 14 Prozent berichteten von Gewalt beim Kauf mit befreundeten Dealern.

Im Vergleich dazu erlebten lediglich drei Prozent der Befragungsteilnehmer Gewalt oder persönliche Bedrohung beim Drogenkauf im Darknet.

Durch die Entpersonalisierung beider Transaktionspartner wird interpersonelle Gewalt fast unmöglich – Identität und Standort bleiben geheim, persönliche Treffen finden nicht statt. Ganz im Gegenteil beschreiben sich die Händler auf Drogenmärkten im Darknet als besonders kundenorientiert, geben Tipps zu Dosierung und Konsum und beantworten gerne Fragen zum Produkt. Das alles deutet darauf hin, dass das Darknet das Potenzial hat, Gewalt beim Drogenkauf zu reduzieren – zumindest für die Endkunden.

Mehr Transparenz, weniger Gewalt – das klingt im Vergleich zum illegalen Straßenhandel erst mal nach einer eher positiven Entwicklung. Doch das hat auch eine Kehrseite. »Was passiert, wenn du über einer Bäckerei wohnst und Kuchen liebst?«, heißt es in einer Studie der Drogenforscherin Monica Barratt aus dem Jahr 2016, in der Kryptomarkt-Nutzer beschreiben, wie die ständige und leichte Zugänglichkeit harter Drogen Abhängigkeiten befördern und körperliche und psychische Konsequenzen haben kann.[18]

»Zehnjährige Kinder sind heute Digital Natives. So, wie sie sich ein Tablet auf Amazon bestellen können, könnten sie sich eben auch 20 Gramm Kokain auf einem Kryptomarkt nach Hause bestellen, ohne Zugangskontrolle oder Hürden, die es womöglich bei einem Kauf im echten Leben gäbe«, erläutert Tzanetakis. Die lebensbedrohliche Dosis beim Schnupfen von Kokain liegt bereits bei 1,2 bis 1,4 Gramm. »Solche Märkte sind also nicht für jeden Konsumtyp ein Segen.«

Gut wäre eine persönliche Beratung. Und genau das gibt es schon – zumindest in der Peripherie des Darknet: Die Foren der Kryptomärkte sind für die Nutzer oft sehr hilfreich und bieten eine weitere Feedbackschleife über die gekaufte Substanz abseits vom Bewertungsprofil eines Händlers. Dort sind Freiwillige wie Dr. Fernando Caudevilla alias Dr. X unterwegs, die in ihrer Freizeit anonyme Drogenberatung anbieten. Dr. Caudevilla ist ein Arzt aus Barcelona – er ist der berühmteste Darknet-Doktor der Welt, der sich der Safer-Use-Beratung im Netz verschrieben hat.

Konsumenten aus aller Welt wenden sich an ihn, um etwas über Dosierungen, Nebenwirkungen, Wechselwirkungen zu erfahren und ganz allgemein Rat in Sachen Drogen einzuholen. Man kann Dr. X privat anschreiben, doch die meisten Ratschläge werden öffentlich erteilt, damit die gesamte Community etwas davon hat. Am liebsten würde er »noch mehr Zeit im Darknet verbringen«, schreibt mir Fernando Caudevilla, aber die Verpflichtungen seines Krankenhausalltags ließen das nicht zu. Es gibt nichts, was man Dr. X nicht fragen kann. »Ich habe nur mal Auskunft für einen Typen abgelehnt, der sich mit Drogen umbringen wollte, ansonsten helfe ich gerne«, sagt er – und das ehrenamtlich. Ausgenutzt fühlt er sich nicht, im Gegenteil. »Ich nehme Spenden im Gegenzug für meine Arbeit an, und manche Leute waren extrem großzügig.«[19]

Tatsächlich können Diskussionen über den Deepweb-Drogenhandel helfen, das Verhältnis von überbordenden Dealer-Versprechen und tatsächlicher Wirkung wieder in ein realistisches Verhältnis zu rücken. Das gilt ganz besonders auch für neue und seltene Substanzen wie die sogenannten Research Chemicals, die noch nicht lange im Umlauf sind.

Research Chemicals oder Neue Psychoaktive Substanzen (NPS) sind experimentelle chemische Drogen frisch aus den Laboren von Hobbychemikern, die schneller entwickelt und auf den Online-Markt geworfen werden, als sie als illegales Betäubungsmittel von den Behörden klassifiziert werden können. Ihre Wirkungen sind oft unberechenbar. Sie sind in der Regel trotzdem in einer großen Auswahl auf Darknet-Märkten erhältlich. Hier fehlt den Konsumenten oft jeglicher Erfahrungswert mit der Substanz, was mitunter zum Tod führen kann.[20]

Um den Konsum sicherer zu gestalten, tauschten sich Nutzer auch im Internet auf dem beliebten Forum Reddit.com jahrelang über ihre

Erfahrungen auf Kryptomärkten aus. Wer betrogen wurde oder einen schlechten Trip hatte, warnte andere. Wer neue Quellen für eine seltene Substanz aufgetan hatte, gab sie weiter. Unter ihnen waren aber nicht nur Händler und Konsumenten, sondern auch Journalisten und Forscher. Für sie alle waren die Darknet-Unterforen der Diskussionsplattform Reddit – nach Märkten getrennt – die wichtigste halbwegs systematische und öffentliche Informationsquelle zum Thema.

2018 zog Reddit jedoch einen Schlussstrich. Unter neuen Richtlinien im Kampf gegen die Bewerbung von illegalen Aktivitäten fegte die US-Plattform über Nacht die Darknet-Communities vom Server und ließ damit Diskussionen der vergangenen fünf Jahre verschwinden. Doch war das ein richtiger Schritt? Und wenn ja, für wen? »Den Leuten diese Möglichkeit zum Austausch zu nehmen kann nach hinten losgehen«, meint die Kriminologin Tzanetakis. »Der Diskussionsbedarf verschwindet ja nicht. Er verschiebt sich nur in weniger öffentliche Bereiche, wo die, die am ehesten darauf angewiesen sind, sie nicht einsehen können.«

Drogenforschung ist normalerweise eine sogenannte Dunkelfeldforschung. Was verkauft wird, wer verkauft, unter welchen Bedingungen und warum, erfahren Wissenschaftler eigentlich nur aus Beschlagnahmungen, Zahlen aus Gefängnissen und Interviews mit Menschen, die sich in Substitutionstherapien befinden.

Kryptomärkte mit ihrer eBay-artigen Struktur bringen auch für Forscher Transparenz und Systematik in einen unregulierten Markt. Durch die öffentlichen und datierten Rückmeldungen zu Transaktionen, die Angebotslisten und die Preise gibt es dort eine erstaunlich gute Datenlage über Verkäufe und Verkäufer. Kriminologin Meropi Tzanetakis fand dadurch heraus, dass der größte Kryptomarkt der vergangenen Jahre, AlphaBay, 94 Millionen Euro mit Drogen umsetzte – im Sommer mehr als im Winter. Und: Die Umsätze stiegen Monat für Monat.

Im Vergleich zu Schätzungen der EU-Drogenbeobachtungsstelle, nach denen der europäische Drogenmarkt ungefähr 30 Milliarden Euro[21] umsetzt, ist das ein winziger Bruchteil. Doch der Anteil der

Kryptomärkte am Drogenhandel nimmt zu.[22] »Wir gehen davon aus, dass wir am Beginn eines Phänomens sind, immer mehr vom physischen hin zum Online-Drogenmarkt«, sagt Tzanetakis.

Forscher gehen davon aus, dass die fünf Prozent der Topverkäufer auf Kryptomärkten im direkten Kontakt zur Organisierten Kriminalität stehen, um den enormen Nachschub zu sichern, doch gesicherte Erkenntnisse fehlen.[23]

Der Online-Drogenhandel beschränkt sich mittlerweile nicht mehr auf das Darknet und spezielle Internetseiten. Auch soziale Medien werden zur Verkaufsplattform für Drogen, das hat die norwegische Forscherin Silje Bakken untersucht. Denn zunehmend werden Drogen auch über Apps verkauft.

Wer ein wenig sucht, findet Drogendeals auf Instagram, auf lokaler Ebene auch immer häufiger in Messengern wie Telegram.[24] Eine solche Schwarzmarkt-Gruppe, die zur Koordination von Drogendeals in Berlin dient, existiert seit 2018 und hat aktuell über 5.000 aktive Mitglieder. In Dutzenden geschlossenen Facebook-Gruppen und Kleinanzeigenportalen wie Craigslist bieten Händler recht offen ihre Ware an, nur zum Teil sind die Produktnamen als »Ski« (Kokain) oder »Tina« (Crystal Meth) codiert. Je nach Netzwerk nutzen Händler und Käufer die spezifischen App-Funktionen und Regeln der Internetkommunikation, um ihren Handel für Außenstehende weniger sichtbar zu machen.

Dazu gehört die Ende-zu-Ende-Verschlüsselung, mit denen moderne Chatprogramme oft ausgestattet sind. Doch diese Gruppen haben trotz ihres leichten Zugriffs einen entscheidenden Nachteil: Ihnen fehlt die Systematik der Bewertung, die ein Kryptomarkt bietet und damit den Käufern die Möglichkeit eröffnet, Händler objektiv zu vergleichen oder sich zumindest mit anderen Kunden auszutauschen.

Bakken fand heraus, was das in der Praxis bedeutete: So gut wie kein Social-Media-Händler hat eine schlechte Bewertung. Aber eine Einschätzung über die Qualität des Händlers und der Substanz zu bekommen wird abseits von Tor-Kryptomärkten immer schwerer.[25] Für die Kunden wird es durch die Abschaltung von Diskussionsmöglichkeiten wie auf Reddit außerdem fast unmöglich gemacht, sich über Dosierungen und Kontraindikationen zu informieren – und darüber, von welchem Verkäufer und Produkt sie lieber die Finger lassen sollten.

Es ist ein altes Paradoxon der Drogenpolitik: Drogenkonsum verschwindet nicht durch ein Verbot. Das gilt auch für die Darknet-Drogenmärkte. Wenn Informationsportale, die sich damit beschäftigen, im Internet geschlossen werden, fällt für Nutzer die Möglichkeit einer zweiten Feedbackschleife weg, die außerhalb der Kryptomärkte Informationen oder Warnungen über die Händler und Produkte anbietet.

Bei großen Darknet-Drogenfällen in den vergangenen Jahren wie zuletzt bei dem Kryptomarkt Chemical Revolution führte die Spur immer wieder nach Deutschland. Die Ermittlungen sind nach wie vor schwierig und scheitern oft auch an gesetzlichen Vorgaben. Um die mutmaßlichen Betreiber des Kryptomarkts Hansa Market dingfest zu machen, arbeiteten 2019 Fahnder von Europol, vom FBI, aus den Niederlanden, Litauen und aus Deutschland zusammen und infiltrierten die Plattform, um letztlich zwei Männer aus Köln und Siegen festzunehmen.

Und am 3. Mai 2019 verkündet das BKA in Kooperation mit US-Behörden die Festnahme dreier junger Deutscher aus Bad Vilbel, Esslingen und Kleve. Sie sollen den weltweit größten illegalen Umschlagplatz für Drogen im Darknet betrieben haben – den Wall Street Market.[26]

Allerdings führten die öffentlichkeitswirksame Schließung der Plattformen und die Verhaftung mutmaßlicher Betreiber bislang nicht zu langfristiger Abschreckung in der Szene. Nachfolger für Chemical Love und Shiny Flakes, die im Darknet und im offenen Internet handeln, gibt es also immer wieder.

5. KALASCHNIKOW UND KRYPTOGELD: DER AUFSTIEG DER DARKNET-WAFFENHÄNDLER

Flashback

Die Handgranaten flackern über den Monitor: grüne, braune, rundliche, eiförmige, Granaten wie Boccia-Kugeln. Manche sind außen glatt, andere haben eine Wabenstruktur. »Wie Schokolade«, sagt der junge Mann neben mir.

Adam* scrollt weiter. Er kann seine Faszination angesichts der vielen Sprengsätze, die auf dem Darknet-Schwarzmarkt angeboten werden, nur schwer verbergen.

»Die hier zum Beispiel ist mit Schwarzpulver gefüllt«, er tippt auf eine olivgrüne Splitterhandgranate vom Typ M30 des Händlers TheArsenal. »Das ist nicht so gut, Schwarzpulver brennt zu langsam ab«, sagt er. Besser sei da Blitzknallsatz, »der explodiert schneller«. Kaliumnitrat, ein bisschen Schwefel, Magnesiumpulver – fertig ist die Handbombe für Kunden, die's eilig haben.

Er habe vor seiner Verhaftung Anfang 2015 auch darüber nachgedacht, die explosiven Eier aus Gusseisen zu bauen, erzählt Adam. Doch Adam beschränkte sein Geschäft auf das In-Umlauf-Bringen von Revolvern, vollautomatischen Maschinenpistolen und Munition. In kürzester Zeit mauserte er sich zu einem der führenden deutschen Waffenhändler im Darknet: Rund 35.000 Euro Umsatz machte Adam mit seinen Waffendeals, Kunden aus ganz Europa kauften bei ihm.

Ende 2017 erlangte Adam seine Freiheit wieder – vorzeitig, weil die Gefängnisleitung ihm bescheinigte, ein anderer Mensch geworden zu

* Name geändert

sein. Ist er das? »Ja, die Sache liegt Jahre zurück«, winkt er ab. Wir klicken uns weiter durch das Granaten-Angebot.

Warum ein 24-jähriger Eigenbrötler aus einem 900-Seelen-Dorf in Bayern, der zum Studium nicht weiter weg als in die nächstgelegene Universitätsstadt zieht, irgendwann zwischen dem zweiten und dritten Semester damit beginnt, Schwerkriminelle von Europa bis nach Australien mit Militärgerät zu beliefern und eine Armada an Ermittlern über anderthalb Jahre auf Trab hält, hat viel mit den technischen Möglichkeiten des Darknets zu tun. Adam war der Erste in Deutschland, der im großen Stil mit Waffen im Darknet handelte: Seine Verwandlung vom braven Studenten zum europaweit gesuchten Waffenhändler zeigt, wie signifikant das Darknet die Hürden für Straftaten absenken kann.

In seinem bürgerlichen Leben studiert Adam an der Fachhochschule Schweinfurt. Nach einigen erfolglosen Ausflügen in der Elektro- und Gartenbranche hatte er sein Fachabitur nachgeholt und sich im Oktober 2012 für den Bachelorstudiengang Mechatronik eingeschrieben. Doch sosehr ihn das Pauken der Grundlagen der Elektrotechnik oder der numerischen Mathematik auch fordert – Adams Leidenschaft liegt woanders. Es sind vor allem Waffen, die ihn begeistern: Jagdflinten, Maschinenpistolen, Sprengstoffe.

In einem Waldgebiet in Unterfranken testet er seine eigenhändig umgebauten Feuerwaffen auf Präzision und Tauglichkeit, bevor er sie in seinem Darknet-Shop für das Zehnfache verkauft. Nicht weit von hier ist er aufgewachsen, und auch als er zum Studieren in die Stadt zieht, kehrt er immer wieder an diesen Ort zurück. Das Versteck am Ende der Welt, wo selbst Google Maps den Dienst versagt, ist Adams Rückzugsort: das Testgelände für seine umgebauten Büchsen, bevor er sie um die halbe Welt schickt.

Dass er zum Schießen in die Einsamkeit der Wälder flüchten muss, hat rechtliche Gründe. Das Gesetz hindert ihn, seine Faszination für Waffen auf legalem Weg auszuleben. In seiner Jugend liefert sich Adam mit einem 17-Jährigen eine Messerstecherei. Aus Angst um sein Auto, so erzählt es Adam, packt er sich ein Grillmesser und verletzt den Teenager schwer. Die zwei Jahre Freiheitsstrafe, die er dafür bekommt, werden zwar zur Bewährung ausgesetzt, eine Waffenbesitzkarte (WBK) und die Aufnahme in einen Schützenverein kann er aber erst einmal vergessen.

Der Einstieg: Black Market Reloaded

Der Schritt zum Händler ist für Adam geradezu folgerichtig: Denn wie soll er als Student ohne eigenes Einkommen seiner Waffenliebe nachkommen? »Ich wollte verschiedene Kaliber schießen«, verteidigt sich Adam später vor Gericht, und dafür müsse man nun mal tief in die Tasche greifen, auch im Darknet.

Von drakonischen Gesetzen und unbarmherzigen Zulassungsbehörden angesichts einer kleinen Verfehlung in der Jugend in die Ecke gedrängt – so sieht es Adam –, legt der Student am 21. August 2013 den Grundstein für seine Karriere als Waffendealer: Er registriert sich als Händler auf r6rcmz6lga4i5vb4.onion, der Onion-Adresse des Darknet-Marktes Black Market Reloaded (BMR).[1] Im gleichnamigen Forum ist Adam schon seit Anfang des Jahres unterwegs, mischt sich in Diskussionen über Waffentechnik ein, knüpft Kontakte zu Gleichgesinnten und baut sich langsam seinen Kundenkreis auf.

Neben Silk Road ist BMR damals die zweite große Nummer im Darknet, mit dem szeneüblichen Sortiment: Drogen, Feuerwaffen, gefälschte Pässe, Hacker-Besteck. BMR hat für Adam jedoch einen entscheidenden Vorteil: Der Markt verfügt über eine stattliche deutschsprachige Community – und damit über einen leicht zugänglichen Käuferkreis. Als »MaxMustermann« stellt er sich im Sommer 2013 im BMR-Forum vor:

> *»Hi,*
> *ich wollte mal nachfragen, ob hier Bedarf an Maschinenpistolen der etwas anderen Art besteht. Ich habe eine Bezugsquelle für türkische Schreckschuss-Maschinenpistolen, welche sich zu scharfen Waffen*

umbauen lassen. Ich würde die Waffen selbstverständlich schon umgebaut und mit gezogenem Lauf von Deutschland aus verschicken. Ich könnte MPs [Maschinenpistolen] in 3 Varianten auftreiben:

1. Beretta 92, Kadenz 550 Schuss/min
2. UZI mit Bakelit-Ummantelung um den Schlitten, Kadenz 1200 Schuss/min
3. MP7 mit Bakelit-Vollverkleidung, Kadenz 550 Schuss/min

Ich habe aktuell keine Zeit, um mich um die Serienproduktion von Schusswaffen zu kümmern, allerdings könnte sich das im Sommer ändern. Die MPs sollen so zwischen 1.900 und 2.100 Euro kosten.«[2]

Die Botschaft kommt gut an im Forum. »Sehr nice!«, frohlockt LeContog, der Administrator des Forums, bereits eine Stunde später. »Wenn du es schaffst, dieses Unternehmen in die Tat umzusetzen, hast du meiner Meinung nach eine Goldader getroffen. Und ja, die Nachfrage ist bei allen Waffen gegeben!« Auch andere User freuen sich über Adams ehrgeiziges Vorhaben: »Wäre wirklich zu geil« (DoctorCool), »bin sehr interessiert!!« (hitman88).[3]

Adam ist begeistert von so viel Zuspruch. Schon wenige Tage später rollt er seinen Businessplan aus:

»Also mein Plan sieht vor, dass ich im Juli die Materialien einkaufe. Ich werde 50 Prozent mehr produzieren als Leute Interesse angemeldet haben, um auch für die Kurzentschlossenen noch was zu haben. Derzeit haben ja zwei Leute Interesse angemeldet, das heißt nach dem aktuellen Stand würde ich dann drei Maschinenpistolen produzieren.
Könnte mir auch vorstellen, dass ich euch bei einer Sammelbestellung von mehreren Maschinenpistolen die Schalldämpfer dazu schenke (davon ausgeschlossen sind die dänischen Schalldämpfer, die sind einfach zu teuer).«

Mit seiner ruhigen und sachlichen Art trifft Adam einen Nerv im Forum. Anstatt wie andere Händler große Töne zu spucken und gegen

Rivalen zu sticheln, gibt MaxMustermann den netten Verkäufer von nebenan: höflich, entgegenkommend, kundenorientiert. Zweifler beruhigt er mit dem Fachwissen eines Hobby-Büchsenmachers, Kritikern – etwa an zu hohen Preisen – rechnet er nüchtern die Betriebskosten vor: Anschaffungskosten für Material und Werkzeuge: 3.000 Euro; Arbeitszeit: rund 30 Stunden pro Maschinenpistole. »Die Kosten für die Arbeitszeit und das Material bilden meinen Beschaffungspreis, auf den ich dann meinen Gewinn aufschlage. Plus Risikozulage, schließlich bin ich geliefert, wenn die Bullen die Waffenwerkstatt entdecken.«[4]

Die Sachlichkeit, der authentische Eifer und die eher schmucklose Branding-Strategie des Neulings MaxMustermann verfangen schnell: Adam erarbeitet sich in kürzester Zeit einen Namen in der BMR-Community – und kann schon wenige Wochen später die ersten Schießeisen präsentieren, die er heimlich in Papas Kellerwerkstatt gebastelt hat.

Adam verdankt seinen schnellen Aufstieg im Darknet auch dem – aus Käufersicht – desolaten Zustand der dortigen Waffenszene: Nachdem der US-Pionier Silk Road Schusswaffen und Sprengstoffe aus angeblich ethischen Gründen aus dem Sortiment verbannt hatte, blieben der Szene nur wenige Alternativen. The Armory, der erste Darknet-Markt, der sich ausschließlich auf Waffen spezialisierte,[5] hatte zwar eine aufgeräumte Shop-Struktur und ein solides Branding-Narrativ – das Team bestand angeblich aus amerikanischen und britischen Ex-Soldaten, die sich für das Recht auf Selbstverteidigung einsetzten –,[6] doch trieben sich dort fast ausschließlich Betrüger herum. »Die Seite war professionell gestaltet: gutes Design, übersichtliche Listings. Konnte man sich nicht beschweren. Aber es machten ständig Gerüchte die Runde, dass die Leute nur abgezogen werden«, erinnert sich Adam. »Es gab noch nicht mal ein Bewertungssystem und die Seller wollten ihr Geld im Voraus. Wer da bestellte, wollte beschissen werden.«

The Armory stand symptomatisch für den Charakter des illegalen Waffenhandels im Darknet. Auf den ersten Blick scheint es einfach, sich mit wenigen Klicks durch den Schwarzmarkt-Dschungel zu hangeln und eine Waffe zu kaufen: Tor-Browser runterladen, Account erstellen, Pistole in den Warenkorb schieben, bestellen. Anbieter zeigen freimütig ihre Ware, Käufer hinterlassen Feedback, ein Shopsystem registriert die Deals öffentlich und für jeden nachvollziehbar. Betreiber und Programmierer tun viel dafür, beliebte Internetplattformen wie eBay und Amazon zu imitieren und den Kunden ein möglichst komfortables Shopping-Erlebnis zu bieten. Hinzu kommt eine Community, die sich in einschlägigen Foren über die neuesten Entwicklungen auf dem Laufenden hält und Tipps zum sicheren Einkaufen gibt.

Die glitzernde Fassade der Darknet-Basare und das Versprechen vermeintlich vollständiger Anonymität verschleiern jedoch nur die Tatsache, dass der Waffenhandel wie kaum eine andere Branche im Darknet von Betrügern durchsetzt ist. Dank der hohen Gewinnmargen – Handgranaten für mehrere Hundert Euro das Stück, Uzis für 1.500 Euro – ist der Anreiz für Fake-Angebote ungleich höher als etwa bei Drogen. Der Aufwand, einen Kunden um den Wert von ein paar Tickets LSD über den Tisch zu ziehen, ist weniger lukrativ als bei einem Sturmgewehr: Da die Beschwerde eines Käufers, insbesondere eine nachweisbare, zu einem Imageschaden oder gar zum vollständigen Verlust der Glaubwürdigkeit – und damit der Wettbewerbsfähigkeit – des Händlers führen kann, rechnet sich ein Betrug umso mehr, je wertiger die angebotene (falsche) Ware ist.[7]

Auch Adam ist das bewusst. »Im Waffenbereich muss man extrem aufpassen, dass man nicht beschissen wird. Wenn es ums Scammen geht, ist das wohl die sensibelste Abteilung im ganzen Schwarzmarkt«, notiert er Anfang Dezember ins BMR-Forum.[8]

Hinzu kommt, dass die Szene sehr genau weiß, dass ihre Schatten in den Strafverfolgungsbehörden beim Thema Waffen mit erhöhter Dringlichkeit handeln. Waffenverkäufer, die professionell agieren und sich auf Dauer halten können, sind im Darknet rar.

»Ich hab's einfach gemacht«

Doch wo andere ein Problem sehen, sieht Adam eine Gelegenheit. »Ich hatte damals nicht groß darüber nachgedacht, ich hab's einfach gemacht«, erzählt er mir bei meinem Besuch.[9] »Ich wollte einfach wissen, ob ich es schaffe, Schreckschussknarren in funktionstüchtige Feuerwaffen umzuwandeln. Die Idee, einen eigenen Shop aufzumachen, kam erst hinterher.«

Adams Strategie ist simpel: enge Kundenbindung, schnelle Erreichbarkeit, liefern wie angekündigt. Zu dem Zeitpunkt gehört der Student bereits zum Inventar der BMR-Szene, der im Forum von BMR schon länger aktiv ist und auch mal bei banaleren Problemen aushilft: Mal weiß er, wie man Überwachungsdrohnen der Deutschen Bahn vom Himmel holt (mittels ferngesteuertem Mini-Helikopter, ausgerüstet mit Schrotflinte und Sprengstoff, »falls die Behörden das gute Stück in die Finger bekommen«[10]); ein anderes Mal empfiehlt er zu Silvester seine selbst gebauten und hochgezüchteten Böller aus Blitzknallsatz (»wenn so ein Böller einen Menschen trifft, steht der nicht mehr auf«)[11]; oder er rät einem Nutzer, der nach »reinen und unverschnittenen K.-o.-Tropfen« sucht, Folgendes: »Wenn es um Raub geht, empfehle ich Chloroform. Das ist sehr einfach herzustellen. Die Zutaten habe ich kanisterweise. Eigentlich wollte ich das im Sommer erledigen. Nur irgendwie kommt man ja zu nichts.«[12]

Adams Hilfsbereitschaft in jeder noch so skurrilen Lebenslage verschafft ihm zwar Sympathien im Forum. Doch Nettsein reicht nicht, um sich im Darknet als Marke zu etablieren. »In der Anfangszeit kauft kaum jemand. Das liegt an der Struktur der Darknet-Märkte, da kann man nichts machen«, erklärt Adam seinen zähen Einstieg, als ich ihn Jahre später besuche. »Bei mir haben sie am Anfang nur kleine, billige Sachen gekauft, Schalldämpfer für Sturmgewehre etwa oder Munition. Das ist der erste Test, ob du ein Scammer bist. Wenn du aber den ersten größeren Verkauf abgewickelt hast und gut bewertet wurdest, kommen die Kunden von alleine.«

Adams Nische ist die Umwandlung von Schreckschusswaffen und sogenannter Dekowaffen in scharfe Schusswaffen. Sein erster großer Verkauf ist eine Pistole, Typ Zoraki 925: Die in der Szene beliebte Schreckschusswaffe verwandelt Adam auf Papas Werkbank in eine scharfe Handfeuerwaffe und stellt sie auf Black Market Reloaded als »Zoraki 925 Full Auto Pistol« ein. Die Waffe erwirbt er zuvor für wenige Hundert Euro in einem tschechischen Online-Shop.

Osteuropäische Waffen – erst türkische und tschechische, später slowakische – spielen eine entscheidende Rolle in Adams Wertschöpfungskette: Er kann sie schneller und kostengünstiger in scharfe Waffen umrüsten als deutsche. In Deutschland gibt es die Physikalisch-Technische Bundesanstalt (PTB), um Menschen wie Adam den Umbau möglichst schwer zu machen. Die PTB stellt Schreckschusswaffen unter strenge Auflagen, bevor sie in den Handel dürfen. Unter anderem: eine Laufsperre aus gehärtetem Stahl, die verhindern soll, dass die Waffe ein Projektil abfeuern kann. »Ich hatte anfangs mit deutschen Schreckschusswaffen experimentiert, aber der Umbau war recht kompliziert«, erinnert sich Adam. Den Rohstoff für die heimische Waffenfabrik besorgt er sich von da an nur noch in Osteuropa.

Die Zoraki 925 aus Tschechien verwandelt er mit wenigen Handgriffen – Absägen des Laufs, Herausschlagen des Stahlstiftes, Einschrauben eines neuen Laufs – in ein tödliches Instrument, erzählt er. Im Herbst 2013 verkauft er sie als scharfe, vollautomatische Feuerwaffe für 1.500 Euro samt Luftgewehr-Schalldämpfer und einem Magazin für 25 Schuss an einen Kunden in Kiel.

Der Deal klappt. Der norddeutsche Käufer, der sich im Darknet golbert nennt, ist begeistert, als Adams Paket bei ihm ankommt: »nice and easy! everything alright, quick shipping«, schreibt Oliver R. alias golbert auf Adams Händlerprofil auf Englisch, offensichtlich um seine deutsche Herkunft zu verschleiern.[13] Das Feedback ist für Adam Gold wert, er hat seine erste Bewährungsprobe in der Szene bestanden. MaxMustermanns Wort zählt – das ist die Botschaft, die durch die deutsch- und englischsprachigen Foren auf BMR hallt. Der Student kann jetzt richtig durchstarten, schon bald schmücken Dutzende positive Käuferbewertungen Adams Händlerprofil.

Straight Outta Jugoslawienkrieg

In der Waffenszene der digitalen Unterwelt bewegt sich Adam bald wie ein Fisch im Wasser. Doch die Schreckschusspistolen, die Munition und die Schalldämpfer, die er bisher gedealt hat, reichen ihm bald nicht mehr. Größere Kaliber müssen her, findet der Student, der gerade sein drittes Semester an der FH Schweinfurt beginnt. Das »Schreckschusspistolen-Projekt«, wie er Phase 1 seines Darknet-Start-ups nennt,[14] braucht ein Upgrade.

»Die erste Skorpion ist jetzt bei mir angekommen. Ich werde sie ausgiebig testen und mich auf weitere Lieferungen freuen. Dann werde ich auf BMR wieder schöne Waffen anbieten können«, verkündet MaxMustermann am 11. Dezember 2013 im BMR-Forum.[15]

Die Skorpion vz. 61, von der Adam spricht, ist eine Maschinenpistole aus tschechoslowakischer Produktion, die ab 1963 in Jugoslawien in Lizenz nachgebaut wurde. Im Kalten Krieg war die kompakte Schnellfeuerwaffe bei Spezialeinheiten, Terroristen und Bürgerkriegsmilizen überaus beliebt.[16] Bei der slowakischen Armee gehörte sie bis vor wenigen Jahren zur Grundausrüstung. Als Dekowaffe war sie bis 2015 ohne Waffenlizenz und bürokratische Hürden in vielen osteuropäischen Ländern zu erwerben.[17]

Deko- oder Dekorationswaffen sind deaktivierte Originalwaffen, die technisch so verändert wurden, dass sie nicht mehr in der Lage sind, Patronen zu verschießen. Dazu werden zentrale Waffenteile wie Patronenlager, Auslöser und Lauf verschweißt oder aufgebohrt. Im Gegensatz zu Schreckschusswaffen können Dekowaffen nicht mal mehr Knallpatronen abfeuern. Die Umwandlung einer scharfen in eine Dekowaffe ist im Grunde ein Akt der Zerstörung – das Endprodukt ist ein reines Dekorationsobjekt, das nur noch optisch an eine Waffe erinnert. Dekowaffen kommen in Film- und Theaterproduktionen zum Einsatz oder ›schmücken‹ das Wohnzimmer von Waffensammlern.

Getrieben von Neugierde und Ehrgeiz, aus einem untauglichen Dekorationsgegenstand eine tödliche Feuerwaffe zu machen, bestellt Adam am 1. Dezember 2013 eine Deko-Maschinenpistole vom Typ Skorpion vz. 61 in einem slowakischen Webshop. Kostenpunkt: 180 Euro, Adam zahlt per Banküberweisung.

Wenige Tage später hält er sie in den Händen. Wochen später, nach eingehender Prüfung, Dutzenden Stunden in der Werkstatt und Schießtests im nahe gelegenen Wald, verkündet der Student am 2. Januar 2014 stolz: »Ich denke, ich werde bald meine erste Skorpion hier anbieten! Um Munitionsnachschub im entsprechenden Kaliber kümmere ich mich auch gerade.«[18]

Die Skorpion wird Adams neue Lieblingswaffe – und sein Markenzeichen. Der Umbau funktionierte ähnlich wie bei den Zoraki-Pistolen, erklärt er mir bei unserem Treffen. Da sie von Haus aus nur oberflächlich deaktiviert wurden, hatte Adam leichtes Spiel: Er musste lediglich die Laufsperre entfernen und den Schweißpunkt zwischen Lauf und Rahmen wegflexen – zwei Eigenschaften, die das Scharfmachen der Waffe eigentlich verhindern sollen. Anschließend habe er sie auf seinem privaten Schießplatz getestet. »Hat gleich super funktioniert«, erinnert er sich.

In seinem Prozess wird er dem Vorsitzenden Richter am Landgericht Schweinfurt eine andere Geschichte erzählen, warum er plötzlich mit Kriegsgerät aus dem jugoslawischen Bürgerkrieg hantierte. Die Story geht so: Ende 2013 habe ihn ein irischer User im BMR-Forum gefragt, ob er für ihn zehn Skorpion-Maschinenpistolen umbauen könne. Er hätte die Gelegenheit gesehen, nebenher ein bisschen Geld zu verdienen, um sich so sein teures Waffenhobby zu finanzieren. Ärgerlicherweise sei der Ire plötzlich abgetaucht und Adam sei auf seinen scharf gemachten Maschinenpistolen sitzen geblieben. »Ich hatte gar nicht vor, mir einen Berg Waffen zu besorgen!«, gibt er im Frühjahr 2016 vor Gericht zu Protokoll. Um das ganze Militärgerät loszuwerden, habe er die Angebote ins Darknet gestellt.

Tatsächlich stützen weder seine Ankündigungen im BMR-Forum, das er an seinen Businessplänen regelmäßig teilhaben lässt, noch seine mehrfachen, über Monate verteilten Skorpion-Einkäufe diese Version. Im Gegenteil: Adams Posts dokumentieren fast lückenlos, wie er sein Sortiment nach und nach erweitert, wie er um Kunden buhlt und Rabatte gibt und an einer Stelle von einem »Traumjob mit Traumverdienst« spricht. Vor Gericht gesteht er sogar, dass der Umbau in scharfe Waffen ein Nervenkitzel und »angenehmer Ausgleich zum Lernen« gewesen sei.

Märkte kommen, Märkte gehen – MaxMustermann bleibt

Anfang Januar 2014 bestellt Adam zwei weitere Skorpion-Maschinenpistolen, am 19. Januar vier und am 10. Februar noch mal sieben. »Ich weiß bloß, dass ich jedes Mal nach Eintreffen des Pakets zwischenzeitlich schon wieder neue [Skorpions] bestellt hatte. Das ging eine ganze Zeit so«, gibt er vor Gericht zu.

Zu dieser Zeit herrscht in der Szene große Unruhe. Als im Herbst 2013 das amerikanische FBI Silk Road zerschlägt, den bis dato größten Schwarzmarkt im Darknet, und daraufhin Tausende Kunden zu Black Market Reloaded wandern, profitiert Adam zwar zunächst. Doch BMR zerbricht unter dem Ansturm der Silk-Road-Community. Im Dezember 2013 geht der Markt, nach knapp zweieinhalb Jahren im Geschäft, vom Netz.[19]

Für Adam ist das zunächst ein Problem: BMR war seine Heimat. Hier legte er den Grundstein seines Waffen-Start-ups, knüpfte Netzwerke zu Kunden, Lieferanten und Munitionshändlern, machte sich einen Namen in der Szene und erweiterte zuletzt sein Segment auf die populären Skorpions. Doch der kurzfristige Schock über das Ableben von BMR währt nicht lange. Wie viele andere sattelt Adam Anfang 2014 auf den Newcomer Agora um, der genau einen Tag nach dem Ende von BMR[20] online geht. Agora macht es Leuten wie Adam leicht: Mittels Verifizierung ihrer PGP-Schlüssel können Händler und Nutzer ihre alten BMR-Accounts übernehmen und so ihren sauer verdienten Szenestatus in Form von Käuferfeedback auf Agora übertragen.

Adam schafft die Transition problemlos. Als MaxMustermann macht er dort weiter, wo er aufgehört hat. Schon wenige Wochen später fädelt er den nächsten Deal über eine Skorpion-Maschinenpistole ein.

»MaxMustermann ist ein großartiger Händler. Leichte Kommunikation und verdammt schnelle Lieferung. Dauert nur zwei Tage innerhalb der EU!«, schreibt ein Kunde am 10. April 2014. Selbst Konkurrenten wie der Händler Lenin_Cat zählt Adam zu den »vertrauenswürdigen Waffendealern« aus der »alten BMR-Crew«.[21]

Altwaffen vom slowakischen Militär

An die Dekowaffen zu kommen ist leicht. Der Student bestellt sie online für 200 Euro pro Stück bei der slowakischen Firma AFG Security. Der Armeeshop in Partizánske in der Westslowakei wird der zentrale Rohstofflieferant seines kleinen Darknet-Imperiums. Über Jahre hinweg gilt die AFG bei Waffenhändlern, Islamisten und organisierten Banden als Topadresse: Kriminelle in ganz Europa decken sich im Online-Shop der AFG mit Deko- und Schreckschusswaffen ein und rüsten sie mühelos zu tödlichen Feuerwaffen um.[22]

Die AFG Security gerät nach dem Terroranschlag in einem Pariser Supermarkt im Januar 2015 ins Fadenkreuz europäischer Ermittler. In dem Markt für koschere Waren, in dem sich ein IS-Attentäter verschanzte und vier jüdische Geiseln erschoss, findet die französische Polizei auch eine umgebaute Schreckschusswaffe aus dem Bestand der AFG.[23] Bei der Razzia in den Geschäftsräumen der Firma kurz darauf entdecken die Behörden zudem Hinweise, dass deren Produkte nicht nur bei IS-Terroristen gefragt waren, sondern auch bei deutschen Neonazis.[24]

Die AFG hatte in den laxen slowakischen Waffengesetzen eine geschäftliche Nische gefunden: So durfte die Firma minimal entschärfte

Schusswaffen, bei denen oft nur eine Laufsperre eingesetzt wurde,[25] trotzdem als »deaktivierte« oder Schreckschusswaffen vertreiben. Die Originalwaffen stammten oft vom slowakischen Militär, das sein Arsenal modernisierte und altes Gerät aussortierte.

In der Szene sprach sich schnell herum, dass sich die legal erhältlichen »deactivated guns« – so bewarb die AFG die Skorpion vz. 61 – problemlos in scharfe Waffen rückbauen lassen. Mindestens 14.000 Deko- und Schreckschusswaffen exportierte die AFG laut Schätzungen des Bundeskriminalamts über die Jahre.[26] So konnte auch Adam 14 lasch entschärfte Maschinenpistolen bei der AFG bestellen, ohne eine Waffenlizenz oder einen Ausweis vorweisen zu müssen.

Erst nach dem antisemitischen Attentat in Paris änderte sich, auch auf Druck der EU, das slowakische Waffengesetz. Neben der Verschärfung der Rückbaukriterien wurde der Online-Verkauf von Dekowaffen verboten. Auch die EU-Kommission hat mittlerweile eine entsprechende Verordnung, die seit 2008 in der Schublade lag, auf den Weg gebracht.[27]

In den Waffenhandelsbüchern der AFG taucht Adam nicht auf. Als die slowakischen Behörden die Firmenunterlagen 2015 beschlagnahmen und Details über das weltweite Kundennetzwerk der AFG an die europäischen Kollegen weitergeben, findet das BKA nur einen gewissen Manfred H. in den handschriftlich verfassten Notizbüchern: Adam hatte sich die Maschinenpistolen pikanterweise an das Haus seines verstorbenen Nachbarn H. liefern lassen.

Gefährliche Fracht

Während sich Adams digitaler Alias bald dem Zenit seiner schillernden Darknet-Karriere nähert, zeigen sich in der analogen Welt die ersten Risse seiner bis dato makellosen Tarnung. Ein britischer Stammkunde, im Darknet als »rich kid« unterwegs, wird im April 2014 bei einer spektakulären Razzia in seiner Londoner Wohnung verhaftet.

Neben einer großen Menge Cannabis und Bargeld finden britische Fahnder bei »rich kid« eine umgebaute Skorpion-Maschinenpistole vz. 61 mit herausgeschliffener Seriennummer. Dass die scharf gemachte Dekowaffe ursprünglich aus Adams Arsenal stammt, kann Scotland Yard zu diesem Zeitpunkt nicht einmal erahnen. Man sei erst einmal froh, eine »extrem gefährliche und potenziell tödliche Waffe« aus dem Verkehr gezogen zu haben, lässt die Behörde nach der Razzia verlauten.[28]

Erst als dem britischen Zoll wenige Wochen später eine Sendung mit gefährlicher Fracht aus Deutschland ins Netz geht, erkennen die Ermittler ein Muster. Die Skorpion, die die Beamten in dem unscheinbaren DHL-Paket finden, trägt dieselbe Handschrift wie die Waffe, die ihre Kollegen einen Monat zuvor in London gefunden haben: aufgebohrter Lauf, entfernter Stahlstift, herausgekratzte Nummer. Die Waffe ist funktionstüchtig und einsatzbereit.

Die britischen Behörden reagieren umgehend und alarmieren die deutschen Kollegen über Europol. Das Bundeskriminalamt (BKA), das die Ermittlungen zunächst übernimmt, hat Glück: Adams Pakete sind mit einer Trackingnummer versehen, lassen sich also zurückverfolgen. Ein Fehler, den Adam, wie er heute sagt, »bitter bereut«.[29] Eine Anfrage bei der DHL, die Nummern zu überprüfen, gibt dem BKA die vorerst entscheidende Spur, wird die BKA-Beamtin R. später im Landgericht Schweinfurt schildern: »Wenig später war uns klar: Tatort Schweinfurt.«

Kurz darauf erreicht die deutschen Ermittler ein weiterer Hilferuf aus London: Man rechne jederzeit mit einer weiteren Waffenlieferung aus der unterfränkischen Kleinstadt, kabeln die Behörden nach Wiesbaden in die BKA-Zentrale. Die Nachricht endet mit einer Bitte, ob die deutschen Kollegen vor Ort nicht schon etwas tun könnten. Das Gesuch wird abgelehnt: »Wir hatten den Fall gerade an das LKA Bayern übergeben. Zu dem Zeitpunkt war polizeitaktisch nichts zu machen«, so die BKA-Beamtin vor Gericht.

Während die Ermittler in Deutschland damit beschäftigt sind, ihre Zuständigkeiten zu klären, bringt Adam, der von all dem nichts mitbekommt, die nächste Maschinenpistole zur Post. Das Ziel, wie von den britischen Behörden prophezeit, ist wieder Großbritannien. Doch diesmal sind die Fahnder vorbereitet: Adams vorerst letztes Paket auf die Insel sollte sein Ziel nicht erreichen – es landet im Verteilerzentrum im englischen Coventry in den Händen des britischen Zolls.

Sackgasse

Für die Ermittler ist die Lage weiter unbefriedigend: Sie wissen, dass ein Waffenhändler vermutlich irgendwo in Schweinfurt sitzt und Maschinenpistolen ins europäische Ausland exportiert. Doch sie haben keinerlei Anhaltspunkte, wer das sein könnte – und wie groß sein Aktionskreis ist. Auch die Waffen können sie nicht zuordnen, da Adam die Kennzeichnung weggeschliffen hatte.[30]

Immerhin einen Erfolg können sie verbuchen, dank eines glücklichen Zufalls: Ihre Zielperson hatte die Sendungsmarken, die auf den abgefangenen Paketen klebten, in einem Set mit weiteren Marken gekauft. Ein Mitarbeiter der Post hatte sie versehentlich bereits beim Kauf eingescannt – was eigentlich erst beim Versand der Pakete geschieht. Damit wusste das DHL-Computersystem, dass diese Marken – und die mit ihnen hernach verschickten Pakete – zum selben Absender gehören. So erfuhren die Fahnder auch von Adams Lieferungen nach Frankreich und Schweden. »Da war uns plötzlich klar, dass es viel mehr internationale Bezüge gibt, als wir dachten«, so die BKA-Beamtin vor Gericht.

Um weiterzukommen, treffen sich britische und deutsche Ermittler im Juni 2014 zu einem Informationsaustausch in der Europol-Zentrale in Den Haag. »Wir hatten ständig politischen Druck, auf höchster Ebene, den Fall möglichst schnell zu lösen«, schildert die BKA-Beamtin in der Verhandlung.

Doch das Treffen bei Europol endet ergebnislos. Für einen gemeinsamen, europäischen Plan fehlen belastbare Informationen.

Parallel dazu entdeckt die Cybercrime-Abteilung des BKA im Sommer 2014 beim Surfen im Darknet eine entscheidende Spur. Die Ermittler stellen fest, dass es genau einen Händler gibt, der Skorpion-Maschinenpistolen im Darknet anbietet: einen gewissen MaxMustermann auf Agora. Auch die Produktbilder in Mustermanns Shop kommen den Internetpolizisten bekannt vor: schwarzes Gehäuse, braunes Griffstück, herausgeschliffene Nummer an der Seite – genau wie die Waffen, die ihnen die Briten beim Europol-Treffen auf Fotos gezeigt haben. Für das BKA wird klar: Der Händler hinter MaxMustermann ist Zielperson Nummer eins.

Ob es die Cyberspezialisten aus Wiesbaden alleine waren, die den entscheidenden Hinweis zu Adam fanden, darf allerdings bezweifelt werden. Vieles spricht dafür, dass erst die britischen Fahnder ihre deutschen Kollegen auf die richtige Spur brachten: Im Sommer 2014 fliegt einer von Adams Topkunden auf, Alexander M., genannt »Smokey«, der aus seiner Zelle im Londoner Wandsworth-Gefängnis in MaxMustermanns Webshop bestellte. Insgesamt acht Skorpion-Maschinenpistolen ordert Smokey zwischen Januar und Juni bequem via Smartphone und lässt sie via Parcelforce an Komplizen in London schicken. Bei einer Zellendurchsuchung findet die Polizei auf Smokeys Handy neben Details über seine London-Operation auch einen Hinweis für die Kollegen aus Deutschland: einen Link zum Agora-Shop eines gewissen MaxMustermann.[31]

Während sich die Späher des BKA, des bayerischen LKA und des britischen Zolls immer tiefer in Adams Darknet-Imperium graben, bekommt der Student langsam kalte Füße. Seine Pakete nach London wurden bereits zweimal abgefangen, das belegt ein Screenshot der Sendungsverfolgung, der die Lieferung als »restricted or prohibited content« markiert. Adam geht auf Nummer sicher und stellt seinen Agora-Shop auf »invisible«. Die Unsichtbar-Funktion bei Agora erlaubt Händlern für eine gewisse Zeit abzutauchen, ohne gleich ihren Shop komplett vom Netz zu nehmen.

Was Adam laut eigener Aussage nicht ahnt: Sein Shop wird zwar nicht mehr in der Waffenrubrik angezeigt, doch ist er weiter über die Suchfunktion auffindbar. Wer also Produkte von MaxMustermann ins

Suchfeld auf Agora eintippt, etwa den Kassenschlager Skorpion vz. 61, findet ihn – und kann bei Bedarf weiter bestellen.

Im Herbst 2014 macht ein gewisser Wobo genau das. Weil er weiß, nach wem er suchen muss, findet Wobo Adams Agora-Shop und gibt am 28. Oktober 2014 die Lieferung eines Kora-Revolvers Kaliber 22 in Auftrag. Am selben Tag geht eine zweite Bestellung bei Adam ein: Joey Getts aus UK möchte eine Skorpion-Maschinenpistole. Die 2.500 Euro in Bitcoin bezahlt er umgehend auf Adams Wallet.

Wobo und Joey Getts kennen sich zwar nicht persönlich, haben ihre gemeinsame Bestellung aber abgesprochen. Wobo ist ein verdeckter Ermittler des bayerischen LKA. Joey Getts arbeitet ebenfalls verdeckt, aber für den britischen Zoll. Die Doppelbestellung Ende Oktober ist eine Falle, eine konzertierte Aktion zwischen London, Wiesbaden und München, die den Anfang vom Ende des mustermannschen Waffenhandels markieren sollte.

Dass die deutschen Beamten dabei nicht immer clever vorgegangen sind, ist Adam noch gut im Gedächtnis geblieben. »Die haben sich angestellt, als könnten sie nicht bis drei zählen. Ich dachte schon, was sind denn da für Leute ins Darknet gestolpert«, erinnert er sich im Gespräch mit mir. Schon die Kontaktaufnahme sei auffällig gewesen: »Die erste Nachricht, die ich von denen bekommen habe, fing an mit ›Sehr geehrter Herr Mustermann‹«, erzählt er und kann sich ein Grinsen nicht verkneifen. »Die haben mich tatsächlich gesiezt. In einem Darknet-Forum!« Als sich der verdeckte Ermittler dann mit ihm auf einem Schießstand treffen wollte, um über Waffen zu plaudern, wurde es ihm zu viel. Adam habe den seltsamen Kunden auf die Forenregeln verwiesen und ihm klargemacht, dass schon allein die Frage nach einem Treffen im Real Life einen gravierenden Verstoß darstelle.

Adam nimmt die Bestellung trotzdem an, obwohl er misstrauisch ist. Ein Fehler, wie er heute weiß. »Letztlich dachte ich mir: So blöd, wie der sich anstellt, kann kein Polizist sein. Die werden ja ausgebildet.« Anfang November 2014 marschiert Adam mit einem verpackten Kora-Revolver und einer Skorpion-Maschinenpistole in die Schweinfurter Innenstadt. Diesmal allerdings unter Beobachtung der Kripo:

Weil »Wobo« Adam entlocken konnte, an welchem Tag er das Paket einwerfen wird, weiß das LKA, wann es seine Späher postieren muss. Auch den Ort kennen sie: Adams präferierte Paketbox, so vermuten sie richtig, steht in der Zehntstraße – eine der wenigen Postboxen ohne Videoüberwachung.

Adam bekommt Panik

Es ist Januar 2015. Adams fünftes Semester neigt sich dem Ende, die Prüfungszeit beginnt. Wenn alles klappt, wird er in zwei Semestern seinen Mechatronik-Bachelor abschließen. Doch seine Darknet-Geschäfte beanspruchen seine ganze Aufmerksamkeit. Die verdeckten Ermittler, die zu der Zeit bereits über die Flure der Fachhochschule streifen und heimlich Fotos von Adam schießen, bemerkt er nicht, spürt aber, dass ihm jemand auf den Fersen ist.

Eine Glock 17, die er vor einer Weile bestellt hat, kommt seit Wochen nicht bei ihm an. Ist er aufgeflogen? Adam denkt in diesem Moment an genau zwei Dinge, erinnert er sich: Erstens, er will die Glock haben. Mit einem anonymen Prepaidhandy und falschem Namen telefoniert er der Bestellung hinterher und versucht herauszukriegen, wo das Paket abgeblieben ist. Zweiter Gedanke: Aufräumen. Sollte die ausgebremste Sendung eine Falle sein, muss die Bude leer sein. »Falls ich hochgenommen werde, wollte ich so tun, als wüsste ich nichts von der Bestellung. Das klappt natürlich nur, wenn keine anderen Knarren zu Hause rumliegen.«

Am Abend des 12. Januar 2015 textet Adam einem Kommilitonen auf WhatsApp, ob er vorübergehend etwas in seiner Wohnung lagern könne. Nichts Großes, nur ein paar Pakete. Andreas G. sagt zu. Am nächsten Morgen schleppen die beiden Kartons von Adams Wohnung in Andreas' Auto – es sind Dutzende. Es ist so viel Kram, dass sich die Kisten bis auf den Beifahrersitz stapeln, da der Kofferraum irgendwann voll ist. Andreas wird später behaupten, dass er nicht wusste, was sich in den Kisten befand, und nicht im Traum ahnte, dass er einem Darknet-Waffenhändler half, sein Waffen- und Munitionslager wegzuschaffen. »Ich dachte, es ging um Sachen für den anstehenden Lernmarathon in der Uni. Eine Kaffeemaschine und so was«, stottert der Student bleich und kleinlaut ein Jahr später auf der Anklagebank. Es wirkte wenig überzeugend.

Adam erinnert sich noch gut an den Tag. »Ich wollte einfach alles wegbringen, auch die legalen Sachen, die Munitionspresse und die Patronenhülsen. Wir sind dann erst mal zur FH gefahren, haben das Auto abgestellt und sind rein zum Lernen.« Zum Lernen? Während das Auto voller Waffen draußen steht? »Es war ja Prüfungszeit.« Kumpel Andreas bekam außerdem kalte Füße und wollte sich die Sache noch mal durch den Kopf gehen lassen, erzählt er. Letztlich überreden sie einen dritten Kommilitonen, sein Domizil für ein paar Tage zur Verfügung zu stellen.

Mitte Januar überweisen die britischen Ermittlungsbehörden noch einmal 2.500 Euro in Bitcoin auf MaxMustermanns Wallet. Diesmal interessiert sich der verdeckte Ermittler Joey Getts für eine umgebaute Beretta M71. Adam, der die Verfolger bereits im Nacken spürt, wirft trotzdem drei Tage später die Waffe in die Paketbox. Das Paket wird noch am selben Tag abgefangen.

Den letzten Warnschuss erhält er am 21. Januar. An diesem Tag wird Adam klar, dass er nicht mehr lange in Freiheit leben wird. Als er eine Sendung mit Zubehör für ein M16-Sturmgewehr für einen Kunden einwirft, fällt ihm plötzlich ein weinrotes Auto mit Münchner Kennzeichen auf. Hinter dem Steuer sitzt ein Mann, der ihn zu fixieren scheint – Adam kriegt Panik. Er steigt auf sein Fahrrad und düst los, doch der Wagen folgt ihm. An einer Kreuzung kann er ihn abschütteln, radelt weiter und verschanzt sich im Kellereingang einer Wohnung. Kurz darauf rollt ein Wagen über den Asphalt, wieder ein »M« im Kennzeichen. »Das zweite Auto mit Münchner Nummernschild innerhalb weniger Minuten. Dann war mir klar: LKA Bayern. Jetzt wird's kritisch.«

Noch quälende sechs Tage vergehen, bis seine Verfolger zuschlagen. Am 29. Januar 2015 endet die Karriere des deutschen Darknet-

Waffenhändlers MaxMustermann mit einer spektakulären Razzia in der Fachhochschule vor den Augen seiner Kommilitonen und Dozenten. Die Hochschulleitung war eingeweiht, selbst der Hausmeister versteckte einen SEK-Trupp in seinem Kabuff, hinter heruntergezogenen Rollos.

Der Morgen beginnt unspektakulär: Adam sitzt mit seiner Lerngruppe im Foyer der Fachhochschule und surft nebenher auf Agora. Es grenzt an Wahnsinn, dass Adam nach allem, was passiert ist, überhaupt noch den Tor-Browser anschmeißt. Ein Kunde hatte ihn am Vortag gebeten, um neun Uhr online zu sein, er habe eine Frage zu einer Waffe. Verdächtig? »Absolut«, sagt Adam rückblickend. Ein Grund, den Käufer zu ghosten? Anscheinend nicht. »Ich wollte einfach Klarheit, ob die Cops an mir dran sind.«

Also sitzt Adam wie bestellt um Punkt neun Uhr vor dem Rechner, loggt sich auf Agora ein und gibt dem Käufer Bescheid. Immerhin entfernt er vorsorglich den Akku aus dem Laptop und lässt ihn über das Stromkabel laufen, um im Notfall mit einem Ruck die Energiezufuhr zu kappen und die Passwortsperre zu aktivieren. »Falls es ein Trick ist«, erinnert er sich.

Kurz nachdem er dem Kunden seine Anwesenheit bestätigt hat, tauchen im Foyer der FH plötzlich Leute auf, die alle irgendetwas Auffälliges an sich hatten, erzählt Adam: »Einer sah aus, als wäre er als Student verkleidet. Der hatte viele bunte Kleidungsstücke an, wild kombiniert. Ganz seltsam sah das aus. Ein anderer wollte wohl aussehen wie ein Elektriker und schraubte übertrieben lange an einer Lampe herum. Auf der Hose hatte er Farbflecken, was eher nach Maler oder Verputzer aussah. Als könnte er sich nicht entscheiden, ob er Elektriker oder Maler sein will. Die Flecken waren außerdem kreisrund, als wären sie absichtlich draufgemalt worden. Auch komisch war, dass sie jedes Mal, wenn ich sie angeguckt habe, plötzlich mit irgendeiner Arbeit begonnen haben. Das war alles ziemlich verdächtig.«

Das amateurhafte Auftreten der Polizei führte letztlich dazu, dass Adam seinen Laptop, das wertvollste Beweismittel, vor dem Zugriff der Behörden schützen konnte. Als die verkleideten SEK-Beamten endlich zugreifen, kann Adam – unter heftigem Einsatz von Händen und Füßen, wie er sagt – das Kabel noch rechtzeitig ziehen und den Rechner von der Stromzufuhr trennen. Die digitale Schatztruhe, in der Adams Logins, Käuferdaten und Lieferwege gespeichert sind, bleibt verschlossen.

Allerdings nur vorübergehend: Sein erster Anwalt überredet ihn dazu, der Polizei den Rechnerlogin auszuhändigen – ein Schritt, den er bis heute bereut, wie er sagt. Insgesamt elf Wohnungen durchsuchen Fahnder an diesem Tag in Schweinfurt und Umgebung, darunter WGs von Freunden und das Haus seiner Eltern.

Mit den brisanten Daten auf dem Computer können sich die Ermittler erstmals ein präzises Bild davon machen, mit wem sie es die ganze Zeit zu tun hatten: Rund 75 Namen und Adressen von Waffen- und Munitionskunden finden die Strafverfolger auf Adams Rechner. Er belieferte Kunden in Deutschland, Dänemark, Großbritannien, Rumänien, Frankreich, in den Niederlanden und in Australien.

Anfang 2016 wird Adam zu vier Jahren und drei Monaten Freiheitsstrafe verurteilt. Tatsächlich muss Adam nur zwei Jahre und zehn Monate absitzen, dank guter Führung. Im Frühjahr 2018 zieht er in eine deutsche Großstadt und nimmt sein Studium wieder auf. Hat er manchmal Angst, dass ihn seine Vergangenheit einholt? »Hier wissen nur wenige, wer ich wirklich bin. Das soll auch erst mal so bleiben«, grinst Adam.

Im Hinterhof des Kommandanten

Während des Verfahrens am Landgericht Schweinfurt Anfang 2016 hatte ich kurz Gelegenheit, mit Adam zu sprechen. Zwei Justizbeamte führten ihn gerade mit Handschellen zurück in den Gefängniswagen. Ich lief ein kurzes Stück mit ihm durch die Flure des Gerichtsgebäudes und fragte ihn, wo er seine Waffen eigentlich getestet hat.

Zu meinem Erstaunen gab er mir, unter den ungläubigen Blicken seiner Bewacher, die Koordinaten seines persönlichen Schießplatzes preis – es war der Truppenübungsplatz der Bundeswehr im unterfränkischen Hammelburg. Ich bin nach der Verhandlung hingefahren, um besser zu verstehen, was ihn angetrieben hat, lief dieselben Pfade und Schleichwege ab, die auch Adam genutzt hatte, bevor er sich mit seinen Maschinenpistolen in die Wälder zurückzog.

Der Mechatronik-Student war gut darin, die Schlupflöcher im System zu finden, und brachte den nötigen Mut auf, sie zu seinen Gunsten zu nutzen. Die ungeschützte Schießanlage der Bundeswehrkaserne eignete sich optimal als Testgelände für seine Skorpions: Die Abschreckung ungebetener Spaziergänger übernahmen Schilder, auf denen »Der Kommandant« in generalstabsmäßigem Ton vor der Übertretung des militärischen Sicherheitsbereiches warnt: »Blindgänger!«, »Lebensgefahr!«, »Betreten wird strafrechtlich verfolgt!«

Adam ließ sich nicht abschrecken, nicht von Schildern, nicht von ein bisschen Stacheldraht. Kameras? Absperrgitter? Fehlanzeige. Das Bundeswehrgelände ist offen zugänglich, Adam musste lediglich über ein paar Zäune klettern. Die Warnungen des »Kommandanten« brachten ihn nicht aus der Ruhe. Hier konnte er seine umgebauten Schnellfeuerwaffen ausprobieren, ohne groß etwas zu riskieren. Aus seiner Sicht ein Delikt mit geringen Kosten. Der Weg in den militärischen Sicherheitsbereich der Bundeswehr war so einfach wie der Aufbau seines Darknet-Shops im Tor-Netzwerk.

»Mach's mit Tor, gib Bullen keine Chance«

Adams Entscheidung, den Pfad der Tugend vorübergehend zu verlassen, war vermutlich auch der Tatsache geschuldet, dass er den Organen des Staates nicht sonderlich ehrfürchtig gegenübertrat. Seine zahlreichen schriftlichen Hinterlassenschaften im Darknet machen das mehr als deutlich. Adam im März 2014 im Agora-Forum:

> »*1. Bullen sind Idioten.*
> *2. Leichtsinnig darf man trotzdem nicht werden.*

Die brauchen nur einen Anfangsverdacht. Beweise brauchen sie nicht, sobald du vor Gericht stehst, gibt der allzeit unabhängige Richter immer seinem Schwager, dem Staatsanwalt, recht.
Mach's mit (Tor). Gib Bullen keine Chance.«[32]

An anderer Stelle antwortet er einem User, der sich erkundigt, ob er Waffenbestellungen auch persönlich abholen kann:

»Das wird hier niemand machen. Das Darknet und die Bitcoins sind unsere Freunde. Sie schützen uns vor Übergriffen der Polizei.
Wenn wir hier Shops mit Selbstabholung anbieten würden, wäre der Laden und die Kasse sofort leer, weil ein Plünderungskommando der Bullen sich alles einverleibt hätte. Und die Betreiber des Shops würde man gleich als Arbeitssklaven mitnehmen. Schließlich gibts im Knast genug Arbeit.«[33]

Adams ›flexibler‹ Umgang mit dem Gesetz bekam auch sein persönliches Umfeld zu spüren: So hatte er keine Skrupel, im Elternhaus ein geheimes Waffenlager zu installieren und seinen Eltern insgesamt drei Hausdurchsuchungen zu bescheren.[34] Auch seiner Freundin – »Meine bessere Hälfte kackt mir einen großen Haufen, wenn sie mitbekommt, was ich hier tue«[35] – verschwieg er über fast zwei Jahre sein dunkles Nebengeschäft.

Adams wiederholte Konfrontation mit dem Gesetz fußt auch auf einem grundsätzlichen Missverständnis: Aus seiner Sicht ist der Staat beim Thema Waffen einfach nicht zuständig, erklärt er mir bei meinem Besuch. Denn solange ein »vernünftiger Umgang« mit Waffen gewährleistet ist, hat sich die Exekutive nicht einzumischen.

Während ich ihm dabei zusehe, wie er sich durch die Waffenlistings eines Darknet-Marktes klickt, frage ich ihn, wie man eine Stange Dynamit oder ein Maschinengewehr mit 1.200 Schuss pro Minute vernünftig einsetzen könne. »Na, zur Unterhaltung zum Beispiel«, meint Adam und tippt auf eine Kassette »homemade C4«, selbst gemachter Plastiksprengstoff.

Adam weiß natürlich, dass es Menschen gibt, die überhaupt nicht vernünftig mit Waffen umgehen können. Frank G. aus Augsburg erschoss sich mit einem Revolver aus Adams Arsenal im Jahr 2013 selbst. G. war einer von MaxMustermanns ersten Kunden. Bevor er die Waffe gegen sich selbst richtete, bedankte sich G. unter seinem Nickname »loveguns« noch bei Adam für die Sendung: »TOP Verkäufer, Ware und Service, sehr zu empfehlen, Danke!«, lautet sein Feedback auf Black Market Reloaded, wenige Wochen bevor er mit Adams Hilfe sein Leben beendet.

Doch eine Verantwortung bei sich, der dem jungen Mann aus Augsburg immerhin das Mittel zum Suizid bereitstellte, möchte Adam nicht sehen. Wer einen Todeswunsch hege, werde das geeignete Mittel schon finden, so der Student. »Der hätte das ebenso gut mit einem Küchenmesser tun können.«

Immerhin einmal habe er aber einen Käufer abgelehnt, erzählt er. Der habe ihm gesagt, dass er schnellstmöglich etwas bräuchte, um jemanden umzulegen. Das sei selbst ihm zu viel gewesen, sagt Adam, den Kontakt habe er sofort abgebrochen.

Die neue Waffenhändlergeneration

Trotz fehlender Skrupel wäre Adam ohne das Darknet vermutlich kein Waffenhändler geworden. Es ist schwer vorstellbar, dass der schmächtige Student sich im kriminellen Milieu auf der Straße zurechtgefunden hätte.

Die Tor-Technologie schützt die Online-Verbrecher nicht nur vor Polizisten, sondern auch vor anderen Kriminellen, die ihnen eventuell ans Leder wollen. Für Menschen, die zwar fest im Leben stehen, aber den Reiz des Verbotenen spüren, senkt das Darknet die Teilnahmekosten. Ein paar Klicks, eine Handvoll Bitcoins, eine gehackte Packstation und es kann losgehen. Die üblichen Hürden in die kriminelle Unterwelt werden einfach wegdigitalisiert.

Als die Spezialkräfte des bayerischen LKA Anfang 2015 Adam aus seiner Lerngruppe in der Schweinfurter FH rissen, konnten es viele seiner Kommilitonen kaum glauben. Adam galt als fleißiger Student, der seinen Kommilitonen gerne mit Mitschriften aushalf. Dieser Typ soll ein international operierender Waffenhändler sein, ein europaweit gesuchter Verbrecher, der Kriegswaffen vom Balkan nach Westeuropa schmuggelt?

Und auch jetzt, da ich in Adams Studentenwohnheimszimmer sitze, bleibt eine seltsame Distanz zwischen den Taten und der Person. Denn nach außen wirkt Adam wie ein harmloser, entspannter, netter Typ, der ausufernd über Gießverfahren in der Granatenproduktion plaudern kann, aber einsilbig wird, wenn es um seine Motive und Gefühlsregungen geht: Die spektakuläre Razzia in der FH, bei der ihn ein SEK-Trupp überwältigt und Adam mit letzter Kraft den Laptopstecker ziehen kann, intoniert er, als wäre er beim Falschparken erwischt worden.

Die Vermessung des Darknet-Waffenhandels

Wie groß der Waffenhandel im Darknet wirklich ist, weiß niemand. Das liegt nicht nur an der Tarnkappentechnologie von Tor, die das Netzwerk vor Suchmaschinen und Werbetrackern abschirmt. Ein Bruchteil der Hidden Services, die Schusswaffen anbieten, sind der Szene überhaupt bekannt. Nicht alle suchen die Laufkundschaft des Darknets. Manche Seiten existieren nur für ein paar Wochen. Andere operieren wie virtuelle Geheimbünde, nur Eingeweihte kennen die Browseradresse.

Der Handel mit illegalen Feuerwaffen gehört zu den bestgehüteten Geheimnissen des Darknets. Forscher der Denkfabrik RAND Europe und der University of Manchester haben versucht, es zu lüften. 2017 veröffentlichten die Wissenschaftler die erste akademische Studie zum Waffenhandel im Darknet.[36]

Dazu ließ das Team um den Sicherheitsexperten Giacomo Persi Paoli eine sogenannte Scraping-Software 15 Darknet-Marktplätze nach Waffen abgrasen. Das Tool, das ursprünglich zur Analyse von Drogenmärkten[37] entwickelt wurde, »schürft« (»scraping«) dabei nach textbasierten Inhalten – Produktbeschreibungen, Anzeigentiteln, Kaufrubriken –, die einen Waffenbezug aufweisen. Die Rohdaten müssen anschließend interpretiert werden.

Das Ergebnis war durchaus bemerkenswert: Insgesamt 811 Waffen-Listings zählten die Wissenschaftler. Fast die Hälfte davon waren Pistolen, gefolgt von Gewehren, Maschinenpistolen und »digitalen Produkten« wie Bastelanleitungen für Sprengstoff oder Waffen aus dem 3-D-Drucker. Dahinter standen 52 Händler, die zum Großteil (88 Prozent) auf einem Kryptomarkt verkauften. Nur wenige Anbieter bespielten mehrere Plattformen.

Um herauszufinden, wie viele Geschäfte tatsächlich stattfinden, analysierten die Forscher die Kundenbewertungen auf den Märkten. Wenn ein Deal erfolgreich über die Bühne geht, hinterlassen Käufer in der Regel einen Kommentar, ob die Ware ankam und ob sie zufrieden sind. Das Feedback vergangener Käufer dient neuen Kunden als Kauforientierung. Für die RAND-Wissenschaftler um Paoli war es der Maßstab für die abgewickelten Geschäfte.

Die ›nur‹ 136 verkauften Waffen pro Monat, die die Forscher aus den Daten filterten, mögen überraschen. Auch der monatliche Gesamtumsatz von rund 70.000 Euro wirkt, etwa im Vergleich zum Darknet-Drogenhandel – Umsatz rund 10 bis 20 Millionen Euro pro Monat[38] –, überschaubar. Gemessen am globalen Waffenschwarzmarkt, der sich on- und offline auf mehrere Milliarden Euro im Jahr beläuft,[39] ist der Darknet-Handel nicht mal eine Fußnote. Ist die viel beschworene »Gefahr« aus dem Darknet, Leitmotiv so mancher Innenminister und Polizeichefs, eine Schimäre?

Anruf beim Studienleiter. Paoli sieht in seinen Ergebnissen keinen Grund zur Entwarnung. Beim Thema Feuerwaffen sei die Zahl alleine kein besonders guter Indikator dafür, die Tragweite des Problems zu verstehen, so der Wissenschaftler: »Ziel unserer Studie war es, zu zeigen, wie einfach es das Darknet Leuten macht, an scharfe Feuerwaffen zu kommen.« Waffen im Darknet seien ein qualitatives Problem, kein rein numerisches. »Das Potenzial des Darknets, die normalerweise hohen Hürden der Waffenbeschaffung mit wenigen Klicks einzureißen, ist besorgniserregend. Es könnte schon bald die bevorzugte Plattform für Terroristen und Extremisten werden, um an Waffen zu kommen, oder schlimmer – von unbescholtenen Bürgern, die ihre Hemmschwelle verlieren.«

Paolis Argument leuchtet ein: Auch wenn ›nur‹ 52 Waffenhändler zu einem gegebenen Zeitpunkt im Darknet aktiv sind, bleiben einem Interessenten immerhin 52 Möglichkeiten, ein Tötungswerkzeug zu erwerben, bequem von zu Hause aus, per Klick und Bitcoin-Bezahlung. »Klar, das derzeitige Handelsvolumen im Darknet ist ein Tropfen auf den heißen Stein, verglichen mit dem legalen Waffenhandel auf der Welt«, so Paoli. Aber das sei eben nicht entscheidend: »Ein überschaubarer, aber stabiler Kreis von Darknet-Waffenhändlern reicht, um ein erhebliches Sicherheitsrisiko darzustellen.«

Wie groß dieses Risiko sein kann, weiß auch Adam. Einer seiner Stammkunden, der Brite Alexander M. alias Smokey, war der Kopf eines Schmuggler- und Prostitutionsrings. Smokey saß wegen mehrfachen Raubs in Haft, als er aus seiner Gefängniszelle heraus bei Adam Maschinenpistolen orderte, um sie in London gewinnbringend weiterzuverkaufen. Smokey flog auf und wurde im Februar 2015 unter anderem wegen bandenmäßigen Waffenschmuggels zu lebenslanger Haft verurteilt. Eine britische Fahnderin nannte Adams Skorpions »die gefährlichsten Waffen, die Verbrecher hierzulande seit Langem in die Finger kriegen konnten«.[40]

Faker's Paradise

Der Markt für Schusswaffen und Sprengstoffe im Darknet ist, so lässt sich folgern, überschaubarer als gemeinhin angenommen, aber robuster, als es Behörden lieb ist. Die Waffenszene ist immer eine Polizeioperation davon entfernt, das nächste Schlupfloch zu finden, die nächste Verkaufsmethode zu entwickeln. Der Markt ist global, technologisch abgeschirmt und resilient und hat mit den USA – aus denen schätzungsweise rund 60 Prozent der im Darknet gehandelten Waffen kommen[41] – eine schier unerschöpfliche Quelle.

Und doch: Die Forschungsergebnisse sind mit Vorsicht zu genießen. Denn wie viele der 52 Händler und 811 Waffen im Untersuchungszeitraum echt sind, bleibt unklar. Ein Darknet-Händler ist erst mal nur ein anonymes Profil im Äther des Tor-Universums: Ob ein echter Verkäufer dahintersteckt oder ein Betrüger, sieht man dem Account nicht an.

Das Darknet ist voll von Scammern, das gilt vor allem für teurere Produkte: Leute um den Preis einer Walther P99 (aktueller Marktwert: 800 Euro[42]) zu bescheißen ist einträglicher als um ein Tütchen Heroin. Der Scam ist außerdem kinderleicht auf die Beine zu stellen: Fotos von Knarren gibt's bei Google, die Produktbeschreibung auf der Webseite des Herstellers. Wer seinen eigenen Darknet-Shop betreibt und ein paar Bitcoin übrig hat, engagiert einen Webdesigner, um die Seite professioneller wirken zu lassen. Kommt beim zahlenden Kunden nichts an, kann der Händler die Post oder den Zoll beschuldigen. Schusswaffen von A nach B zu bewegen ist komplizierter als ein paar Gramm braunes Pulver.

Für die Betreiber der Kryptomärkte sind die Fake-Geschäfte ein Problem, da sie das Vertrauen in den Markt untergraben und Kunden abschrecken. Auf lange Sicht gefährden Scammer den Erfolg aller Marktteilnehmer. Wenn keiner irgendwem noch vertrauen kann, verlieren alle: Händler ihre Kunden, Betreiber ihre Provision, Käufer echte Kaufoptionen. Für junge Plattformen können schon Gerüchte über Manipulationen – oder gezielte Desinformation durch Rivalen – existenzbedrohend sein.

Misstrauen zu streuen gehört daher auch zur Strategie staatlicher Behörden. Immer wieder gelingt es Fahndern, in Undercover-Operationen einen Marktplatz zu unterwandern oder sich selbst als Waffenhändler auszugeben. Anfang 2015 übernahm das US-Heimatschutzministerium in Absprache mit der australischen Polizei den Agora-Account eines zuvor verhafteten Händlers. Monatelang posierten die Ermittler als seriöse Dealer, bewarben ihre Produkte, machten »kontrollierte Verkäufe« echter Waffen von Ermittler zu Ermittler. Am Ende gingen den Behörden 21 Verdächtige auf drei Kontinenten ins Netz.[43]

Auch deutsche Strafverfolger greifen auf diese Methode zurück. Das Bundeskriminalamt übernahm zwischen 2014 und 2016 vier Mal Accounts von Dritten, die Bundespolizei zwischen 2016 und 2017 sogar in 36 Fällen.[44] Hinzu kommen »legendierte« Accounts, also solche, die die Behörden selbst kreieren.

»Es ist wie ein schwarzes Loch« – das bestgehütete Geheimnis des Darknets

Die RAND-Studie krankt auch an anderer Stelle. Die registrierten 136 Transaktionen mit einem Umsatz von 70.000 Euro basieren auf Bewertungen, die Käufer nach einem abgeschlossenen Deal im Shop hinterlassen. Wie alles andere können auch sie manipuliert sein. Ein Händler kann sich zum Beispiel die Ware auch selbst, oder einem Komplizen, verticken, um positives Feedback zu sammeln. Vor allem für neue Anbieter sind fingierte Geschäfte ein valides Mittel, um sich einen Status als zuverlässiger Dealer aufzubauen.

»Der Darknet-Waffenmarkt ist wie ein schwarzes Loch«, sagt Thomas J. Holt, Professor für Strafrecht an der Michigan State University. Holt hat mit zwei Kollegen »single-vendor shops« untersucht, Darknet-Shops, die im Gegensatz zu Kryptomärkten nur von einem Händler (oder einer Gruppe) betrieben werden und meist nur eine Produktgruppe anbieten.[45]

Rund ein Dutzend dieser Einzelhändler-Shops konnte Holt in einer Studie aus dem Jahr 2019 ausfindig machen. Über 100 Produkte im Bereich Waffen – hauptsächlich Pistolen, aber auch selbst gemischten Plastiksprengstoff und Anti-Personen-Minen – wurden dort angeboten.[46] Was davon authentische Angebote sind, vermag auch Holt nicht zu sagen, auch wenn er versuchte, die Echtheit anhand bestimmter Details – Produktbeschreibung, Auftritt des Händlers, Kundenfeedback, Versandoptionen – zu überprüfen.

Die Schwierigkeit, zwischen Sein und Schein zu unterscheiden, hat für Holt signifikante sicherheitspolitische Folgen: »Die Tatsache, dass wir kaum wissen, womit wir es zu tun haben, ist ein zentrales Problem«, so der Wissenschaftler auf Anfrage. »Auch wenn das Waffenangebot im Darknet vor Jahren größer war, sollten wir die Situation nicht auf die leichte Schulter nehmen. Diese Märkte verändern sich ständig und können schnell wachsen. Eine Waffe aus dem Darknet reicht, um jemanden zu töten. Die Gefahr ist real.«

Szene im Umbruch

Der illegale Waffenhandel im Darknet hat in den letzten Jahren kräftig Federn lassen müssen. Viel liegt an Fake-Produkten und Exit-Scams, bei denen Betreiber ihre Kunden abziehen und den Markt schließen. Zwischen 2011 und 2019 gingen allein 15 Waffenmärkte vom Netz, weil die Admins über Nacht die treuhänderisch verwalteten Bitcoins ihrer Kunden abräumten.[47]

Auch die Exekutive hat aufgerüstet: Statt sich weiter von halbstarken Hackern vorführen zu lassen, zerlegen Ermittler einen Marktplatz nach dem nächsten. 2019 zerschlugen finnische und italienische Behörden mit Valhalla und dem Berlusconi Market zwei ›Traditionshäuser‹ der Branche. Vor allem Letzterer, der stilecht mit einem breit grinsenden Silvio Berlusconi im Logo warb, war ein Eldorado für Waffenfreunde: Über 700 Einzelprodukte listete der Markt zu Hochzeiten, darunter Schrotflinten, Snipergewehre und selbst gebaute Rohrbomben. Die italienische Polizei feierte die Operation als »erfolgreichen Schlag gegen den wichtigsten Darknet-Markt«.[48]

Der Verfolgungsdruck hat zu einer paradoxen Konstellation geführt. Um sich aus der Schusslinie zu nehmen, untersagen die Platzhirsche der Szene wie Empire und The Versus Project mittlerweile den Handel mit Waffen. Die Darknet-Bosse, die ansonsten gerne mit ihrer

Unantastbarkeit kokettieren, den Gesetzeshütern immer einen Schritt voraus, verbieten den Handel nun selber. In Darknet-Foren wie Dread und Darknet Avengers sind selbst Diskussionen über Waffen verboten. Wer sich nicht daran hält, riskiert, aus dem Forum zu fliegen.

Deutsche Behörden verfolgen die Entwicklung mit Genugtuung. Die Zentralstelle zur Bekämpfung der Internetkriminalität (ZIT) in Frankfurt am Main, eine der profiliertesten Adressen im Kampf gegen Cyberkriminelle, sieht eigenen Angaben zufolge einen deutlichen Rückgang bei Waffendelikten im Darknet: Spürten die Staatsanwälte der ZIT bis Ende 2018 noch rund 50 Waffenhändler im Darknet auf,[49] ermittelte die Behörde seither nur in drei Fällen – einer davon verkaufte auf YouTube, also im Clearnet.

Im Frankfurter Zollfahndungsamt (ZFA) bewertet man die Lage ähnlich. In 107 Fällen ermittelte die Behörde in den letzten fünf Jahren gegen Waffenverkäufer, Tendenz fallend: »Sowohl national als auch international sind nach hiesiger Einschätzung derzeit weniger relevante Waffenangebote feststellbar«, so das ZFA auf Anfrage. Dank intensiver Strafverfolgung auf nationalem und internationalem Level gebe es heute nicht mehr die »recht simplen Möglichkeiten [der Waffenbeschaffung] wie in den Jahren 2014 bis 2018«. Das Bild des risikolosen und sicheren Handels sei zwar in der Öffentlichkeit weiterhin verbreitet, aber ein »Mythos«.

Ob man sich auch in Zukunft auf die Tendenz der fallenden Marktdichte im Darknet verlassen kann, ist allerdings fraglich. Beim Bundeskriminalamt (BKA), das bei der Aufklärung der großen Darknet-Fälle der letzten Jahre federführend war,[50] sieht man keinen Grund, sich zurückzulehnen. Die Szene befinde sich zwar in ständigem Wandel, doch gehe das BKA »von einem gleichbleibend hohen Interesse am Handel und Erwerb von Schusswaffen über das Darknet aus«, so die Behörde auf Anfrage. »Nicht zuletzt wegen des Gefahrenpotenzials, das von jeder Schusswaffe ausgeht«, habe man die Szene weiter im Blick.

Welchen Schaden eine einzige Waffe aus dem Darknet anrichten kann, wurde am 22. Juli 2016 schmerzlich bewusst, als der 18-jährige David S. in München neun Menschen ermordete. Die Tatwaffe, eine halb automatische Glock-Pistole, erwarb der Schüler zuvor in einem Darknet-Forum.

Der Anschlag in der bayerischen Landeshauptstadt war auch ein Wendepunkt für die Ermittler. Der Kampf gegen den Waffenhandel im Darknet wurde ein Politikum. Bis zu diesem Tag gab es Adam, ein paar kleinere Fische und »Dosensuppe«, einen Optiker aus Heidelberg, damals Adams härtester Konkurrent, der bis zu seiner Verhaftung im Herbst 2015 insgesamt 18 Waffen über das Darknet verkaufte. Beide lieferten an Kriminelle, Dosensuppe auch an einen IS-Sympathisanten und einen psychisch auffälligen Neonazi.[51] Doch erst der rechte Terroranschlag in München machte dem ganzen Land schlagartig die Gefahr klar, die von der Waffenszene im Darknet ausgeht.

Gründe dafür, weiter wachsam zu sein, gibt es genug. Ein Blick in die derzeitigen Arsenale der Händler bestätigt diese Sicht. So lassen sich beispielhaft am 17. Mai 2020 mit nicht allzu großem Aufwand 14 Webshops für Schusswaffen finden, darin eine breite Auswahl an Revolvern, Maschinenpistolen, Uzis, Granaten, Zweiter-Weltkriegs-Sturmgewehren, schwarzen AK-47, goldenen Glocks und roter Sprengstoffgelatine. Ein virtueller Waffenbasar, mit prall gefüllten Regalen, dessen Türen stets offen sind und wo keiner nach einem Ausweis fragt. Auch wenn auch hier nicht klar ist, wie viele der Angebote authentisch sind.

Der prominenteste Shop »Luckp 47«, laut eigenen Angaben betrieben von ukrainischen Paramilitärs, machte im vergangenen Jahr Schlagzeilen, als er in einem Telegram-Kanal des Islamischen Staates (IS) empfohlen wurde: »Endlich könnt ihr alle Waffen kaufen, die ihr braucht, um die Ungläubigen in ihren Städten verbluten zu lassen!!«, schrieb ein bekannter IS-Funktionär.[52] Die Seite ist weiterhin online.

Die Gefährlichkeit der Produkte steht in einem fast surrealen Spannungsverhältnis zu ihrer Vermarktung. Viele Darknet-Händler werben wie auf eBay oder Amazon mit schneller Erreichbarkeit, professioneller Abwicklung und hoher Produktqualität. Auch wenn ein 24/7-Kundenservice mittlerweile schon zum guten Ton im Darknet gehört, buhlt jeder Seller auf seine ganz spezielle Art um Käufer. Der eingangs erwähnte Granaten-Verkäufer TheArsenal beispielsweise gibt der interessierten Laufkundschaft sogar eine FAQ mit an die Hand. Um die drängendsten Fragen schon mal im Vorhinein zu klären:

»*Q: Warum verlange ich so viel?*
A: Das sollte offensichtlich sein. Ich muss die Granatenhülle, das Schwarzpulver, den Zünder und den Verschluss kaufen, und das Ding herstellen. Das kostet Zeit, Geld und Fertigkeiten. Versuch also erst gar nicht, einen besseren Preis rauszuschlagen. Sowas nervt mich tierisch!
Q: Wie viel Schaden richtet das Ding an?
A: Es ist eine verdammte Granate. Eine Menge.
Q: Wie stellst du die Granaten her?
A: Willst du mich verarschen? Das ist mein Geheimrezept!
Q: Wie lange dauert es, bis die Granate losgeht?
A: Fünf bis sieben Sekunden.
Q: Ist die Granate gefährlich?
A: Na was glaubst du denn. Idiot.
Q: Bekomme ich einen Rabatt?
A: Ja. 10 Prozent auf Bestellungen von mindestens fünf Granaten.
Q: Was, wenn sie nicht losgeht?
A: Meine Granaten haben bisher IMMER funktioniert. Wenn es nicht klappt, hast du was verbockt. Ich gebe keine Rückerstattung für Neulinge ohne Käuferbewertungen. Alle anderen Erstattungen nach eigenem Ermessen.
Q: Kann die Granate verschifft werden?
A: Verschiffung ist kein Problem. Die Granate ist zu 100 Prozent sicher, es sei denn du aktivierst den verdammten Zünder.
Q: Wie soll ich die Granate aufbewahren?
A: An einem trockenen Ort und bei Raumtemperatur.«

Zum Kaufpreis von 225 Euro gibt es die »100 Prozent«-Darknet-Sicherheitsgarantie gratis dazu – schließlich kann sich niemand mehr beschweren, sollte die Granate trotz korrekter Lagerung doch mal losgehen.

»Going dark in the dark web«

Yan St-Pierre von der MOSECON Group, die unter anderem Regierungen in Sicherheitsfragen berät, verweist zudem auf einen besorgniserregenden Trend: Kriminelle Banden nutzten das Darknet verstärkt, um den transnationalen Drogen- und Waffenschmuggel zu organisieren. 2014 erlangte er Kenntnis von einer Nachricht der libanesischen Hisbollah, die an eine verbündete Miliz in Nigeria ging, die Islamische Bewegung Nigerias (IMN). Das Schreiben – äußerlich eine Beileidsbekundung für einen getöteten Hisbollah-Kommandeur – enthielt eine geheime Botschaft: eine Einigung über die Nutzung nigerianischer Häfen für Drogen, die die Hisbollah von Südamerika aus verschiffte. Die IMN diente als Vermittler zu den Terroristen von Boko Haram, deren Teil der Abmachung es war, die Drogen nach Norden zu schmuggeln.

Um die Details der Lieferungen – meist geht es um Kokain oder Heroin – zu besprechen, nutzten die Hisbollah und die IMN auch kleine Darknet-Foren, sagt St-Pierre. »Oft sind das nur ein paar kryptische Sätze, die dort gepostet werden. Codierte Informationen, die für Außenstehende völlig unverständlich sind. Etwa: In welchem Schiff die Drogen nach Nigeria kommen, die Containernummer, die Liefermenge. Im Fall von Kokain geht es meist um mehrere Hundert Kilo bis zu einer Tonne.« Das Koks werde dann im nigerianischen Zielhafen verladen und nach Nordafrika geschmuggelt. Zur eigentlichen Destination: Europa.

Doch nicht nur Drogenbanden nutzten das Darknet zur Kommunikation. Auch bei größeren Waffenlieferungen, etwa vom Balkan nach Libyen, spiele es zunehmend eine Rolle, sagt St-Pierre. »Die Achillesferse im transnationalen Schmuggelgeschäft ist die Logistik. Der Transport, Mengen- und Preisfragen, die Übergabe: Das sind alles extrem wichtige Informationen, die zwischen den verschiedenen Punkten im Netzwerk sicher ausgetauscht werden müssen.« Da staatliche Behörden Messenger-Apps wie Telegram, Rocket oder Riot mittlerweile recht gut im Blick hätten, griffen organisierte Gruppen verstärkt auf das Darknet zurück. Dass solch sensible Details in einem – theoretisch – öffentlich zugänglichen Forum kommuniziert werden, müsse kein Nachteil sein.

Denn die Ad-hoc-Foren existierten nur zum Zweck der einmaligen Informationsübertragung, so St-Pierre. Der Link zur Onion-Seite steht in keinem Hidden Wiki und kann von keiner Darknet-Suchmaschine entdeckt werden. Der Ersteller des Forums teilt sie nur mit einer Handvoll Eingeweihter. Sobald die Sache geregelt ist, wird das Forum gelöscht – manchmal schon nach wenigen Stunden. »Wenn zwei Parteien mehrere Tage lang dasselbe Forum nutzen, ist das schon ungewöhnlich«, so St-Pierre. Um die Nachverfolgung weiter zu erschweren, wechselten die Dealer regelmäßig ihre Accounts. Manche operierten mit bis zu zehn Tarnidentitäten gleichzeitig.

Sein Kollege Nik Wright nennt das Phänomen »going dark in the dark web«: Verbrechersyndikate in den verborgensten Winkeln des Darknets, die in Geheimsprache Deals eintüten und so den interkontinentalen Waffen- und Drogenhandel organisieren. Es ist der Albtraum jeder Sicherheitsbehörde.

Wright weiß, wovon er spricht. Für MOSECON sammelt der Geheimdienstexperte unter anderem Informationen über transnationale Schmuggellieferungen, die an mehreren Stationen entlang der Route portionsweise verkleinert und an lokale Dealer verteilt werden, bis sie das Endziel erreichen: 100 Kilo Heroin aus Afghanistan über Iran nach Europa, 12.000 Waffen aus Osteuropa nach Nordafrika, um zwei Beispiele zu nennen. Aus den Einzellieferungen zieht er Rückschlüsse auf die gesamte Operation, »residue analysis« nennt Wright das.

Was davon im Darknet und was im Clearnet – über Dating-Apps,

Online-Pokerrunden, Dropbox – stattfinde, variiere von Fall zu Fall. »Für ein Kartell ist das Darknet häufig nur ein Puzzleteil in einer größeren logistischen Operation. Die Fälle, mit denen ich zu tun habe, sind oft Netzwerke zwischen mehreren Syndikaten aus unterschiedlichen Weltregionen. Allein die Informationsübermittlung ist da ein riesiger Aufwand.«

Wie oft diese Gruppen die Einwegforen im Darknet benutzen, lasse sich unmöglich sagen, so Wright. Da die Seiten manchmal nur 24 oder 48 Stunden im Netz sind und nur wenige Menschen überhaupt von ihrer Existenz wissen, sei die Nachverfolgung schwer. In Sicherheitskreisen sei man sich der Gefahr durchaus bewusst, sagt Wright.

Ein weiterer besorgniserregender Trend laut dem Briten: Die Szene im Darknet vermenge sich zunehmend mit dem legalen Waffenmarkt. Ex-Militärs und Händler mit Kontakten in die legale Branche könnten leicht an entsprechende Bauteile gelangen und daraus illegale Waffen bauen. Wright erklärt das anhand einer Mk-2-Handgranate auf einem Darknet-Markt, die wir uns gemeinsam am Laptop ansehen.

»Das ist eine scharf gemachte Splittergranate aus dem Zweiten Weltkrieg. Die lässt sich vollständig aus legalen Komponenten herstellen: Das Schwarzpulver kann man selbst zusammenmischen, die Bauteile für den Zünder bekommt man im Baumarkt, die Hülle auf einer Militärmesse«, sagt Wright. Erschwerender für die Strafverfolgung wird es, wenn die Händler gar nicht mehr die physischen Produkte anbieten, sondern nur noch ihre Expertise: Ausführliche Anleitungen zum Waffen- und Bombenbau gibt es mittlerweile für wenige Dollar.

Mit optimistischen Prognosen, die den Waffenhandel im Darknet bereits im Niedergang sehen, kann Wright daher wenig anfangen. »Wer das behauptet, hat keine Ahnung.« Lediglich die Methoden hätten sich verändert: Neben dem Do-it-yourself-Trend wickeln Händler ihre Geschäfte zunehmend via Direktkontakt zum Kunden ab statt wie früher auf großen Kryptomärkten. Andere ziehen ihr eigenes Ding durch und eröffnen ihre eigenen Shops. Mittels innovativer

Übergabemethoden wie »dead drops«, bei denen Waffen in öffentlichen Klos oder Parks versteckt werden, umgehen Dealer den Postweg und damit die klassische Ermittlerarbeit, so Wright.

»Was wir derzeit sehen, ist kein Ende des Waffenhandels, sondern eine Evolution. Die Entwicklung geht weiter.«

»Ich bereue nichts« – ein Dealer in Frührente

Adam wohnt heute in einer Stadt im Westen der Republik und kriegt vermutlich von all dem nichts mit. Statt sich auf dem Markt für illegale Kriegswaffen gegen Rivalen zu behaupten, kämpft Adam heute für die Anrechnung seiner Uni-Scheine von damals. Der Ex-Waffenhändler, der Strafverfolger in ganz Europa monatelang um den Schlaf brachte, hat seine kriminelle Vergangenheit hinter sich gelassen, beteuert er. Im Darknet sei er nur noch ab und an, »aber nur aus Interesse«.

Bereust du eigentlich irgendetwas davon, was du damals gemacht hast?, will ich von ihm wissen, bevor ich aufbreche.

Adam grinst. »Ja, dass ich erwischt worden bin.«

6. DUNKLE BIOTOPE

Als Can die Kugel traf, spielte er gerade mit seinem Smartphone. Er saß mit Freunden an einem Tisch in der McDonald's-Filiale des Münchner Olympia-Einkaufszentrums. Das Projektil, ein fingerkuppengroßer Bleikern mit Messingmantel, Kaliber 9 x 19 mm, fuhr dem 14-Jährigen durch den Brustkorb in den linken Lungenoberlappen und direkt ins Herz. Can schlug mit dem Kopf auf den Tisch und war sofort tot. Den darauffolgenden Steckschuss in den Kopf bekam der Bub, so vermuten später die Gerichtsmediziner, gar nicht mehr mit. Seine beiden Sitznachbarn, Roberto und Selçuk, beide nur ein Jahr älter als Can, starben nur Sekunden später im Kugelhagel.[1]

Der Schütze, der kurz zuvor aus der Toilette des Schnellrestaurants trat und das Feuer auf die Teenager eröffnete, war selbst gerade mal 18 Jahre alt. Während David S. das Magazin seiner Pistole auf die Jugendlichen entleerte, schrie er: »Wegen euch musste ich sieben Jahre in Deutschland leiden!«[2]

David kannte keines der Opfer.

Can Leyla, Janos Roberto Rafael, Selçuk Kılıç und sechs weitere Menschen – Sevda Dağ (45 Jahre), Hüseyin Dayicik (20), Giuliano-Josef Kollmann (19), Armela Segashi (14), Sabine Sulaj (14), Dijamant Zabergja (20) – starben an diesem Tag in Davids Massaker. Die Opfer waren zufällig, aber nicht beliebig. Alle kamen aus Familien mit Migrationshintergrund, Menschen, die nicht Davids Vorstellung von ›echten‹ Deutschen entsprachen.

Die Waffe, eine halb automatische Glock 17 Generation 4, hätte der 18-Jährige niemals in die Finger kriegen dürfen. Ein Jahr lang hatte er nach ihr gesucht, erst wenige Wochen vor seiner Tat wurde er fündig, im Darknet, in einem Forum für »zensurfreien« Meinungsaustausch namens »Deutschland im Deep Web«.

Verkauft hatte ihm die Waffe Philipp K., der Pistolen und Kriegswaffen aus dem europäischen Ausland importierte. Er hatte erst kurz vor dem Attentat im OEZ in München mit dem gewerbsmäßigen Waffenhandel im Darknet begonnen – gerade rechtzeitig, um Davids Kaufinteresse zu bedienen.

Damit ist nicht gesagt, dass sich die Wege der beiden nur zufällig kreuzten: David suchte nach Ware, Philipp verkaufte, das Darknet bot die Infrastruktur. Und doch verleiht die zeitliche Abfolge der Ereignisse dem Fall eine zusätzliche Tragik: David bemühte sich schon fast ein Jahr erfolglos um eine Waffe, wurde abgezogen, bekam Zweifel, ob der »lang ersehnte Verkäufer« je auftauchen wird.[3]

Auch war überhaupt nicht klar, wie lange das Treiben auf Deutschland im Deep Web (DiDW) noch ungestraft weitergehen würde. Ein Beamter des Frankfurter Zollfahndungsamts ermittelte schon ein Jahr vor dem Anschlag verdeckt im Forum. Der vom Zoll geführte Account »erichhartmann« wurde sogar vom späteren Attentäter David nach einer Waffe gefragt.[4] Auch das Bundeskriminalamt hatte das DiDW im Auge. Warum die zuständigen Behörden nicht früher einschritten und Waffenhändler wie Philipp rechtzeitig aus dem Verkehr zogen, ist bis heute nicht restlos geklärt.

1.000 Zeilen Hass

> *»Am Tag des Jüngsten Gerichts – kein christlicher oder islamischer Hintergrund – wird es Wahrheiten regnen.«*
> *David S., ›Mein Kampf mit den Menschen‹*

Als David diese Zeilen im April 2015 in seinen Computer tippt, ist der Schüler der Welt längst abhandengekommen. Der Rechner ist für den damals 17-Jährigen der »beste Platz für einen Versager« und zugleich ein »Bruder«, der ihn schon vor mehreren Suizidversuchen bewahrt hat.[5] Ihm vertraut David bereits ein Jahr vor seinem Attentat an, was er vorhat, wie er aus dieser Welt gehen will, wen er mit sich reißen wird. In Word-Dokumenten, die Ermittler später auf Davids Festplatte finden, führt der Zehntklässler aus, was er als »Untersuchung über Kakerlaken, ausländische Untermenschen und Menschen, die ich exekutieren werde« bezeichnet:

»Ich möchte erneut betonen, dass ich wegen meiner sozialen Inkompetenz nur bruchstückhafte Informationen über das Virus habe. Doch die Vorfälle häufen sich. Mittlerweile hat das Virus leider ganz München überfallen. Es breitet sich immer weiter aus!«, so der Schüler in der Datei *Die Rache an diejenigen die mich auf dem Gewissen haben.docx*. Ganze Stadtviertel seien schon verloren, infiziert mit Drogen, Diebstahl, »untermenschlichen Tätigkeiten generell«. Die Träger des Virus: Türken, Muslime und Menschen vom Balkan, »Kreaturen« nennt David sie, »ausländische Untermenschen«, und präzisiert, was mit ihnen geschehen solle: »Ich werde jeden Sunniten und Schiiten, ob mit Kopftuch oder Leggins, in den Himmel schicken. Der Tag der Abrechnung wird kommen.«[6]

Dass sich der Deutsch-Iraner David einen so tief verwurzelten Hass auf Migranten aneignen konnte, lässt sich rational nicht erklären. Seine eigene Migrationsgeschichte interpretiert er auf eigene Weise, ist stolz auf seine »persisch-arischen« Wurzeln. David will vor allem Deutscher sein.[7] Seinen Geburtstag, den 20. April, teilt er mit Adolf Hitler, was er lange als Makel sah, für den ihn Mitschüler mobbten. Bald schon ist es für ihn Bestimmung – zur »Rettung des Vaterlands«. David hegte, so weiß man heute, Sympathien für die AfD, war im »Anti-Refugee-Club« aktiv, einer mittlerweile gesperrten flüchtlingsfeindlichen Gruppe auf der Spieleplattform Steam,[8] träumte in schriftlichen Hinterlassenschaften von der völkischen »Erlösung« und von »Anschlägen für mein Deutschland«.[9] Anfang Mai 2016 lässt er sich offiziell umbenennen, von Ali in David.

Die wahnhafte Obsession nach etwas, das er unter einer »deutschen Identität« verstand, wohl vor allem danach, sich abzugrenzen von den »ausländischen Untermenschen«, offenbart sich selbst noch auf dem Parkdeck des Olympia-Einkaufszentrums, als er einem aufgebrachten Anwohner zuruft: »Ich bin Deutscher!« Der antwortet nur: »Ein Wichser bist du!«[10] Nicht einmal zwei Stunden später erschießt sich David selbst.

Schon ein Jahr zuvor, im Mai 2015, setzt sich David an seinen Rechner, startet den Tor-Browser und erstellt sich einen Account auf germanyhusicaysx.onion, der Darknet-Adresse von Deutschland im Deep Web (DiDW).

Die Seite ist damals das größte Darknet-Forum im deutschsprachigen Raum und einer der wenigen Orte im deutschen Netz, der sich in die Tradition von Silk Road, des Darknet-Pioniers aus den USA, einschreibt. Wie das große amerikanische Vorbild will Deutschland im Deep Web eine Enklave der Freiheit sein im total überwachten Netz, ein Unterschlupf für Querdenker und Unbequeme in einer Zeit angeblich enger werdender Meinungskorridore in Deutschland. DiDW trug sein Motto »Informationskontrolle – nein danke!« wie eine Monstranz vor sich her.

Und wie die Silk Road sah sich DiDW nicht nur als Treffpunkt für Darknet-Philosophen, sondern zugleich als Marktplatz, auf dem ›freie‹ Händler ›freie‹ Ware anbieten.

Gehandelt werden durfte alles Mögliche: gestohlene Kreditkarten, Botnetze, automatisierte Spamattacken und andere digitale Gemeinheiten, Drogen, Falschgeld – und Waffen. Anders als auf Kryptomärkten mit ihren ausgefeilten Shopsystemen, kamen Geschäfte auf DiDW meist in öffentlichen Threads zustande oder per Direktnachricht. Per Beschluss des Foren-Admins Lucky durfte man in jeder erdenklichen, internetbasierten Art und Weise das Gesetz brechen, allerdings nur in den dafür vorgesehenen Rubriken: in der »Spielwiese« zum Beispiel oder in der »Freihandelszone«. Crime ok, aber bitte nur in den extra gekennzeichneten Bereichen!

Nach erfolgreicher Registrierung setzt David unter seinem Nicknamen Maurächer am 31. Mai 2015, 19.38 Uhr, seine erste Nachricht auf DiDW ab:

*»Hallo,
ich bin neu und hätte eine wichtige Frage: Ich suche eine gebrauchte Pistole. M9 Beretta, Glock, ich kann mir vieles vorstellen. Preislich stelle ich mir zwischen 600 und 1.000 Euro vor. Für eine gebrauchte Waffe ok, denke ich!«*[11]

Sein Gesuch landet im »Spackentreff«, der Bereich des DiDW, den Foren-Boss Lucky für den Waffenhandel vorgesehen hat. Doch kaum jemand reagiert auf Davids Kleinanzeige. Auch als Maurächer signalisiert, ein paar Scheine drauflegen zu wollen – keine Resonanz.

Auch von seinem späteren Lieferanten Philipp, im Forum als rico unterwegs, kommt nichts. Der hat zu dieser Zeit ähnliche Sorgen, sucht selber nach Wummen, bevorzugt die großen, schnellen. »Serbische Pistolen, Klone aus China, nehme alles«, postet er leicht verzweifelt im Mai 2015.[12] Oder gleich ein IMI Galil, ein Sturmgewehr der israelischen Armee – »dafür zahl' ich sogar 6k!«, 6.000 Euro.

Doch David braucht kein Schnellfeuergewehr mit 650 Schuss die Minute. Für das, was er vorhat, reicht eine scharfe Pistole mit genügend Patronen. Noch kreuzen sich ihre Wege nicht.

Im Oktober 2015 startet David einen neuen Anlauf, nun konkreter: »Ich suche nach einer Glock 17 oder Glock 21, zwei bis drei Magazinen und 150 bis 200 Schuss.« 200 Schuss – spätestens hier wird rückblickend Davids Entschluss klar, dass er eine größere Operation plant. Seine in Hass und Zorn verfassten Computermanifeste sind nicht bloß Fantasien oder Selbstgespräche. Es sind Angriffspläne.

Die Glock-Pistole, die David haben will, zeigt die fortschreitende Konkretisierung seines Tatplans: Die Handfeuerwaffe des gleichnamigen österreichischen Waffenproduzenten benutzte auch der Rechtsterrorist Anders B. 2011, als er auf der norwegischen Insel Utøya ein Ferienlager der sozialdemokratischen Jugend überfiel und 69 Menschen tötete. David verehrt B., seinen wahnhaften Kampf gegen »Überfremdung«, seinen Menschenhass, den hohen »Body Count«. Der Münchner Schüler will sich in B.s Tradition stellen.[13] Seine Opfer mit einer Glock zu töten, am fünften Jahrestag der Anschläge in Norwegen, damit wäre ihm, so offenbar Davids Kalkül, ein Platz in der Ahnengalerie rechter Attentäter sicher.[14]

Preislich, schreibt David an diesem Tag im späten Oktober ins DiDW-Forum, stelle er sich irgendwas »zwischen 2.100 und 2.500 Euro vor«. Die Bearbeitungskosten des Verkäufers übernehme er, »kein Problem«.

Doch das Forum ist gnadenlos, der junge Waffenaspirant wird konsequent ignoriert. Hyena7, ein bis heute flüchtiger Waffenhändler aus Tschechien und Philipps späterer Hauptlieferant, weist David sogar schroff zurück, auf geradezu prophetische Weise: »Yo buddy, get yourself some medical help. You need it, you are a severe case.«

David verstummt. Fühlte er sich ertappt? Was Hyena7 unmöglich wissen konnte: Tatsächlich kam David gerade aus der Klinik Harlaching in München, wo er vier Wochen stationär behandelt wurde. Ärzte attestierten dem damals 17-Jährigen eine »mittlere bis schwere depressive Episode« und eine soziale Phobie, möglicherweise eine Folge des Mobbings, das er in der Mittelschule erlebt hat. In der Klinik soll er einer Patientin den Hitlergruß gezeigt und Hakenkreuze gemalt haben. Nach seiner Entlassung nahm er regelmäßig Psychopharmaka.

Im Darknet ahnt davon niemand etwas. Im Forum, wenn David in die Rolle des Maurächer schlüpft, ist er verschlossen wie ein Stein. Das Vernetzen mit Gleichgesinnten, die irrsinnige Bandbreite der Themen im DiDW, vom Hacker-Einmaleins über Buchrezensionen bis zu angeblich mathematischen Beweisen der »Holocaust-Lüge« – David bleibt Zaungast. Sein Dasein im digitalen Untergrund hat nur einen Zweck: die Schusswaffe. Warum und wozu er die braucht, sagt er nicht. Es fragt auch keiner.

Doch es kommt schlimmer, für David. Ein Ereignis weltpolitischen Ausmaßes durchkreuzt sein Vorhaben.

»Waffen töten keine Menschen – Menschen töten Menschen«

Am 13. November 2015 wird Paris von einer Serie von Anschlägen erschüttert. In einer konzertierten Aktion überfallen Kämpfer des Islamischen Staates (IS) Cafés und Bars in beliebten Ausgehvierteln, verwandeln das Bataclan-Theater in ein Schlachthaus und sprengen sich vor dem Stade de France in die Luft. Am Ende sind 130 Menschen tot, 683 weitere werden teils schwer verletzt.

Die Terrorangriffe hinterlassen auch Spuren in Deutschlands beliebtestem Darknet-Forum. Plattform-Betreiber Lucky nimmt am 27. November den Waffenbereich vom Netz. Auslöser sind für den selbst ernannten »Krypto-Anarchisten«[15] nicht die Anschläge in Paris, bei denen illegale Waffen zum Einsatz kamen, die auch in seinem Forum gehandelt werden, sondern ein Artikel der »Bild«: Demnach, so war dort am selben Tag zu lesen,[16] hätte der Darknet-Händler DW Guns – ein durchaus geschätzter Kollege im DiDW-Forum – kurz vor dem Anschlag vier Sturmgewehre an Kunden in Paris verschickt, die damit das islamistisch motivierte Blutbad anrichteten.

Der »Bild«-Bericht entpuppt sich später als Falschmeldung, doch für den Moment war er für Plattform-Boss Lucky ein Super-GAU: Ein Waffenhändler hatte womöglich über Luckys Infrastruktur den Dschihadisten ihre Mordwerkzeuge besorgt. Noch am selben Tag macht Lucky das Waffenforum dicht.

Die DiDW-Gemeinschaft – bei allem Verständnis für die Brisanz der Ereignisse, wie durchaus angemerkt wird – kann die Entscheidung nur schwer nachvollziehen: »Hart. Einfach so ohne Vorwarnung«, kommentiert ein Nutzer den Bannspruch. »Was soll das? Früher ging es mal um absolute Meinungsfreiheit«, schreibt ein anderer. »Ich verstehe die Maßnahme, aber das rechtfertigt keine Zensur! Waffen töten keine Menschen. Menschen töten Menschen.«

Für Philipp kommt die Sperre zur Unzeit. Der leidenschaftliche Sammler, der bisher nur als Käufer auffiel, steht gerade kurz vor seinem Einstieg ins illegale Waffengeschäft. Daraus würde erst mal nichts werden. »Voll schade, dass das Waffenforum jetzt weg ist«, schreibt er Ende November. »Habe in den letzten Jahren hier zwei Topleute gefunden, mit denen ich saubere Deals durchziehen konnte. Auf den großen Darknet-Märkten findest du solche ehrlichen Typen nicht.«

Back to Business

Die Empörung der User nötigt Lucky zu einem Statement: »Die Sektion wurde für unbestimmte Zeit auf Eis gelegt. Das hat erst mal nichts mit eventuellen Ermittlungen zu tun, sondern damit, den Medien und Spekulationen erst mal ein bisschen Einhalt zu gebieten«, erklärt der Boss seiner Gemeinde.

Das Statement ist nicht unklug, aber natürlich Unsinn. Denn nicht Medien und Spekulationen können Lucky gefährlich werden, sondern Staatsanwälte und konkrete Spuren, die das Verbrechen in Paris mit seiner Plattform in Verbindung bringen.

Dass Lucky sich durchaus vor etwaigen Ermittlungen fürchtete, zeigt seine 180-Grad-Wende wenig später: Als Mitte Dezember der Generalbundesanwalt die »Bild«-Ente über die angeblich aus Deutschland stammenden Pariser Mordwaffen in einer Pressemitteilung amtlich zerbröselt, bringt Lucky den digitalen Waffenbasar zurück ans Netz.

Ein folgenschwerer Fehler, der dem Betreiber später auf die Füße fallen wird. Das Landgericht Karlsruhe verurteilte Lucky 2018 wegen fahrlässiger Tötung und Körperverletzung zu sechs Jahren Haft:[17] Die Wiederbelebung der Waffensektion, so argumentierte die Karlsruher Kammer, machte das tödliche Geschäft zwischen Philipp und David erst möglich. Alexander U., Luckys bürgerlicher Name, zeigte im Verlauf des Prozesses kaum Reue oder Einsicht, zog sich stattdessen auf die Position zurück, er habe nicht alle Aktivitäten im Forum überblicken können, der Waffenbereich sei ohnehin eine »Müllhalde« gewesen. Nur, warum sperrte Lucky die Müllhalde, als das Gerücht die Runde machte, die Pariser Attentäter hätten ihre Waffen aus dem

DiDW? Offenbar hatte er einen recht guten Überblick über das Treiben dort und hielt es durchaus für möglich, dass Terroristen zum Shoppen auf sein Board vorbeischauten.

Zum Entzücken der Schmuggler und Sammler hat der Admin alles so belassen wie vor der Schließung: Die alten Threads, Pistolenauktionen, Sprengstoffbastelanleitungen, Schusswaffengesuche – alles noch da, als wären sie ein schützenswertes Gut.

Auch Davids Oktober-Anfrage nach der Glock-Pistole ist noch da. In diesem Thread werden in wenigen Wochen der spätere Münchner Attentäter David und der Kölner Waffenhändler Philipp erstmals aufeinandertreffen und sich einig werden.

Der Lieferant

Um zu verstehen, wie es dazu kommen konnte, dass ein 18-Jähriger unbedarft ins Darknet stolpert und nach mehreren erfolglosen Versuchen eine funktionstüchtige Feuerwaffe ergattert, lohnt sich ein Blick auf denjenigen, der David das Attentat erst ermöglichte: Philipp K., 31 Jahre, Staplerfahrer, Waffenhändler.

Philipp, unter seinem Nicknamen rico, gehörte zur Riege der etablierten Nutzer auf DiDW. Er suchte spätestens ab Frühjahr 2012 Kontakt zur illegalen Online-Waffenszene,[18] legte sich Handfeuerwaffen und härtere Kaliber zu, bis er irgendwann anfing, selbst zu dealen.

Philipp, das ist wichtig, war fester Teil der Szene, gehörte quasi zum DiDW-Inventar. Es gibt im Grunde zwei Arten von Darket-Nutzern: die, die nur vorbeischauen, um ein Tütchen Gras, ein paar Pillen oder eine Pistole zu kaufen; und die Szeneleute, die in die Community hineinwachsen, hängen bleiben, mitdiskutieren, gestalten, Händler werden, Anleitungen schreiben.

Philipp gehörte zur zweiten Kategorie. Während David für die gar nicht so einfache, aber doch relativ niedrigschwellige Gelegenheit stand, eine Schusswaffe im Darknet zu erwerben, repräsentierte Philipp die Angebotsseite: jene Typen, die den Markt überblicken, die

Preise bestimmen, den Stoff ranschaffen, die Waffen sammeln, lagern, umbauen, scharf machen, verkaufen. Und Neulinge in die Szene mit Anleitungsposts wie diesem einführen:

> *»Der Weg zur Waffe:*
> *1. Bitmessage anschaffen und entsprechende Adresse im Profil speichern*
> *2. PGP-Verschlüsselungssoftware anschaffen und öffentlichen Schlüssel speichern*
> *3. Suchanfrage nach Waffe erstellen*
> *4. Warten bis sich ein Händler per Bitmessage oder PGP-Nachricht im Forum meldet*
> *5. Bei Bezahlung mit Bitcoin auf Treuhandverfahren bestehen*
> *6. Bei Real-Life-Treffen mit dem Händler alles im vorhinein abwickeln*
> *Zeit ist Geld*
> *rico«*[19]

Der Kölner Waffensammler hatte David lange ignoriert. Das mag an dessen schrägem Schreibstil gelegen haben, doch wahrscheinlicher ist, dass Philipp ihm schlicht nichts anzubieten hatte. Seine Laufbahn als Händler schlägt der Kölner erst vor dem Jahreswechsel 2015/2016 ein. Aber warum?

Feuertaufe

Knapp vier Jahre zuvor, im Mai 2012, sitzt Philipp vor seinem PC und überlegt, wie er an ein Sturmgewehr kommt. In der Word-Datei *phil.txt* skizziert er grob, wie er im tschechischen Brünn einen Kontaktmann treffen will, der ihm eine Kalaschnikow versprochen hat. Der Typ nennt sich »Kronos the Kid«, er war Admin der legendären Cybercrime-Boards trading-network.to und carders.cc. Viel mehr weiß Philipp nicht über ihn. Die Fahrt nach Tschechien ist Philipps Einstieg in die illegale Waffenszene.

Philipp, so ist *phil.txt* zu entnehmen, scheint sich bewusst zu sein, wie wahnwitzig der Plan war, auf einem verlassenen Parkplatz einen Unterwelt-Boss zu treffen, der ins illegale Drogen- und Waffengeschäft verwickelt war und ihn aus dem Leben knipsen könnte, wenn was schiefläuft. Entsprechend verworren liest sich das Dokument, das Philipp vor Abreise in den Computer hackt: In Stakkato-Sätzen und voller Rechtschreibfehler skizziert er die Eckpunkte der Nacht-und-Nebel-Aktion.

So wie er es sah, konnte die Geschichte auf zwei Arten enden: Szenario 1: Abfahrt um 23 Uhr, Ankunft am nächsten Tag gegen Mittag in Brünn. Anruf bei Kronos. Warten mit dem Geld. Kronos kommt, steigt ins Auto, nimmt die 4.000 Euro, übergibt die Kalaschnikow. Alle überleben. Heimfahrt. Szenario 2: Der Deal geht schief. Warum auch immer. Es gibt tausend Gründe, warum ein illegales Waffengeschäft platzen kann. Der Schmuggler ist schlecht drauf, verlangt plötzlich mehr Geld, oder bringt einen »Geschäftspartner« mit, der die Sache anderweitig regelt.

»Hoffentlich werden wir nicht abgestochen oder erschossen, weil irgendetwas mit dem Geld nicht passt«, steht in dem von Philipp unterzeichneten Dokument. »Und wenn doch, dann war's das wohl.« Sollte was schiefgehen, hinterlässt er den Ermittlern, die dann in seiner Vorstellung den PC auslesen, sicherheitshalber Kronos' Handynummer und ICQ-Profil. Das Dokument endet fatalistisch, in einem Anflug von Selbstmitleid:

> *»Wenn das die Polizei liest, bin ich entweder schon tot oder im Knast!!!*
> *Philipp K.«*

Nichts dergleichen geschah. Die Übergabe wurde zwar kurzfristig ins slowakische Bratislava verlegt, aber der Deal im Jahr 2012 mit »Kronos the Kid« klappte: Philipp erwarb sein erstes Sturmgewehr, ein Samopal vz. 58, die tschechoslowakische Variante der Kalaschnikow. Die Episode zeigt auch, wie wenig wählerisch Philipp bei seinen Darknet-Kontakten war: Ob ein Kalaschnikow-Händler aus der Cyber-Unterwelt oder ein blutjunger Sonderling aus München, der über Ausländer schimpfte – *Business first, Bedenken second.*

»Komme aus Köln, sammle Waffen«

Philipp dehnt seinen Aktionsraum schon bald auf Tschechien und die Schweiz aus. Er kauft, was er in die Finger kriegt: eine Maschinenpistole WZ Radom mit Schalldämpfer und vier Magazinen in Prag, Karabiner K 31 im Kaliber 7,5 x 55 mm, eine Pistole SIG P210 in Einsiedeln, Schweiz.

Die Ware vergräbt er in einem Erdloch nahe der A 3 bei Köln oder testet sie um zwei Uhr morgens auf einem Acker in Hörweite der Autobahn; und wenn da manchmal ein Jogger vorbeikommt, »mein Gott, dann darf man halt nicht paranoid sein bei so 'ner Geschichte«, prahlt er im Forum. Wer sich die Shopping-Liste in der Zeit vor der U-Haft anschaut – knapp 20 Waffen, von Pistolen über Karabiner bis Kriegswaffen –, wundert sich, wie einer so lange unbemerkt und ungestraft Schusswaffen nach Deutschland verbringen konnte und warum er nicht schon früher auf der Dringlichkeitsliste deutscher Cybercops stand. Denn er machte kein Geheimnis daraus, wer er ist und was er tut. Ein paar Beispiele:

21. Januar 2016, 2.55 Uhr, Philipp alias rico:

> *»Hi,*
> *ich komme aus Köln. Hobby: Waffensammeln. [...] Dank Deutschland im Deep Web habe ich in den letzten Jahren insgesamt vier Waffenhändler im Real Life persönlich kennenlernen dürfen.«*

2. März 2015, 1.51 Uhr:

> *»Ich selber sammle seit fünf Jahren Knarren.*
> *– zwei Pistolen ČZ 85 habe ich in Tschechien gekauft*
> *– eine Maschinenpistole PM-63 mit Schalldämpfer, ebenfalls in*

Tschechien
- *einen K31-Karabiner und eine Halbautomatik von SIG Sauer in der Schweiz*

Meine erste Kalaschnikow habe ich mir in der Slowakei beschafft, passende Munition – rund 1.000 Schuss – in der Schweiz. Freue mich über Kontaktanfragen! Komme aus NRW.«

13. August 2015, 12.13 Uhr, in einem Thread über die russische Invasion in der Ost-Ukraine:

> *»Auch wenn ein Lebenstraum von mir in Erfüllung gehen würde – einen 3. Weltkrieg wird es nicht geben. Ein Putin lässt sich nicht einfach so kleinkriegen! Daher wird's nicht zum Krieg kommen, leider.«*

Komme aus Köln, sammle seit fünf Jahren Pistolen und Sturmgewehre, kenne Waffenhändler, träume vom Dritten Weltkrieg – das alles stand im offenen Darknet. Philipps Kontaktanzeigen zerbröseln das gern bemühte, aber falsche Gegensatzpaar offenes Clearnet versus »verborgenes« Darknet.[20] Tatsächlich war der Waffenbereich wie der Rest des Forums offen einsehbar für jeden, der den Tor-Browser und einen Nutzeraccount bei DiDW besaß, einschließlich der Ermittler des BKA und des Frankfurter Zolls, die dort unterwegs waren.

Warum also schritten die Strafverfolgungsbehörden nicht früher ein? Das Zollfahndungsamt Frankfurt eröffnete erst fünf Tage nach dem Münchner Attentat ein Verfahren gegen Philipps Darknet-Alias rico – aus Sicht der Behörde gab es damals keine Anhaltspunkte für eine Straftat.[21] Allein: Philipp war im DiDW alles andere als verschwiegen, was personenbezogene Daten anging. An anderer Stelle outete er sich als Lagerarbeiter im Sold einer Kölner Zeitarbeitsfirma. Mit seinen Kunden traf er sich persönlich, um die Waffen zu übergeben – eigentlich das perfekte Einfallstor für einen kontrollierten Kauf durch einen Fahnder.

Doch zu diesem Zeitpunkt fliegt Philipp unter dem Radar deutscher Cybercops. Streckt die Fühler nach neuer Ware aus, gräbt sein

Erddepot tiefer, beobachtet den Markt, lauert. Dem Forum bleibt er in einer Art freundlicher Verachtung verbunden, die Leute sind ihm eigentlich egal, die Community auch. Er lästert über »Crime-Kinder, die noch nie eine Waffe abgefeuert haben«, »Laberlappen« und verkappte »Uwes« (schlecht getarnte Polizisten), die nur seine Zeit verplempern. Doch sein Klagen kann nicht darüber hinwegtäuschen, dass das DiDW für ihn alternativlos ist. Die großen Darknet-Schwarzmärkte sind ihm nicht geheuer, denn dort wird in Bitcoin, Monero und Zcash gedealt, und wenn es eines gibt, was Philipp nicht abkann, dann sind es Kryptowährungen: »Alphabay und alle anderen Darknet-Märkte kannst du VERGESSEN. Wer da mit Bitcoin zahlt, kriegt einen Stein zurück.«[22]

Nein, die Krypto-Alchemie ist nichts für ihn. Deutschland im Deep Web ist sein Jagdgebiet, sein einziges. Das gilt umso mehr, als er die folgenreiche Entscheidung trifft, Händler zu werden.

Der Sammler wird Dealer

Für seine Wandlung vom Sammler zum Dealer war der Kontakt zu einem mutmaßlich in Tschechien lebenden Darknet-Händler unter dem Alias »Hyena7« entscheidend. Bis heute konnte er nicht identifiziert werden.

Philipps erstes konspiratives Treffen mit dem Schmuggler findet vermutlich im Januar oder Februar 2016 in Prag statt. Mit seinem kleinen VW Lupo, seiner damaligen Freundin und einer Plastiktüte voller Scheine tuckert Philipp die 700 Kilometer von Köln in die tschechische Hauptstadt. Auf einem McDonald's-Parkplatz tauscht Philipp 2.400 Euro gegen zwei halb automatische Pistolen und 200 Patronen. Der Deal klappt, das deutsche Pärchen fährt zurück nach Hause und die illegalen Waffen über die Grenze.

Der Deal markiert den Beginn einer gar nicht so langen, aber durchaus fruchtbaren Geschäftsbeziehung zwischen Philipp und dem Prager Waffenschieber. Parallel arrangiert Philipp über das DiDW-Forum

Treffen mit Kunden in Deutschland, um die neu erworbene Ware mit Gewinn weiterzuverkaufen. Wie ein Simultan-Schachspieler eilt er von Partie zu Partie, allein im Frühjahr 2016 reist er fast wöchentlich nach Prag, kauft insgesamt elf Knarren und knapp 2.000 Schuss von Hyena.

Statt wie jeder halbwegs vernünftige Darknet-Dealer die DHL mit der Lieferung seiner Waffen zu beauftragen, besteht Philipp auf RLT (Real-Life-Treffen), auf persönliche Übergabe. In der Szene sorgt das für Irritationen. »Einer der dümmsten User, die das Forum zu bieten hat«, schreibt einer. »Wir haben andere User vor dir und deinen RLT gewarnt«, ein anderer.[23]

Am Ende besiegelte diese Eigentümlichkeit Philipps Untergang. Der letzte Kunde, den er für ein RLT traf, war ein verdeckter Ermittler des Frankfurter Zolls. Am 18. August 2016 nahmen Spezialeinheiten den Waffenhändler am Marburger Busbahnhof fest, als der mit geladener Pistole im Holster auf den falschen Käufer wartete.

Im Forum gibt Philipp gerne den Macker, der eigentlich gar keine Zeit für die Scherereien in der Underground Economy hat. Klagt über die Kiffer und »Reichsbürger-Deppen«, die im eigenen Saft schmorten. Er hingegen habe Wichtigeres zu tun: »Sport, Arbeit, Frauen daten.«[24]

Tatsächlich lief es nicht besonders gut für ihn. Der gelernte Verkäufer schlug sich meist als Leiharbeiter durch – Kisten schleppen, Stapler fahren – bis ihm sein damaliger Arbeitgeber, die Logistikfirma Geodis wegen ungenügender Leistung 2016 kündigte. Zur selben Zeit verliert der 31-Jährige seine Wohnung. »Muss langsam was machen«, klagt er in einem Chat mit einem Freund.[25] Ein Dach über dem Kopf hatte er zuletzt auch nur dank seiner damaligen Freundin, die ihn bei sich in Marburg aufnahm.

Die Tipps und Jobangebote, die ihm ein Kollege zuschanzt, verfolgt Philipp halbherzig: »Voll vergessen bei diesem Personalvermittler anzurufen. Verdammt. Bin nach dem Essen auf dem Sofa eingepennt. Kümmer' mich morgen«, whatsappt er zurück. »Er wollte ernst genommen werden, da waren ihm seine Darknet-Geschäfte lieber«, erzählt später der Ex-Kollege der Polizei.

Stattdessen treibt Philipp seine illegalen Waffengeschäfte voran. Warnungen der Partnerin oder Kollegen – »Kein Bock dich im Knast zu besuchen!« – ignoriert er. Philipp hat einen Run.

»Maurächer, check bm«

Von Anfang 2016 bis zum Münchner Attentat im Juli verkauft Philipp insgesamt elf scharfe Schusswaffen über DiDW. Die Kunden sind Bekannte aus dem Forum, sie heißen »Kamerad«, »Pitbull« oder »Suppenpeter«. Letzterer erwirbt allein vier halb automatische Pistolen von Philipp; die Übergabe findet mal in einer Kölner Tiefgarage, mal am Busbahnhof in Marburg statt. Der Gesamtumsatz der Waffen- und Munitionsgeschäfte im ersten Halbjahr 2016 summiert sich auf rund 26.000 Euro.[26]

Dann kam der Deal, der alles veränderte.

Nachdem David unter seinem Pseudonym Maurächer monatelang vergeblich versucht hat, eine Waffe zu besorgen, meldet sich der neue Waffenhändler am DiDW-Firmament bei David. »Maurächer, check bm«, postet Philipp alias rico im April 2016 ins Forum. Den Rest wickeln die beiden verschlüsselt über Bitmessage (bm) ab.

Wochen später, Übergabe im Ludwig-Schüler-Park in Marburg. Ein harmloser Flecken Grün, der meist belagert ist von Studenten aus der gegenüberliegenden Uni-Bibliothek. Wenn Philipp die Anlage betrat, der optisch – Retro-Brille, ausgeleierter Pulli, Jutebeutel[27] – durchaus als Student hätte durchgehen können, hatte er meist dunklere Absichten, trug statt Bücher eine geladene Waffe im Holster und manchmal eine zweite im Gitarrenkoffer.

Beim ersten Treffen im Park, im Mai 2016, überreicht Philipp dem Teenager eine schwarze, halb automatische Pistole Glock 17 und eine Mülltüte voll Munition, für 4.000 Euro in bar. Zwei Monate später reist David erneut in die hessische Universitätsstadt, für weitere 350 Schuss Munition.[28]

Das Treffen der beiden zog sich beim ersten Mal rund drei Stunden hin. Ermittler, Nebenkläger, das Münchner Landgericht haben später versucht, es zu rekonstruieren. In seiner polizeilichen Vernehmung sagte Philipp, der Münchner Schüler habe über Ausländer geschimpft, die seine Wohngegend unsicher machten und sein Auto zerkratzten. Die Waffe brauche er, um sich gegen die »Kanaken« zu verteidigen. Philipp sagte ihm laut eigener Aussage mehrmals, doch »keinen Scheiß« mit der Knarre zu bauen. David entgegnete, er brauche sie zu seinem Schutz. Philipp fragte nicht weiter nach.

Hätten nicht Philipps Alarmglocken anspringen müssen, angesichts des jungen Sonderlings aus München, der ihm, wie Philipp später einräumt, wie ein »Freak« vorkam, zitterte und trotz Hitze einen Mantel trug?

Philipp wird später sagen, er habe David nicht für voll genommen. Wie ein schlechter Witz sei es ihm vorgekommen, als der Münchner Knilch mit Flixbus-Ticket und drei Härchen auf der Oberlippe »im Spaß« darüber fantasierte, nach seinem Österreich-Urlaub noch »ein paar Kanaken abzuknallen«,[29] falls noch Munition übrig wäre. Sonst hätte Philipp ihm kaum noch ein paar zusätzliche Schuss Munition in die Hand gedrückt, wie er einem Gefangenen in der U-Haft später erzählte,[30] oder?

Aber vielleicht war es auch so, dass Davids ausländerfeindliche Tiraden bei Philipp auf Sympathien stießen. Denn in gewissen Punkten standen sich die beiden, das belegt eine Fülle von Dokumenten – WhatsApp-Chats, Videos, Bilddateien –, ideologisch nahe. Philipps Handy erwies sich diesbezüglich als wahre Schatztruhe: Übliche Grußformeln auf WhatsApp waren für den Darknet-Dealer »Sieg heil« oder »Hitler lebt«, in Chats wutbürgerte er gegen »Vergewaltiger-Gesocks« (Flüchtlinge), »Moslemratten« und »Niggeraffen«. In seiner Freizeit trieb er sich in Kriegsbunkern herum, bei einer Schießübung hob er vor laufender Kamera den rechten Arm, sagte an einer Stelle, er wolle »im Kugelhagel sterben«.

Im Münchner Strafprozess führten diese Enthüllungen zu einem juristischen Kleinkrieg zwischen Anklage und Hinterbliebenen-Vertretern. Aus der Sicht der Nebenklage war damit Philipps Komplizenschaft am Münchner Anschlag bewiesen: Ein Rechter verkauft einem anderen Rechten eine scharfe Schusswaffe, während der darüber »witzelt«, mit der verbliebenen Munition ein paar Ausländer umzunieten.

Doch weder Richter noch Staatsanwalt fanden Belege für die Existenz einer rechten Darknet-Zelle. Dem Waffenhändler bescheinigte der Vorsitzende Richter eine »widerwärtige Gesinnung«, Philipp sei ohne Zweifel ein Rassist und überzeugter Anhänger des Dritten Reichs.[31] Doch habe er nicht damit rechnen können, was sein spezieller Kunde aus München mit der Waffe vorhatte.

Bis heute besteht Philipp darauf, nichts von den Attentatsplänen gewusst zu haben. In einem Brief, den er mir im Frühjahr 2020 aus dem Gefängnis schickt, bereut er seine Taten. Es tue ihm leid, dass der Anschlag wegen seiner »Naivität und Scheißegal-Einstellung« passieren konnte. Seine erste Reaktion, soweit sie dokumentiert ist, war jedoch nicht Reue, sondern Panik: Als er erfuhr, dass es seine Waffe war, mit der David neun Menschen tötete, war seine primäre Sorge, wie er seine eigene Haut retten kann. In einer Nachricht an einen Kunden schrieb er zwei Wochen nach dem Anschlag:

> *»Ja, es war der Maurächer. Als ich sein Bild in der Presse gesehen habe, bin ich vor Schreck fast vom Stuhl gefallen. Ich bekam die blanke Angst. Die Glock hatte ich ihm schon vor 2 Monaten verkauft. Ich hab' noch am selben Tag alle Waren in Sicherheit gebracht und die Daten kurzerhand physikalisch vernichtet.«*[32]

Trotz der Angst erwischt zu werden, dachte Philipp nicht ans Aufhören. Über Bitmessage schreibt er einem DiDW-Nutzer Anfang August, dass er vorübergehend abtauchen werde, um sich später mit neuem Namen anzumelden. Der Mord an neun Menschen mit einem Gegenstand, den er aus Tschechien importiert, aufbewahrt, geputzt und geölt hatte, bevor er ihn dem späteren Attentäter überreichte – für Philipp kein Grund, gleich das Geschäft stillzulegen. Im Gegenteil: »Stolz« habe er nach der Tat ein »Focus«-Magazin mit sich herumgetragen, das den Münchner Anschlag auf dem Cover hatte, sagte seine Ex-Freundin später bei der Polizei aus. Philipp schien es zu gefallen, dass über ihn in der Zeitung berichtet wird: »Ich glaube, die Waffen machten ihn geil.«[33]

Tatort »Spackentreff«

Die Polizei brauchte nicht lange, um Philipp zu finden. Der Waffenbereich des Forums, der »Spackentreff«, war überschaubar, das belegen Akten, Zeugenaussagen und das Back-up des Forums. Philipp gehörte zu den »lower hanging fruits«, den leichteren Ermittlungszielen. Seine Tarnung war bestenfalls mangelhaft, er plapperte ständig persönliche Infos raus, traf sich mit jedem, der ein Kaufinteresse vorgab. Zwei Wochen und ein fingierter Kauf durch die Polizei später - man gab sich als Käufer aus - und Philipp war im Bau. Der schnelle Zugriff der Ermittler nach dem Attentat wirft zugleich einen Schatten auf ihre bloße Beobachterrolle in den Monaten zuvor.

Nach dem Verbrechen geriet Deutschland im Deep Web ins Visier einer ganzen Reihe staatlicher Behörden. Neben dem Frankfurter Zollfahndungsamt schickte auch das Bundeskriminalamt verdeckte Ermittler ins Forum, die sich in Fake-Geschäften Waffen und Telefonkarten gegenseitig verkauften.[34] Das bayerische LKA schaltete sich ein, die Zentralstelle zur Bekämpfung der Internetkriminalität in Hessen ebenfalls. DiDW war plötzlich ›Tatort‹, Panik brach aus. Nutzer riefen ihre Forengenossen dazu auf, Posts zu löschen und ihre Spuren zu verwischen: »Löscht ALLES. Sorgt dafür, dass man in eurer Bude NICHTS findet!«, schrieb einer Ende Juli 2016.[35]

Das »Forum gegen Informationskontrolle«

Aus Sicht der DiDW-Betreiber war die Waffensektion keineswegs Zweck der Veranstaltung oder auch nur von herausragender Bedeutung. Die Threads, in denen die Deals angebahnt wurden, überhaupt der ganze kriminelle Bereich des Forums, waren für den Admin und seine Mods eher diskursiver Beifang – notwendiges Übel in der ›Enklave der Freiheit‹. Der Anteil der Underground Economy am Forum war verhältnismäßig gering, laut den heutigen Betreibern machten sie nur zehn Prozent des gesamten Traffics aus.[36]

»Deutschland im Deep Web war vor allem ein Treffpunkt für den freien Austausch im Netz, in dem nebenher auch kriminelle Dinge liefen. Das tun sie im Real Life aber auch, das zu verbieten wäre heuchlerisch«, heißt es aus der heutigen Führungsriege des DiDW. Das Darknet-Forum sei nur ein »Spiegel der Gesellschaft«, ihrer guten wie schlechten Seiten.

Es hat ein bisschen gedauert, bis sich der neue DiDW-Admin sudo auf ein Interview einließ. Als er im Mai 2019 plötzlich das Ende der dritten Version von DiDW verkündete,[37] schrieb ich ihm und bat um Stellungnahme.

Sudo und der Moderator PitchBlack betreiben in einem fünfköpfigen Leitungsteam die aktuelle, dritte Version des DiDW, mit dem Tor-Browser erreichbar unter germany2igel45jbmjdipfbzdswjcpjqzqozxt4l33452kzrrda2rbid.onion.[38] Allerdings sei DiDW nichts, dem man eine »Versionsnummer aufprägen« könne, stellt der neue Boss gleich zu Beginn unseres Dreier-Chats auf dem Messengerdienst Jabber klar. »DiDW ist eine Idee. Eine Gemeinschaft. Eine Sache. Es gab immer nur ein DiDW.«

Ich bin sudo schon mal im Real Life begegnet, zumindest behauptet sudo das, es war Ende November 2018 in Karlsruhe. Sein Vorgänger Alexander U. alias Lucky war auch dabei. Der saß lässig und desinteressiert auf der Anklagebank im Karlsruher Landgericht, ich auf den Pressesitzen und sudo vermutlich im Zuschauerbereich. »Ich kann mir Leute merken, insbesondere wenn sie beim Lucky-Prozess waren und noch mehr wenn sie einen Nasenring haben«, schreibt mir sudo Monate später, und da ich damals der Einzige im Saal mit Piercing im Gesicht war, muss ich ihm das glauben.

Sudo und sein Adjutant PitchBlack wollen aufräumen mit den

Falschdarstellungen, die sich seit dem Münchner Attentat um Deutschland im Deep Web ranken. Was die mediale Berichterstattung völlig unterschlagen habe, so die beiden, sei die eigentliche Idee hinter DiDW: eine Community zu erschaffen, in der Menschen mit völlig unterschiedlichen Hintergründen aufeinandertreffen, um zensurfrei, unvoreingenommen und ohne Kontrolle von oben ins Gespräch zu kommen. Es gehe darum, Positionen sichtbar zu machen, die sonst ignoriert oder ausgegrenzt würden.

»Nur weil man Meinungen unterdrückt, verschwinden sie ja nicht aus der Gesellschaft«, so PitchBlack: »Das ist der Irrglaube!« Nur der reine, unverfälschte, unzensierte Diskurs ermögliche einen echten Austausch, auch wenn man am Ende völlig anderer Meinung ist. »Das Schöne ist, dass man sich im Netz nicht auf die Fresse hauen kann, wenn einem etwas nicht passt. In Diskussionen muss man argumentativ punkten, sonst steht man als Idiot da«, erklärt der »Super-Moderator«, der sich selbst als politisch links verortet. »In Luckys DiDW gab es Threads, wo Hardcore-Salafisten mit Hardcore-Nazis diskutiert haben«, erinnert sich PitchBlack. »Zeig mir mal, wo das im Real Life ginge.«

Wie schnell dieser Anspruch, einen herrschaftsfreien Raum im Netz zu schaffen, an seine Grenzen stößt, haben die beiden am eigenen Leib erfahren. Ein Nutzer hinter dem Pseudonym Wehrmacht verschickte ab Herbst 2018 Drohmails an Politiker, Journalisten und Rechtsanwälte im ganzen Land, drohte mit Sprengstoffanschlägen und Morden. Die Serie rechtsextremer Drohschreiben geht bis heute, sie sind mal mit »NSU 2.0«, »Staatsstreichorchester« oder »Elysium« unterzeichnet. Auch auf DiDW postete Wehrmacht seine Drohungen, rief unter einer Hakenkreuzflagge zu Geldspenden auf für seinen Plan, ein »globales, dezentrales Netzwerk« zur Vernichtung von Juden und Muslimen aufzubauen.

In den Medien stand DiDW erneut, wie bereits beim Münchner Anschlag, als Brutstätte rechter Umsturzfantasien im Rampenlicht,[39] als Sammelpunkt für politisch Verirrte und Hetzer, die ihren Hass ungestraft ins Forum gießen dürfen. Tatsächlich belege der Fall Wehrmacht das komplette Gegenteil, argumentieren sudo und Pitchblack –

die funktionierende Selbstregulierung in ihrem Darknet-Forum. Denn in Wahrheit habe Wehrmacht mächtig Gegenwind von der Community bekommen: Nutzer hätten ihm klargemacht, dass er hier nichts verloren hätte. Auch von Wehrmachts Angebot über ein AR-15-Sturmgewehr wollte niemand was wissen. Als klar wurde, dass er hinter den Bombendrohungen steckte, sei er gebannt worden, so die beiden.

Die Selbstregulierung ist für sudo und PitchBlack eine Art Wunderwaffe gegen Rechtsradikale und Spinner: Statt Zwangsmaßnahmen von oben kehrt eine proaktive Community selbst den Müll nach draußen, greift ein, wenn Handynummern von Frauen gepostet werden, wenn Leute Hass verbreiten oder Geld für ein rechtes Terrornetzwerk sammeln. »In Luckys DiDW hatten die Nazis auch ›ihre‹ Threads, aber da wurde von den Nicht-Nazis im Forum eben gegenargumentiert«, erklärt PitchBlack. Selbstregulierung vereint für die beiden das beste beider Welten: Freiheit ohne Übermaß, Kontrolle ohne Zwang.

Das Problem: Es funktioniert nicht.

Abgesehen von Einzelbeispielen, die die zwei nicht müde werden zu betonen, lässt ein unparteiischer Befund wenig Zweifel zu: Ob das der Fieberwahn eines Wehrmacht ist, der erst durch einen Bannspruch gestoppt werden konnte, oder die Forderung nach Lagern für Migranten, in denen die »Neuankömmlinge erstmal entlaust und geduscht werden, bevor es durch den großen Kamin geht. #revivalbrausebad«, wie ein Nutzer im aktuellen DiDW schreibt[40] – die Bilanz der »Selbstregulierung« fällt bescheiden aus.

Das galt umso mehr unter Luckys Ägide. Die Laissez-faire-Politik des selbst ernannten Kryptoanarchisten öffnete Tür und Tor für die Verbreitung von nicht nur, aber eben auch, kruden rechten Verschwörungstheorien. Antisemitische und rassistische Tiraden der übelsten Sorte waren keine Seltenheit: Nutzer fabulierten frei und unwidersprochen von der zionistischen Weltverschwörung, warnten vor »Umvolkung«, gelenkten Medien und einer korrupten politischen Klasse, die Deutschland »mit Migranten überzüchten« wolle. Es sind die klassischen Topoi der Neuen Rechten, eingesickert in die Untiefen des Darknets.

Da schwärmte eine Userin von der Freiheit, einem »notgeilen Invasor« (gemeint ist ein Asylbewerber) eine Messerklinge in den Hals zu rammen, während ein anderer eine Umfrage zum Abbrennen von Flüchtlingsheimen – »einfach gründlich anzünden und den Löwen zum Fraß vorwerfen« – startete. Gegenrede engagierter Nutzer? Einschreiten der Mods? Fehlanzeige. In einem anderen Thread, mit dem sich später noch die Staatsanwaltschaft beschäftigt, schmiedeten zwei Waffenhändler in skurriler Detailverliebtheit Pläne für ein politisches Attentat.

> *»Als Ziel käme hier symbolisch irgendein Scheiß-Politiker aus diesem Staat in Frage. Vielleicht könnte man einen Diensthubschrauber von [Kanzlerin Angela] Merkel bei der Landung angreifen. Eine Hécate II Kaliber 12,7 x 99 mm, ein schweres militärisches Präzisionsgewehr, sollte das erledigen. Auf kurze Entfernung würde es richtig zur Sache gehen. Denn da müsste man mit dem Widerstand der Sicherheitskräfte rechnen. Wir brauchen also genug zuverlässige Leute mit Kalaschnikows und SK4-Schutzwesten.«*[41]

Der Verfasser der Zeilen: der später enttarnte Ex-Bundeswehrsoldat und Jurist Uwe F., der auch zum Kundenkreis des Kölner Waffenhändlers Philipp gehörte. Gegen F. wurde wegen Vorbereitung einer schweren staatsgefährdenden Straftat ermittelt (der Vorwurf aber später wieder fallen gelassen).[42] Im Forum störte der Post niemanden.

Ende einer Cyberutopie

Natürlich war das damalige DiDW nicht bloß Sammelbecken rechter Spinner und Waffenfreaks. Das Forum war eher eine gigantische Schwatzbude, die das komplette politische Spektrum abbildete. Vieles war auch unpolitisch: Diskussionen über IT-Sicherheit und OpSec, die Lage der Nation, Liveberichterstattung während eines LSD-Trips oder Debatten über das Leben nach dem Tod – das DiDW war für alle da. Niemand sollte sich ausgeschlossen fühlen.

Das gilt auch für die heutige Version. Doch Wehrmacht hatte den Betreibern sudo und PitchBlack vor Augen geführt, wie leicht ihr Selbstregulierungsansatz ausgetrickst werden kann. Die Idee, dass sich alle mehr oder weniger an die Grundregeln halten und daraus ein herrschaftsfreies Cyberutopia entsteht, funktioniert nur, solange Leute wie Wehrmacht draußen bleiben. Wer wie er um Spenden für ein rechtes Killerkommando wirbt, ist immun gegen den zwanglosen Zwang des besseren Arguments. Das dämmert auch sudo und PitchBlack.

In der Folge wurde im »Forum gegen Informationskontrolle« der Raum des Nicht-Sagbaren stetig erweitert: Ging es zunächst nur um Missbrauchsinhalte und Waffen, wurden zwischenzeitlich Volksverhetzung und Hatespeech verboten. »Verstöße werden mit einem Ausschluss aus der Community geahndet«, warnen die neuen AGB des Darknet-Forums.

»Irgendwo muss man Grenzen ziehen«, verteidigt der DiDW-Moderator PitchBlack die neue Grenzziehung. »Volksverhetzung braucht kein Mensch und hat nichts mehr mit freier Meinungsäußerung zu tun.« Aber unterlaufen sie damit nicht ihr eigenes Motto, auf dem das DiDW-Projekt einst errichtet worden ist – »Informationskontrolle – nein danke«? Ist das nicht bloß eine andere Art der Informationskontrolle? »Das klingt falsch, aber ja«, räumt der Super-Mod PitchBlack ein. »Eigentlich muss man alles oder nichts erlauben. Aber das geht nicht.«

Die neue Disziplinierungsmacht kommt im Forum erwartungsgemäß nur bedingt an. In einem Thread wehren sich vor allem die Alteingesessenen gegen die neue Verbotskultur. »Ich hatte hier auf freie Rede und Austausch der Gedanken gehofft. Was wird als Nächstes nicht mehr geduldet?«, schreibt einer.[43] »Ja, Zensur beherrscht sudo ganz gut«, ein anderer.[44]

»DiDW tötet man nicht. Ideen kann man nicht töten«, schreiben mir sudo und PitchBlack über Jabber. Doch ihr Kampf, das Darknet zu einem besseren Ort zu machen, ist voller Widersprüche. Sudo sagt: »Für DiDW würde ich in den Knast gehen«, doch wofür eigentlich genau? Tatsächlich sind sie längst selbst von der Utopie eines komplett regellosen Ortes abgewichen, mit dem neuen Verbotskatalog haben sie ihre Fundamentalopposition gegen jede Art der Informationskontrolle aufgegeben, auch wenn sie das nur zähneknirschend zugeben.

Die neuen DiDW-Bosse kämpfen heute nicht nur für die Durchsetzung immer neuer AGB, sondern vor allem gegen die eigene Bedeutungslosigkeit. Der dritte Anlauf von Deutschland im Deep Web ist nur noch ein Schatten seiner selbst: Nur rund 6.000 Mitglieder[45] haben sich registriert (von ursprünglich 23.000), und die wenigen, die überhaupt mitdiskutieren, sind alles andere als angetan über den neuen Ordnungsgeist. Dass die Betreiber das Hatespeech-Verbot inzwischen wieder kassiert haben, ändert daran wenig.[46]

DiDW ist am eigenen Anspruch zerbrochen, einen möglichst freien Raum im Netz zu schaffen, der seine Nutzer nicht ausspäht, nicht maßregelt, niemanden ausgrenzt und in dem die Community sich selbst regiert. Die Totengräber des Projekts waren nicht nur ein rechtsradikaler Attentäter und sein Lieferant oder ein Wahnsinniger wie Wehrmacht, sondern auch der DiDW-Schöpfer Lucky selbst, der viel zu lange alles durchgehen ließ, und eine Community, die das als Tugend pries.

7. WUTBÜRGER IM WAFFENRAUSCH

Das Zittern in der Stimme kann er nur schwer verbergen. Woher ich denn überhaupt seine Adresse habe, will er wissen. Will ich ihn bei der Polizei verpfeifen? Bei unserem ersten Telefonat wenige Stunden zuvor wirkte Georg Wolff* noch gelassen. Ich stand gerade vor seinem Haus, helle Fassade, großes Grundstück, der Porsche wie ausgestellt in der offenen Garage. Als ich ihn auf die Waffe ansprach, die er sich im Internet gekauft hatte, lachte er nur: »Alles ein großes Missverständnis.«

Seine Laune ist verflogen, allmählich scheint ihm zu dämmern, was er da gemacht hat.

»Beruhigen Sie sich Herr Wolff«, sage ich in den Hörer. Ich schlage ein Treffen vor, um über dieses ›Missverständnis‹ zu reden. Zwei Stunden später, an einem Abend im Januar 2017, stehe ich vor seiner Praxis für Allgemeinmedizin in einer Kleinstadt an der Oberhavel. Es ist schon dunkel, die Praxis macht gerade zu. Ein freundlicher Herr Mitte 40 in Rosé-Hemd und blauer Jeans öffnet die Tür. »Kommen Sie rein«, sagt Wolff einladend und begleitet mich durch den Flur, vorbei an weißen Wänden, grünen Topfpflanzen und verdutzt guckenden Sprechstundenhilfen. Ich folge ihm wortlos in ein Hinterzimmer. Als ich drinstehe, habe ich das Gefühl, ich sitze in einem Aschenbecher. Die Schwaden des Zigarettenrauchs scheinen eine Art vierte Dimension gebildet zu haben, die den Raum umschlingt, so dick sind sie. Das Zimmer ist keine acht Quadratmeter groß und lang gezogen wie ein Schlauch. Es herrscht große Unordnung. Die kleine Küchenzeile teilen sich Plastikverpackungen, verschüttetes Kaffeepulver und ein DHL-Päckchen mit ungarischem Absender.

* Name geändert

Am Fenster steht eine Frau mit blondierter Mähne, Strapsen und schwarzen Nylonstrümpfen. Der Qualm umrahmt sie wie eine Aura. Das enge Lederjäckchen, das sie trägt, bedeckt nur dürftig ihre tätowierten Silikonbrüste. Für einen kurzen Moment denke ich: Falle. »Sie können sich gerne auch eine anstecken«, qualmt es vom Fenster her zu mir rüber. Wir setzen uns, es wird Kaffee gereicht.

Wolff hatte sich vor einigen Monaten eine gasbetriebene Schusswaffe auf einer Website bestellt, die in letzter Zeit immer mehr von sich reden gemacht hat. Die Seite heißt Migrantenschreck und verspricht, Knarren ohne Lizenzprüfung oder andere »lästige bürokratische Hürden« zu verschicken. Der hübsch aufgemachte Online-Shop ist über den normalen Internetbrowser abrufbar und hat Pistolen, Revolver und Schrotflinten im Angebot.

Wozu sich die Schreckschusswaffen mit Hartgummigeschossen besonders eignen, erklärt die Seite in der Produktbeschreibung: »Ob Ficki-Ficki-Fachkraft oder Hobbydieb – die Migrantenschreck 55 Lady jagt jedem Schurken einen gehörigen Schrecken ein!«, heißt es zu einer Gaspistole, die für Frauen empfohlen wird. Mit Preisen zwischen 299 Euro und 749 Euro führt Migrantenschreck auch stärkere Schießeisen im Sortiment, etwa die »Migrantenschreck HD130 Superior«, ein 9-Millimeter-Gewehr mit einer Mündungsenergie von 130 Joule. Zum Vergleich: Eine erlaubnisfreie Druckluftwaffe darf in Deutschland nicht mehr als 7,5 Joule haben. Die HD130 Superior, das »Flaggschiff« des Webshops, übersteigt diesen Grenzwert um das 17-Fache. Das reicht, um Menschen tödlich zu verletzen.

Dass der Einsatz gegen Menschen ausdrücklich gewünscht ist, verdeutlicht Migrantenschreck anhand selbst gedrehter Produktvideos. In den Clips feuert ein Mann mit Guy-Fawkes-Maske sein komplettes Magazin auf Plakate von Cem Özdemir, Joachim Gauck und Heiko Maas leer. In einem anderen wird eine Pappfigur mit schwarzer Hautfarbe von Kugeln durchsiebt. Am Ende des Clips zeigt ein sichtlich zufriedener Maskenmann die zerfetzten Papiergesichter in Nahaufnahme. Katharsis im close-up.

Warum er sich auf einer Seite, die zur Gewalt gegen Flüchtlinge und Politiker aufruft, eine Waffe bestellt, frage ich Wolff und zeige auf das Päckchen mit ungarischem Absender neben ihm. »Der Name ist natürlich geschmacklos«, gesteht der Landarzt, aber er habe einfach wissen wollen, wie leicht man in Deutschland an eine Waffe kommt. »Aus wissenschaftlichem Interesse sozusagen«, ergänzt seine Frau kryptisch, während ihr Mann den schwarzen Revolver aus dem Karton zieht. Wolff hat sich das »Antifaschreck Komplettpaket« geholt, das mit 25 Schreckschusspatronen, 25 Hartgummikugeln und Silikon-Gel geliefert wird.

»Ein Patient hat mir erst das Darknet empfohlen, aber ich habe ihm gesagt, davon verstehe ich nichts«, so Wolff weiter. »Da gab er mir den Tipp, mich mal bei Migrantenschreck umzusehen. Ich habe mir da die verschiedenen Kaliber angeschaut und mich dann für die Antifaschreck entschieden«, berichtet er von seiner nächtlichen Bestellaktion. Laut Produktbeschreibung auf der Webseite eignet sich der 125-Joule-Revolver besonders für »Spezialeinsätze«, etwa in der Fußgängerzone. »Werden Sie öffentlich in den Dreck gezogen, weil Ihre Meinung nicht systemkonform genug ist? Machen Sie Ihrem Ärger Luft und nutzen Sie die Antifaschreck als Meinungsverstärker«, heißt es dort.

»Ich war einfach neugierig, ob sie ankommt«, sagt Wolff mit der Antifaschreck in der Hand. Ausprobiert habe er sie auch schon, hier gleich am Eingang zur Praxis. Das Gummigeschoss sei aber nur bis zum Zaun geflogen. »Ich hatte solche Ohrenschmerzen. Auch der Hund hat sich ganz erschrocken«, Wolff zeigt auf die Bulldogge, die er laut eigenen Angaben aus dem Tierheim gerettet hat. »Der ist ja sehr empfindlich bei Knallgeräuschen.«

Als ich ihm sage, dass die Waffen unter Umständen tödlich sein können und er mit seiner Bestellung gegen mehrere Gesetze verstoßen hat, sieht es kurz aus, als würde er anfangen zu weinen. Eigentlich wisse er das auch aus seiner Zeit in der Gerichtsmedizin, sagt er leise. »Wenn man einen aufgesetzten Schuss macht, also etwa direkt an der Schläfe ansetzt und abdrückt, kann man damit die Schädeldecke eines Menschen zertrümmern.« Das sei besonders gefährlich, wenn man mit dem Gasdruck Hartgummikugeln verschießt, weiß der Arzt.

Ich spiele ihm auf dem Laptop die Werbevideos von Migrantenschreck vor, die er laut eigenem Bekunden zum ersten Mal sieht. Ob das stimmt, weiß ich nicht. Er sitzt da wie ein Häufchen Elend und guckt versteinert in den Monitor. »Mir war das alles nicht bewusst«, sagt er kleinlaut. Seine Frau sagt, sie habe ihm gleich gesagt, er solle das lassen. »Aber Männer und ihre Spielzeuge.« Ich erkläre ihm, dass der Betreiber vermutlich in Ungarn sitzt und wohl schon Hunderte Waffen illegal nach Deutschland verschickt hat. »Das muss sich doch mal jemand angucken!«, sagt Wolff, nun fast in Rage.

Die Gefahr, die von den potenten Hartgummi-Knarren aus Ungarn ausgeht, ist auch den deutschen Behörden nicht entgangen. Doch während Wolff an diesem kalten Januarabend eine Art moralisches Erweckungserlebnis hat, treten die zuständigen Ermittler in Berlin auf der Stelle. Der Seite den Saft abdrehen können sie nicht so einfach: Die Domain ist in Russland gehostet, der Betreiber, der Erfurter Rechtsextremist Mario Rönsch, hat sich nach Ungarn abgesetzt. Die Internetadresse migrantenschreck.ru bucht Rönsch wenige Tage nach dem Launch der Seite am 1. Mai 2016 beim russischen Anbieter RU-Hoster, der die Anfragen deutscher Staatsanwaltschaften zuverlässig abblockt. Um sich vor Strafverfolgung zu schützen, braucht Rönsch das Darknet gar nicht.

Rönschs politische Karriere: Von rechts nach ganz rechts

Bevor der gelernte Bankkaufmann rechte Hetze als Geschäftsmodell entdeckte, legte Rönsch als DJ auf Rave-Partys in Jena auf und versuchte sich als Produzent in der Thüringer Technoszene. Doch sein Label »Bigger Bang Records« brachte es nur auf wenige Veröffentlichungen, ehemalige Weggefährten bezeichnen Rönsch als »Schwätzer« und »schwarzes Schaf in der Technoszene«.[1] Als er 2013 auch mit seinem Marketing-Start-up FanDealer.de wegen gekaufter Twitter-

Likes in die Negativschlagzeilen kommt,[2] scheint beim ehemaligen FDP-Mitglied Rönsch die Stimmung zu kippen.

2014 schloss sich der damals 30-Jährige den »Mahnwachen für den Frieden« an, einem Sammelsurium aus linken Pazifisten, Querfront-Aktivisten und antisemitischen Verschwörungsideologen. Rönsch trat als Redner auf und versuchte das Pendel der »Mahnwachen«-Truppe weiter nach rechts zu drehen. Wichtigstes Instrument und Sprachrohr der »Mahnwachen« war die Facebook-Seite Anonymous.Kollektiv. Die Seite kaperte das Symbol und die Aufmachung der losen internationalen Hackergruppe Anonymous, inhaltlich hatten sie wenig gemein: Anonymous.Kollektiv wetterte gegen Flüchtlinge, die »Lügenpresse« und das »Merkel-Regime«, fabulierte von der »Vergiftung des Volkskörpers« und vom kommenden Bürgerkrieg. Rönsch wird als Admin der Seite vermutet, die bis zuletzt zwei Millionen Follower erreichte.[3]

Nebenher arbeitete der Thüringer in der Marketing-Abteilung des islamfeindlichen Compact-Magazins, einem Zentralorgan der Neuen Rechten. Rönsch rühmt sich, das Blatt vom »rechten Schmuddelmagazin« zur »hippen Premiummarke« gemacht zu machen. Doch die Zusammenarbeit geht in die Brüche, als Rönsch anfängt, über den E-Mail-Verteiler des Magazins für Migrantenschreck zu werben.[4] Das Zerwürfnis zwischen Rönsch und dem Compact-Chefredakteur Jürgen Elsässer beendet eine lukrative Kooperation: Insgesamt 75.000 Euro erhielt Rönsch vom Compact-Magazin 2016, weitere 40.000 Euro vom Kopp Verlag, der neben rechten Schmökern auch Bücher über Ufologie und alternative Heilkunde vertreibt.[5]

Doch Rönsch braucht für seine Hetze weder Compact noch Anonymous.Kollektiv, das ungefähr zeitgleich zum Migrantenschreck-Launch von Facebook abgeschaltet wird. Denn auf Migrantenschreck betreibt er neben dem Waffenangebot auch eine eigene ›Nachrichtensektion‹, mit der üblichen Mischung: rassistische Hetze gegen Flüchtlinge, Schauermärchen über »muslimische Invasoren«, Trommeln für den Volksaufstand.

Die Postings spielen geschickt mit dem drohenden Kontrollverlust des Staates durch angeblich kriminelle Ausländer und einsickernde Terroristen. Retrospektiv wirkt es wie ein Geschäftsmodell: Was Rönsch die Jahre zuvor an rechter Hetze im Netz gesät hat, fährt er nun in Form von Waffenverkäufen als Ernte ein.

Währenddessen läuft das Exportgeschäft des rechten Start-ups wie geschmiert. Hunderte Deutsche decken sich mit den Hartgummi-Knarren aus Ungarn ein, die Umsatzzahlen schießen in die Höhe. Bis zuletzt wird der Shop 150.000 Euro einnehmen. Die Werbetrommel rührt nach der Abschaltung von Anonymous.Kollektiv der selbst ernannte Nachfolger Anonymousnews.ru. Der Blog versteht sich »als scharfes Schwert gegen die systematische Manipulation, Propaganda und Volksverdummung« und bewirbt die Migrantenschreck-Waffen vor allem auf dem russischen Netzwerk VK.com. Und auch Medienberichte sorgen für eine anhaltende Aufmerksamkeit. Dass eine Internetseite schussbereite Waffen verkauft, ohne nach einer Lizenz zu fragen, hatte sich herumgesprochen.

»Ich will ja keine Flüchtlinge töten, es geht um einen Denkzettel«

Das gusseiserne Tor führt auf einen Hof, der von einer Kfz-Werkstatt, einem Containerbüro und einem hübschen Backsteinhaus umgrenzt ist. Der Boden aus roten Pflastersteinen ist feucht und sauber, es riecht nach frischem Regen. Ich klingele beim Kfz-Meister. Wie jemand, der sich illegale Waffen im Internet bestellt, sieht Klaus Schubert* nicht unbedingt aus: Mitte 50, groß und stattlich, ein schelmisches Grinsen sitzt ihm im Mundwinkel. Schubert ist ein Mann, dem man nichts entlocken muss.

»Die Waffen auf Migrantenschreck sind schon geil«, gibt er gleich zu. »Ich wollte unbedingt welche haben.« Für 1.400 Euro habe er bestellt, doch dann habe es Probleme bei der Bezahlung gegeben: Schubert habe per Nachnahme zahlen wollten, doch der Betreiber lehnte ab.

* Name geändert

Schubert spricht schnell, kommt vom Hundertsten ins Tausendste, wettert gegen die »Merkelmafia« und die »Lügenpresse«, in der AfD sieht Schubert Deutschlands letzte Hoffnung. Er wisse genau, was in Deutschland passiert – wie eine Art Mantra kommt dieser Satz immer wieder –, doch die Medien würden die Wahrheit verschleiern.

Das Eigenartige ist, dass Schubert dabei gar nicht wütend wirkt. Eher entspannt und zufrieden, gelegentlich grinst er provokant. Auch wird nicht ganz klar, warum er sich überhaupt bewaffnen will. Im Ort herrsche Ruhe, die Werkstatt laufe gut, und von der angeblichen Flüchtlingsinvasion bekomme er im Alltag kaum etwas mit. »Ich will ja keine Flüchtlinge töten, es geht darum, denen mal einen Denkzettel zu verpassen«, sagt Schubert ernst. »Es ist doch traurig, dass man so was braucht. Es muss sich was ändern hier, sonst gibt's bald Bürgerkrieg.« Die rechten Parolen, die Migrantenschreck verbreitet, treffen bei dem Kleinunternehmer auf offene Ohren.

»Einfach, schnell und diskret – das ist das Motto von Migrantenschreck«

Tage vor meinem Besuch bei Schubert, am 24. Januar 2017, hatten Hunderte Zöllner in ganz Deutschland Migrantenschreck-Kunden besucht. »Einfach, schnell und diskret – das ist das Motto von Migrantenschreck«, verspricht die Website. Es war von Anfang an eine Lüge: Der Kauf einer Migrantenschreck-Waffe war für deutsche Käufer illegal, Staatsanwälte in ganz Deutschland eröffneten Verfahren gegen Kunden.

Auf die entscheidende Spur kommen die Fahnder dank einer Kundenliste, die ihnen zugespielt wurde. Zuvor macht bereits ein aufmerksamer Bürger aus Süddeutschland, der Rönschs Aktivitäten schon länger beobachtet, einen erstaunlichen Zufallsfund: Durch eine Google-Suche stößt der Netzaktivist auf eine Datei, die ihm unverhofft Zugang in die Herzkammer der Migrantenschreck-Seite verschafft. Rönsch hatte das Dokument mit dem Namen *Zugangsdaten.txt* ungeschützt ins Internet gestellt. Ein schwerer, folgenreicher Fehler: Der anonyme Besucher saugt sich alles von Rönschs Server, was er in die Finger kriegt, darunter: eine Excel-Tabelle mit den Namen, Adressen und Bestelldaten von Migrantenschreck-Käufern. Die Liste gelangt später in den Besitz der Behörden, und Rönschs Kunden bekommen bald Briefe - oder Hausbesuche - von der Staatsanwaltschaft.

Doch mit Rönschs nachlässiger IT-Sicherheit und dem falschen Versprechen »lizenzfreier« Waffen kriegen zunächst nur seine Kunden Schwierigkeiten. Er selbst bleibt für die Ermittler nicht greifbar. Trotzdem nimmt Rönsch, möglicherweise aufgeschreckt durch die bundesweite Razzia, Anfang Februar 2017 Migrantenschreck vom Netz. Hauptproblem für die Ermittler ist zu diesem Zeitpunkt, dass die Migrantenschreck-Waffen in Ungarn legal sind. Rönsch hat sie von der Budapester Waffenschmiede Keserű Művek bezogen und zum doppelten Preis angeboten. Dass sie von dort zu Hunderten illegal nach Deutschland verschickt worden sind, ist für die ungarische Staatsanwaltschaft kein Grund einzugreifen. Erst als klar wird, dass Rönsch die Einkünfte seiner Exporte auf mehreren Konten zu verschleiern sucht, sagen die Behörden den deutschen Kollegen ihre Unterstützung zu. Im Herbst 2017 observieren Fahnder der ungarischen Polizei Rönsch über Wochen, finden mehrere Adressen heraus und schicken im November ein aktuelles Foto von ihm per E-Mail zur Berliner Staatsanwaltschaft, die die Ermittlungen leitet.

März 2018. Es ist fünf Uhr früh, auf der Straße im vornehmen Budapester Stadtteil Pasarét ist es noch stockdunkel. Ich sitze mit einem Fotografen in einem weißen Mietauto, ab und an huschen dunkle Gestalten vorbei, eine Frau führt ihren Hund aus.

Wir waren gestern schon mal hier. Die Lage auskundschaften. Wie kommt man am einfachsten in die Straße, wo haben wir die beste Sicht, wie ist die Parksituation? Den Tipp, wann ich wo sein soll, hatte ich zuvor von einem Kontakt bekommen.

5.30 Uhr. Wir kauern auf den kalten Sitzen des Mietwagens, etwa 100 Meter vom Zielobjekt entfernt. Dann geht es los. Wie aus dem Nichts schälen sich Uniformen aus der Dunkelheit und stürmen auf das Haus mit der schmiedeeisernen Pforte zu. Wir packen unsere Technik und hasten den Schatten hinterher. Spezialkräfte der ungarischen Antiterroreinheit TÉK dringen in das Haus ein, rennen in die zweite Etage und rammen die Tür zu Rönschs Altbauwohnung auf. Wir beobachten das Ganze so gut es geht von der Pforte aus, ins Haus dürfen wir nicht rein. Ein ungarischer Beamter gibt mir wenig später die Info von drinnen durch: »Mario Rönsch is in handcuffs.«

Bis der Waffenhändler endlich rauskommt, sollte es noch gut sieben Stunden dauern. In weinroter Cordhose und das Gesicht in der Kapuze vergraben, wird Rönsch von den maskierten Antiterrorkräften aus dem Haus geführt. Auf meine Frage, ob er hinter Migrantenschreck steht, schenkt er mir nur ein verschmitztes Grinsen. Er wird in einen schwarzen Transporter gesetzt und weggebracht.

Acht Monate später wird Rönsch der Prozess gemacht. Im Verhandlungssaal wirkt Rönsch wie ausgetauscht. Er spricht leise, manchmal unter der Hörbarkeitsgrenze, sein Blick ist resigniert und von der Haft gezeichnet. Das Landgericht Berlin verurteilt ihn wegen illegalem Waffenhandel rechtskräftig zu zwei Jahren und zehn Monaten Gefängnis.[6] Der Erfurter hatte im Laufe der Verhandlung eingeräumt, 167 Waffen nach Deutschland verschickt zu haben. Sein Geständnis ließ der Richter in das Urteil zwar einfließen, monierte aber, dieses sei »alles andere als von Reue und Einsicht getragen«.

8. DISSIDENTEN IM DARKNET

Die rote Kufiya hat der Mann wie eine Sturmmaske um den Kopf gewickelt. Die dunklen Augen, die durch den Schlitz hervorlugen, zeugen von Entschlossenheit und Wut, aber auch von Müdigkeit. In kämpferischer Pose steht er auf der Straße, zwischen zerschossenen Häuserreihen und den letzten Fußgängern, die durch die Gasse huschen: In der linken Hand hält er eine ausgebrannte Mörsergranate der syrischen Armee, die Minuten vorher durch seine Heimatstadt rollte; in der rechten eine Waffe, die, so scheint er sagen zu wollen, mächtiger sein wird als hundert Granaten des Regimes: ein Mini-Camcorder von Sony, schwarz, HD, 5.3 Megapixel.

Die Aufnahme stammt aus dem Sommer 2012, der »echten Zeit der syrischen Revolution«, wie der Mann auf dem Foto heute sagt. Mit ›echt‹ meint Ahmad Alrifaee: bevor der syrische Aufstand für »Demokratie, Freiheit und Würde«[1] in verfeindete Lager zerfiel, Islamisten die Revolte kaperten und das Regime von Baschar al-Assad das eigene Land in ein Schlachthaus verwandelte. Wir sitzen in einem Café in Hamburg und trinken Tee, draußen treibt ein kalter Nieselregen die wenigen Hipster durch das Schanzenviertel. Nicht weit von hier sind die Räume des Hamburger Abendblatts, wo Alrifaee ein journalistisches Netzwerk für Geflüchtete gründete.[2]

Bevor er nach Deutschland floh, arbeitete er als Fotograf in Hama im Nordwesten Syriens. Als dort die Proteste gegen das Regime losgingen, im Frühjahr 2011, war er mit seinem kleinen Camcorder dabei. »Als ich in den Nachrichten von den Protesten in Tunesien und Ägypten gehört habe, hat mein Herz höher geschlagen. Ich wollte unbedingt die Revolution«, sagt Alrifaee mit einem Funkeln in den Augen, das die Begeisterung von damals einen Moment lang wieder aufblitzen lässt.

Doch seine Hoffnung und die Millionen anderer Syrer, dass der revolutionäre Sturm aus Nordafrika die Diktatur hinwegfegen und Syrien einen demokratischen Neustart bescheren würde, hielt nicht lange. Als im April 2011 die ersten Panzer in die Hochburgen der Protestbewegung einrückten, war schnell klar, dass niemand mehr vor Assads Schergen sicher war. Weder auf der Straße noch im Netz: »Wir wussten, dass wir uns technologisch absichern müssen, um nicht in den Folterkammern des Regimes zu landen«, erinnert sich Alrifaee.

Mit Freunden gründete er ein Aktivisten-Netzwerk, das aus dem Untergrund heraus Demos organisierte und den unerfahrenen syrischen Revolutionären beibrachte, wie man im Netz seine Spur verwischt. Die »Revolutionäre Union Hama«, wie sich Alrifaees Truppe nannte, unterstützte die syrischen Proteste, wo sie konnte, erzählt er: Sie koordinierte Aktionen in unterschiedlichen Stadtteilen, stellte Livestreams ins Netz und baute ein freies Funknetz auf, um die staatliche Internetüberwachung zu umgehen. Alrifaee leitete die Medienabteilung der »Union« und schulte andere Aktivisten in digitaler Selbstverteidigung. Die wichtigsten Werkzeuge der jungen Internetkrieger waren der Tor-Browser, eine VPN-Software und Truecrypt, ein Tool zur Datenverschlüsselung. »Unser Anspruch war es, die sicherste Anonymisierungstechnologie zu nutzen, um unsere Leute zu schützen«, erklärt Alrifaee. »So kamen wir auf die Idee, das Darknet zu nutzen.«

Politische Netze

Wenn Alrifaee über das Darknet spricht, hat das mit der Vorstellung, die die meisten Menschen hierzulande haben, wenig zu tun. Statt von Drogen ooder Waffen erzählt Alrifaee vom gefürchteten syrischen Geheimdienst, der das Internet als sein erweitertes Jagdgebiet betrachtet. Wer seine Kommunikation nicht verschlüsselt oder mit Klarnamen auf Facebook postet, droht in einem der berüchtigten syrischen Foltergefängnisse zu verschwinden, sagt er. »Für mich war das Darknet die einzige Möglichkeit, journalistisch zu arbeiten. Sonst säße ich heute vermutlich im Knast.«

Tatsächlich ist das Darknet ein durchaus vielschichtiger Ort. Wer sich ein bisschen umsieht, jenseits der bunt schimmernden Drogenbasare, findet allerlei Interessantes, Kurioses, Unterhaltsames: Austauschforen für Hacker, Computerfans und Suchtkranke, Infoseiten über staatliche Überwachungsprogramme, anonyme E-Mail-Anbieter, Blogs über Katzenbilder, die Darknet-Seiten der CIA und von Facebook, Schattenbibliotheken für frei erhältliche wissenschaftliche Publikationen, Chaträume für Blind Dates.

Und es bietet Whistleblowern, Dissidenten und Journalisten einen Schutzraum.

Berlin – Damaskus

Es gibt vermutlich wenige Menschen in Deutschland, die so leidenschaftlich eine Lanze für das Darknet brechen können, wie Stephan Urbach. Während des Arabischen Frühlings unterstützte der Netzaktivist von Berlin aus die Freiheitskämpfe in Tunis, Kairo und Damaskus, verbrachte Tage und Nächte am Rechner, über Monate. Mit befreundeten Hackern des Netzkollektivs Telecomix half Urbach den Demonstranten mit technischem Know-how, stellte Infrastrukturen zur Kommunikation mit der Außenwelt bereit und versorgte sie mit Tipps, wie sie sich vor den Überwachungsbehörden verstecken konnten. Das klappte so lange, bis es irgendwann mal nicht mehr klappte. Eine unsichere Leitung über den Videodienst Skype kostete einem Freund in Syrien das Leben.

Dieses traumatische Erlebnis beschreibt Urbach in seiner Autobiografie:[3] Wie er mitansehen musste, wie sein Freund Muhammad, ein Aktivist aus Damaskus, von Agenten des Assad-Regimes ermordet wurde. Das Unfassbare geschah während eines Videocalls zwischen Urbach und Muhammad via Skype. Plötzlich betraten zwei Uniformierte Muhammads Zimmer. Sie näherten sich dem jungen Aktivisten, der zunächst nichts davon zu merken schien, dann zog einer der Männer seine Pistole und schoss Muhammad in den Kopf. Urbach sah dabei zu, aus Berlin, über seinen Monitor.

Die Ermordung seines Freundes, live übertragen via Skype, stürzte ihn in eine schwere Depression, erzählt Urbach – die so weit ging, dass er seinen Suizid minutiös durchplante. Erst ein Treffen mit anderen Telecomix-Mitgliedern, die er bis dahin nur über das Netz kannte, halfen ihm wieder auf die Beine.

Telecomix entsprang ursprünglich 2009 einer Initiative von Netzaktivisten in Schweden, die gegen ein geplantes Gesetz zur Vorratsdatenspeicherung mobilmachten. Das Einsatzgebiet der Hacker änderte sich, als ein paar mutige Tunesier Anfang 2011 den Aufstand wagten und in der Folge ein revolutionäres Pathos in der gesamten Region entfachten.

Fortan schrieben sich die Telecomix-Hacker auf die Fahnen, Menschen in »feindseligen Netzwerkumgebungen« im Kampf für Freiheit und Demokratie zu unterstützen.[4] Den Internet-Blackout in Ägypten Anfang 2011, den das autoritäre Regime von Husni Mubarak aus Furcht vor den rebellierenden Massen angeordnet hatte, konterte Telecomix mit einer Idee, die Urbach im Halbschlaf einfiel, erzählt er mir bei einem Treffen: Mit alten Modems, die sich mit ägyptischen Faxgeräten vernetzten, schufen sie ein paralleles Internet, das zumindest einen Teil der 85 Millionen Ägypter wieder ans Netz brachte. Der Mobilisierungsapparat der Tahrir-Bewegung und die sozialen Netzwerke waren plötzlich wieder online – das Mubarak-Regime war zum Zusehen verdammt.

Auch als die Arabellion im Frühjahr 2011 nach Syrien überschwappte, mischten Urbach und die Telecomix-Hacker mit. Als zentrale Anlaufstation für die Revolutionäre in Damaskus und Aleppo richtete Telecomix einen Kanal auf dem dezentralen Chat-Dienst IRC ein. Dort konnten die Netzaffinen unter den syrischen Demonstranten mit den europäischen Hackern in Austausch treten, falls sie Unterstützung brauchten. Allzu lange dauerte das nicht, erinnert sich Urbach. Auf dem IRC-Kanal #telecomix meldeten sich schon bald syrische Oppositionelle, Blogger und Journalisten und fragten, wie sie sich im Netz vor dem mächtigen syrischen Geheimdienst verstecken könnten.

Auf den wachsenden Bedarf an sicheren Online-Tools reagierte Telecomix mit einem »Rundum-sorgenfrei-Paket«, wie Urbach es nennt: Sie legten VPN-Server an, die die Datenverbindungen zwischen Rechnern in Syrien und den Telecomix-Hackern verschlüsselten; den IRC-Kanal, der das zentrale Kommunikationstool wurde, ließen sie über das Tor-Netzwerk laufen; und sie erklärten den Aktivisten, wie man Tor als »Standalone-Dienst« konfiguriert, als Anonymisierungsdienst, der sich bereits vor der ersten Internetverbindung scharf stellt.

Für das mit der Zeit anschwellende Bild- und Videomaterial, das die Proteste vor Ort dokumentierte, richtete Telecomix eine Plattform ein, die sowohl im Clearnet als auch im Darknet erreichbar war. Syrische Oppositionelle, Journalisten, einfache Demonstranten konnten dort ihre Videos hochladen, während Telecomix die Metadaten – Geodaten, Gerätenummern, Zeitstempel – entfernte, um die Identität der Urheber zu verwischen. Von dort gelangten die Videos auf öffentliche Videoplattformen wie YouTube – und von dort in die Nachrichten in aller Welt.

Durch den Telecomix-Tunnel, der sich tief unter die Mauern des syrischen Zensurapparats hindurchgrub und Tausende Kilometer weiter nördlich an die Oberfläche kam, floss schon bald mehr Material, als Urbach lieb sein konnte. Der Hacker spricht von einer nicht abreißenden »Flut von Horrorvideos«: Aufnahmen der Brutalität der syrischen Milizen, Bilder von Folterszenen und toten Demonstranten, Videos, in denen Truppentransporter in eine Menschenmenge rasen, Sniper, die Menschen wie Vieh abknallen.

Doch genauso wichtig wie die Bilder, die das syrische Drama dokumentierten, seien die Geschichten dahinter, sagt Urbach heute rückblickend. »Dass einer wegen uns seinen Eltern schreiben kann, dass es ihm gut geht und sie sich keine Sorgen mehr machen müssen, das ist schon krass. Einfach nur die Zahlen, da sind wieder 50 Menschen tot, das nutzt sich ab.«

Für das Assad-Regime war der ›illegale‹ Export von Beweisfotos zwar ein Ärgernis, zugleich hatte der hohe Verbreitungsgrad der Gewalt einen für das Regime willkommenen Nebeneffekt: Sie war eine Warnung an alle diejenigen, die es weiter wagen sollten, die Regierung herauszufordern.

Doch das Netz erwies sich nicht nur den Rebellen als nützlich. Wie professionell der syrische Spionageapparat dabei vorging, das Internet von einem Umsturz- in ein Angriffstool zu verwandeln, ist hinreichend belegt: Assads Internetarmee lancierte während des bis heute andauernden Bürgerkriegs Tausende Cyberangriffe gegen Aktivisten und Journalisten, infizierte Rechner mit Mal- und Spähsoftware, fing E-Mails ab, störte unabhängige Sendesignale und machte Regimegegner zu Hause ausfindig.[5]

Auch brachte das Regime manipulierte Versionen von Skype und VPN-Diensten in Umlauf, die bei Benutzung einen Trojaner auf den Rechner der Zielperson ausspielten und ein Überwachungsprogramm installierten. Die *Syrian Electronic Army*, eine Assad-nahe Hackertruppe, infiltrierte Seiten von Oppositionellen und westlichen Nachrichtenagenturen, verbreitete Propaganda und Desinformation. Wer aufflog und besonderes Pech hatte, kam in Assads Todesfabrik, das Saydnaya-Gefängnis, oder verschwand anderswo in dunklen Kerkern. Menschenrechtsgruppen sprechen von 128.000 Menschen, von denen nie jemand wieder etwas gehört hat.[6]

Hilfe erhielten Assads Cyberstreitkräfte unter anderem aus Teheran sowie von der US-Firma Blue Coat. Bei einem Hack erbeutete das Telecomix-Kollektiv 54 Gigabyte Daten, die einen präzisen Einblick in die Spionagemaschinerie des Assad-Regimes lieferten: In digitalen Protokolldateien, sogenannten Logfiles, fanden sich Hinweise, wie das Regime Blue-Coat-Software nutzte, um syrische Nutzer auszuspähen oder Webseiten zu sperren.[7] Die US-Firma bestätigte den Vorfall später, dementierte aber, davon gewusst zu haben: Die Software sei ursprünglich an ein Unternehmen in Dubai verkauft worden, das sie nach Syrien illegal weiterexportierte.[8]

Der Blue-Coat-Skandal war kein Einzelfall: Immer wieder landen Produkte westlicher Hersteller in den Händen autoritärer Machthaber.[9] Auch deutsche Firmen wie Siemens[10] und Utimaco[11] belieferten das Assad-Regime mit Spähsoftware. Das Geschäft mit der Überwachung ist global, sagt Urbach. Ihm wurde das klar, als er in der Herzkammer der syrischen Internet-Infrastruktur herumstocherte und die Blue-Coat-Systeme entdeckte. Das US-Unternehmen hätte dem Regime die Nutzungslizenzen entziehen und die Spähsoftware damit per Fernleitung stilllegen können, sagt Urbach – »haben sie aber nicht«.[12]

Freiheit oder Knechtschaft

Wie erfolgreich der syrische Geheimdienst war, selbst feine Risse in den Schutzschilden der Revolutionäre aufzuspüren, bekamen diese bald zu spüren. »Die einfachen Soldaten hatten meist keine Ahnung. Bei einer Durchsuchung wurde ich mal gefragt, ob ich Facebook ›dabeihätte‹ und dass ich es hergeben solle. Die dachten, das sei ein Ding«, erinnert sich der syrische Aktivist Ahmad Alrifaee mit breitem Grinsen. »Richtig gefährlich wurde es aber, wenn der Geheimdienst hinter dir her war. Wer sich technisch nicht auskannte oder die Tools falsch einsetzte, war leichte Beute.«

Einen Freund aus seiner Heimatstadt Hama etwa erwischte es, weil er seinen Laptop falsch formatierte. Bei einer Kontrolle konnte die Geheimpolizei die gelöschten Dateien wiederherstellen und fand Fotos von Demos, Berichte, ganze Chatverläufe. Der Freund wanderte ins Gefängnis. In anderen Fällen musste gar kein Fehler begangen werden, so Alrifaee. »Viele landeten im Knast, obwohl sie technisch alles richtig gemacht hatten. Das Regime spürte sie trotzdem auf.« Was Alrifaees Freunde auf schmerzliche Weise erfahren mussten: Keine Technologie der Welt kann hundertprozentigen Schutz bieten.

Ob Skype, VPN-Dienste oder der Tor-Browser[13] – wer genug Ressourcen, Zeit und Geschick aufbringt, wird irgendwann die Verteidigungslinien seiner Gegner brechen.

Doch es gibt viele Menschen, die sich retten konnten, Glück hatten. Menschen, die dank der Arbeit von Urbach oder von Alrifaees »Revolutionärer Union« ins Darknet abtauchen und sich vor Assads mörderischem Sicherheitsapparat verstecken konnten.

Der Arabische Frühling kann als Geburtsstunde des Darknets im politischen Sinn gelten: Noch nie zuvor kamen Anonymisierungstools wie Tor so flächendeckend in gesellschaftlichen Umwälzungen zum Einsatz wie in den Jahren der Arabellion ab 2010/2011. In Syrien, Ägypten und Libyen wurde vielleicht zum ersten Mal der Beweis angetreten, dass das Darknet eine genuin politische Funktion hat und über Freiheit oder Unfreiheit entscheiden kann.

Tor als Anti-Zensur-Tool

Tor eignet sich nicht nur für Leute, die den Umsturz planen. Mit der Zeit stellte sich heraus, dass sich die Software auch anderweitig einsetzen lässt: »Tor ist über seinen ursprünglichen Zweck als Anonymisierungsdienst hinausgewachsen. Es wird zunehmend als Tool genutzt, um staatliche Zensur zu umgehen«, resümiert ein Forscherteam der UC Berkeley in einer Studie über Tor-Nutzer.[14]

Um staatliche Netzsperren auszutricksen, macht Tor zunächst nicht viel mehr als ein herkömmlicher Proxy-Server oder VPN-Dienst: Versucht ein User, eine blockierte Website aufzurufen, wird die Anfrage über einen zusätzlichen Server geroutet, um die Sperre zu umgehen. Nur ist bei Tor die Umleitung etwas länger, da statt einem drei Server zwischengeschaltet werden. Der Internetprovider, der in der Regel die Netzsperren durchsetzt, sieht nur, dass sich ein Nutzer mit einem Tor-Server verbindet, nicht aber, wohin die Anfrage geht. Im Regelfall kann so die Sperre umgangen werden.

Die wachsende Beliebtheit von Tor als Zensur-Umgehungstool ist

Folge eines beunruhigenden Trends. Autoritäre Staaten greifen immer offensiver in die digitale Sphäre ein: Netzsperren, Verbote von Kommunikations- und Privatsphäre-Tools und »Shutdowns« – das temporäre Abschalten des Internetverkehrs im Verfügungsbereich – gehören in manchen Ländern mittlerweile zum Standardrepertoire staatlicher Digitalpolitik.

Die internetgestützten Proteste der 00er-[15] und 10er-Jahre haben dazu geführt, dass autokratische Systeme ein freies Netz zunehmend als Bedrohung sehen, der nur mit scharfer Regulierung beizukommen ist. Die US-Denkfabrik Freedom House untersuchte in ihrem jährlich erscheinenden »Freedom of the Net«-Bericht 2019 die Dimension dieser staatlichen Eingriffe. Das Ergebnis könnte kaum deprimierender sein: In 34 von 65 untersuchten Staaten (die 87 Prozent der globalen Internetnutzer ausmachen) zensierten Behörden missliebige Webseiten, manipulierten Online-Debatten durch Desinformation (38 Staaten) oder verhafteten Nutzer wegen kritischer Äußerungen in sozialen Medien (47 Staaten).[16]

Eine Tendenz, die Trittbrettfahrer auf den Plan ruft, warnt Freedom House: Längst blicken andere Staaten neidisch auf die funktionierende Kontrolle bei den großen Namen im Zensurgeschäft, wie Saudi-Arabien, Iran oder China. Die Kommunistische Partei Chinas etwa besitzt mit der »Großen Firewall« nicht nur den mächtigsten digitalen Zensurapparat der Welt, sondern fungiert gleichsam als Role Model für andere Staaten der Region: Als die vietnamesische Regierung 2018 Netzkontrollen einführte, die unter anderem Google und Facebook zur Zensur angeblich »anstößiger« Seiten zwang,[17] kam später heraus, dass vietnamesische Gesandte ein Jahr zuvor ein mehrwöchiges Seminar über »Cybersicherheit« in China besucht hatten.

Pekings Offensive in Sachen Netzkontrolle kommt offenbar nicht nur in Hanoi gut an: 2018 hatten 36 Länder Regierungsvertreter zu Trainings nach China geschickt, um sich etwa zum Thema »Echtzeit-Beobachtung negativer öffentlicher Meinung«[18] schulen zu lassen. Der »Aufstieg des digitalen Autoritarismus«, resümiert Freedom House, ist längst ein globaler Trend.

Wachsende Zensur in Belarus

Um zu verstehen, wie wichtig Tor als Zensur-Umgehungstool ist, muss man aber nicht erst in die arabische Welt oder nach Fernost. Auch in Europa gibt es Regierungen, die die Meinungsfreiheit im Netz drastisch einschränken. In Belarus hat sich das Regime von Aljaksandr Lukaschenka zuletzt in besonderer Weise hervorgetan, die Internetaktivitäten der Bevölkerung zu überwachen und einzuhegen. In der Folge strömen immer mehr Menschen ins Tor-Netzwerk, etwa um kritische Blogs zu lesen oder sicher zu kommunizieren.[19]

»Tor ist für mich ein Tool für Informationsfreiheit, vielleicht das wichtigste, das wir in Belarus derzeit haben«, erklärt mir die Aktivistin Nadya*. Wir chatten auf Ricochet, eine Art Darknet-Messenger, der die Kommunikation durch das Tor-Netzwerk leitet und dadurch einen zusätzlichen Schutz bietet. Nadya engagiert sich für die Organisation »Movement for Freedom« (MFF), die sich 2006 im Zuge der Proteste gegen die Wahlmanipulation durch das Lukaschenka-Regime gegründet hat.[20] Die MFF wirbt für demokratische Reformen, unterstützt politische Gefangene und organisiert Proteste gegen die staatliche Netzzensur.

Ohne Tor könnte sie diese Arbeit gar nicht machen, erklärt sie, da es sonst kaum möglich wäre, Informationen zu verbreiten, die nicht die Regierungspropaganda nachplappern.

Um die politische Meinungsbildung im Netz in geregelte Bahnen zu lenken, hat das Lukaschenka-Regime in den letzten Jahren zahlreiche Maßnahmen ergriffen: Freedom House berichtet von einer Zensurwelle gegen missliebige Webseiten und Social-Media-Kanäle; von bezahlten Trollen und Meinungsbots, die Desinformation streuen; und von Störungen von Mobilfunknetzen bei Wahlen und Demonstrationen. Der »Frühling von Belarus« ab 2014, als die Opposition für die Liberalisierung des Landes trommelte, mündete in einen autoritären Backlash.[21] Im Ranking von Freedom House zum Zustand der Netz-

* Name geändert

freiheit rangiert das osteuropäische Land mittlerweile auf Platz 35, hinter Zimbabwe und Myanmar.

Prominentes Beispiel aus der jüngeren Vergangenheit ist der regierungskritische Blog »Charter '97«, eine der populärsten News-Plattformen der Opposition.[22] Die belarussischen Behörden blockierten die Website im Januar 2018. Sie warfen der in Polen gehosteten Seite vor, »extremistische« Botschaften zu verbreiten, die dem Interesse des Landes entgegenstünden. Ein schwerer Eingriff in die Pressefreiheit, der sogar im fernen EU-Parlament für Kritik sorgte.[23] Zugleich ein erfolgreicher: Charter-97-Chefredakteurin Natallia Radzina, die 2011 aus Belarus fliehen musste, klagt seitdem über eine dramatisch sinkende Leserzahl aus der Heimat. Nur wer Tor oder VPN-Dienste benutze, kann noch auf die Plattform zugreifen.[24]

Digitale Ausfallversicherung

Wie leicht sich Netzsperren mit Tor umgehen lassen, wissen natürlich auch Regierungen. Neben herkömmlichen Tools staatlicher Netzkontrolle – Drosselung der Verbindungsgeschwindigkeit bei sensiblen Ereignissen, Desinformation, Zensur unliebsamer Websites[25] – hat sich im Iran die staatliche Internetbehörde Supreme Council of Cyberspace (SCC) darauf spezialisiert, Tor-Nutzern das Leben schwer zu machen.[26]

Als im Frühsommer 2018 Proteste und wilde Streiks in weiten Teilen Irans ausbrachen[27] und das Regime panisch begann, oppositionelle Seiten und den bei Iranern populären Telegram-Messenger zu sperren[28], strömten Tausende Nutzer zu Tor. Die Cyber-Mullahs waren jedoch vorbereitet und blockten in der Folge auch den Zugang zum Tor-Netzwerk. Da die rund 6.500 Tor-Knoten öffentlich gelistet sind, können die Behörden bei Bedarf auch die IP-Adressen der Knoten auf die schwarze Liste setzen. Wer sich im Iran daraufhin mit dem Tor-Browser verbinden wollte, sah nur einen grünen Ladebalken, der auf halber Strecke vereiste, mit dem Hinweis: »Tor kann keine Netzwerkverbindung herstellen.«

Für Nutzer bleibt dann nur noch die Option, eine Ausweichroute ins Tor-Netzwerk nehmen: über sogenannte Tor-Brücken (»tor bridges«). Die Brücken sind im Grunde nichts anderes als Tor-Knoten, mit dem Unterschied, dass sie nicht öffentlich gelistet und damit schwerer zu blockieren sind. Im Iran, wo das Blocken von Tor-Knoten mittlerweile Tradition hat,[29] erfreuen sich die Brücken steigender Beliebtheit: Als die iranischen Behörden im Frühjahr 2018 gegen Tor vorgingen, explodierten die Nutzerzahlen der Brücken daraufhin: von knapp 2.500 Nutzern im April auf über 16.000 Nutzer wenige Wochen später.[30]

Professionelle Zensurapparate wie in Iran und China haben inzwischen einen Weg gefunden, auch die Notfall-Brücken ins Tor-Netzwerk anzugreifen. »Es ist ein nicht endendes Katz-und-Maus-Spiel«, nennt Jens Kubieziel den Rüstungswettlauf um die avancierteste Cyberwaffe. Der Jenaer IT-Experte engagiert sich bei den »Zwiebelfreunden«, der Verein zählt zu den prominentesten Tor-Unterstützern in Deutschland. Laut eigener Auskunft betreibt Kubieziel mehrere Tor-Knoten und Hunderte Brücken. Er sagt: Was das eine Lager an Territorium im Cyberspace gutmacht, zwingt die andere Seite zur Nachrüstung.

Eine Möglichkeit, die geheimen Tor-Brücken zu finden, läuft über »Deep Package Inspection« (DPI), so Kubieziel. Mittels DPI scannen Behörden den Internetverkehr nach Verbindungen ab, die nach Tor-Traffic aussehen. Fällt eine Tor-Brücke ins Raster, kann auch diese blockiert werden. Das Gegenmittel von Tor sind sogenannte »pluggable transports«[31], kleine Programme, die den Tor-Traffic so verschleiern, dass er auch für DPI-Spezialisten unverdächtig aussieht.

Größtes Einfallstor für staatliche Stellen ist die Tatsache, dass die rund 1.300 Tor-Brücken teilweise automatisiert abgefragt werden können. Wer die IP-Adresse einer Brücke erfahren will, geht auf die Tor-Website und macht drei Klicks. Allerdings gelte das nur für rund ein Drittel aller Brücken, sagt Kubieziel von den Zwiebelfreunden. Der Rest werde nur über E-Mail oder persönliche Kontakte und »vertrauensvolle Organisationen« vergeben. Zum Beispiel über Reporter ohne Grenzen und Kubieziels Zwiebelfreunde.

Zudem limitiere Tor die Zahl der Brücken, die ein einzelner Nutzer bekommen kann, wohl wissend, dass zum Beispiel China über einen großen Pool an E-Mail-Adressen verfügt, deren einziger Zweck ist, an Brücken heranzukommen. Daher müssten gerade chinesische Nutzer besonders aufpassen, warnt er. Viele Brücken seien den dortigen Zensurbehörden längst bekannt.

Kampf gegen Tor-Betreiber

Dass Tor nicht immer eine Lösung ist, sondern auch Probleme mit sich bringen kann, weiß Dmitry Bogatov. Der russische Mathematiker betrieb über Jahre einen Endknoten (»exit node«). In der Tor-Architektur sitzt der Endknoten an dritter Stelle des Netzwerks: Er leitet die Anfrage eines Nutzers vom verschlüsselten Tor-Netzwerk ins offene Internet. Betreiber von Endknoten tragen das größte Risiko, denn ihre IP-Adresse ist für die besuchte Website sichtbar. Leitet die Seite die Info an die Behörden weiter, etwa weil damit Straftaten begangen werden, bekommt meist zuerst der Betreiber des Endknotens Probleme (der Nutzer ist ja dank Tor geschützt). Warum Leute sich ein solches Risiko antun? »Privatsphäre ist ein unschätzbares Gut. Und daher brauchen wir Technologien, die das ermöglichen«, sagt Bogatov.[32]

In den letzten Jahren hat der Kreml die Internetkontrollen drastisch verschärft. Wladimir Putin nutzte seine dritte Amtszeit als Präsident für die schrittweise Demontage eines freien Internets. Sein Maßnahmenkatalog umfasste Netzsperren und Blockierlisten,[33] Troll-Kampagnen, Zensur von regierungskritischen Blogs[34] und Messengerdiensten[35], Desinformations- und Schmutzkampagnen gegen unliebsame Medien.

In der Folge wichen immer mehr russische User auf VPN-Dienste und Tor um. Laut Zahlen des in Seattle ansässigen Tor Project belegt Russland aktuell den zweiten Platz im globalen Ranking der Tor-Nutzer. Bei den Tor-Brücken führen russische Nutzer sogar die Top-10-Liste mit großem Abstand an.[36]

Doch im November 2017 trat ein Gesetz in Kraft, das Anbieter von Anonymisierungsdiensten dazu verpflichtete, eine schwarze Liste gesperrter Seiten in ihren Dienst einzupflegen. Das sollte verhindern, dass Nutzer die Netzsperren via Tor oder VPN-Server einfach umgingen. Die privaten Dienste wurden so, ob sie wollten oder nicht, zu Vollzugshilfen der staatlichen Internetzensur. Wer sich weigerte, kam selbst auf die Liste. Dass der Kreml auch vor Cyberangriffen nicht zurückschreckt, um russische Tor-Nutzer zu schikanieren, zeigen geheime Regierungsdokumente, die die Hackergruppe 0v1ru$ im Juli 2018 erbeutete: Daraus geht hervor, dass ein IT-Dienstleister des russischen Geheimdienstes FSB schon seit Jahren eigene Tor-Knoten betreibt, um Tor-Nutzer zu demaskieren.[37]

Bogatov wollte die wachsende Regulierung in seinem Land jedoch nicht einfach hinnehmen. »Die Zensur wurde seit 2012 immer breiter und tiefer, meist mit dem Verweis auf verschiedenste ›Sicherheitsrisiken‹«, schreibt mir der Mathematiker, der an der Staatlichen Universität Moskau lehrt. »Mal ging es um Kinderpornografie, mal um Copyright-Verletzungen, mal um Terrorismus. Ich glaube nicht, dass wir weiterkommen, wenn wir jedes Mal Grundrechte opfern, wenn jemand nach mehr Sicherheit ruft. Ich habe meinen Tor-Knoten also weiterbetrieben.«

Im Kreml sah man das offenbar anders. 2017 brachen Spezialeinheiten der russischen Polizei in Bogatovs Wohnung ein, beschlagnahmten seine Computer und verhafteten ihn. Zuvor hatte ein User namens »Airat Bashirov« in einem russischen Online-Forum dazu aufgerufen, zu einer Demonstration Molotowcocktails und weiteres Brennmaterial – zum Beispiel Reifen – mitzubringen. Für die Staatsanwaltschaft eine Aufstachelung zu Terrorismus und Gewalt. Das Problem: Die IP-Adresse, unter der der Beitrag gepostet wurde, gehörte zum Endknoten, den Bogatov betrieb. Für die Ermittler war es offenbar einfacher – und effektiver im Sinne der Abschreckung –, dem Endknoten-Betreiber Bogatov die Schuld zuzuschieben, als den Absender des Postings ausfindig zu machen.

Bogatov saß drei Monate wegen des Verdachts auf Aufwiegelung zu Terror und Massenaufständen in Untersuchungshaft. Ihm drohten knapp 20 Jahre Gefängnis.[38] Zwischenzeitlich stellte sich heraus, dass der Mathematiker zum Zeitpunkt des Postings gar nicht online gewesen war: Überwachungsaufnahmen zeigten ihn, vier Minuten bevor der Post abgesetzt wurde, beim Shoppen mit seiner Frau.[39] Auch tauchten weitere Posts des Users auf, als Bogatov schon längst im Gefängnis saß. Die, wie sich herausstellte, substanzlosen Vorwürfe gegen Bogatov hätten jedoch nicht nur am technischen Unverständnis der russischen Behörden gelegen, argumentiert der Mathematiker. »Eigentliches Ziel war es, russische Nutzer davor abzuschrecken, Tor zu nutzen, einem der wenigen Tools, mit dem die staatliche Zensur umgangen werden kann.«

Obwohl die russische Staatsanwaltschaft die Vorwürfe am Ende fallen ließ und eine große Solidarisierungswelle für den jungen Mathematiker entstand, betreibt Bogatov heute keinen Tor-Knoten mehr. »Und ich empfehle auch niemandem in Russland, das zu tun«, fügt er hinzu. Zwar betont er weiterhin die essenzielle Rolle von Tor in einem zunehmend autoritär regierten Russland, doch sei ihm seine persönliche Sicherheit mittlerweile wichtiger.

9. DIE GEBURT DES DARKNETS AUS DEM GEIST DER CYBERANARCHISTEN

Der Kampf Bogatovs gegen seine Inhaftierung, Ahmad Alrifaees Flucht vor dem Assad-Regime ins Darknet, das digitale Spiel über Bande, mit dem Nadya die belarussischen Zensurbehörden narrt – die Fälle stehen exemplarisch für den seit Jahrzehnten tobenden Kampf zwischen Freiheit und Kontrolle im Netz, zwischen den Verfechtern eines freien Internets und denen einer Regulierung.

Der Kampf um das Netz ist auch ein Krieg der Narrative, getragen von Utopien einer freieren und gerechteren Welt – oder der Angst davor: hier die scheinbar endlos-chaotischen Netze des Cyberspace, einem unberechenbaren und fluiden Ereignisraum aus ständig neu wachsenden Knoten, Verknüpfungen und Beziehungsgeflechten; dort das Bedürfnis nach einer Einhegung der anarchischen Kraft des Netzes und einer Zentralinstanz, die die amorphe und potenziell bedrohliche Vielheit ordnet, klassifiziert und irgendwie regierbar macht.

Die Debatte darum, was das Netz können und vor allem was es dürfen soll, reicht zurück an den Ursprung des Internets in den 70er-Jahren – und zur Geburt des Darknets.

Urknall

Die Geburtsstunde einer der disruptivsten Technologien der Gegenwart war ein eher schmuckloser Moment. Am 29. Oktober 1969 um 22.30 Uhr sendete der Programmierer Charley Kline von einem Computer an der University of California in Los Angeles eine Nachricht an einen anderen Computer, der im 850 Kilometer entfernten Stanford Research Institute (SRI) stand. Klines Nachricht bestand nur aus einem Wort: »Login«. Doch im kalifornischen Menlo Park, wo das SRI seinen Sitz hat, kamen nur die Buchstaben »Lo« an. Bevor der dritte Buchstabe übertragen werden konnte, brach die Verbindung zusammen.[1]

Das eine Stunde später geglückte Experiment gilt als Urknall des Internets. Erstmals wurde die revolutionäre Technologie der Paketvermittlung genutzt, die Informationen in kleine Einheiten aufspaltete und sie über mehrere Knoten an den Empfänger sendete, wo sie wieder zusammengeschnürt wurden. Das Advanced Research Projects Agency Network (ARPANET) wurde mit Forschungsgeldern des US-Verteidigungsministeriums finanziert. Das Ziel aus Sicht der Sponsoren war es, ein stabiles Kommunikationssystem im Fall eines Atomkriegs zu gewährleisten. Tatsächlich verfolgten die Entwickler hinter dem ARPANET, insbesondere der Informatiker Robert W. Taylor, einen zivilen Zweck: den Austausch unter Forschern.[2]

Wenige Jahre nachdem Kline die erste E-Mail der Geschichte versendet hatte, nutzten Studenten an der Uni Stanford die revolutionäre Technologie für einen vergleichsweise profanen Zweck: Sie verkauften sich ein Tütchen Marihuana.[3] Auch wenn es noch Jahrzehnte dauern würde, bis der E-Commerce das Internet erobern sollte – der Gras-Deal der Stanford-Studenten muss wohl als dessen Gründungsakt gesehen werden.

Die Gras-Episode ist symptomatisch für die Entstehungsgeschichte des frühen Internets.

Der Erfindergeist der jungen Tech-Visionäre profitierte von den gesellschaftlichen Bewegungen in den USA zu dieser Zeit: den Protesten gegen den Vietnamkrieg, den 68ern und der Bürgerrechtsbewegung. Die volatile politische und kulturelle Gemengelage schien den technologischen Fortschritt zu befördern. »Technologische Protokolle und kulturelle Träumereien trafen aufeinander und verschmolzen. Die musikalische Gegenkultur, die Drogenszene und die frühe technologische Avantgarde beeinflussten und inspirierten sich gegenseitig – und es waren oft dieselben Leute«, beschreibt der amerikanische Autor Mike Power den damaligen Zeitgeist.

Dieser Aufbruchsgeist beflügelte auch einen der Tech-Visionäre der 70er-Jahre, den Computertechniker und Erfinder der Computermaus, Doug Engelbart. In der Boomphase der Gegenkulturen entwickelten Engelbart und seine Mitstreiter das damals revolutionäre Konzept des Personal Computers (PC), eines Rechners, der die privaten Haushalte erobern sollte.

Engelbart wollte den Computer dem Militär und den großen Konzernen entreißen, die in seiner Vorstellung die Großrechner nur zur Akkumulation von militärischer und kommerzieller Macht missbrauchten. Sein PC sollte hingegen allein dem Menschen dienen, dessen schöpferisches Potenzial entfalten und ihn so zu Höherem befähigen. Engelbarts Vision eines kreativitätssteigernden und basisdemokratischen Computers war typisch für den Technik- und Fortschrittsoptimismus seiner Zeit. Die Idee einer Technologie, die den Menschen zu mehr kultureller und politischer Partizipation befähigte, sollte sich schon bald im ersten globalen Diskussionsforum des Internets manifestieren, dem Usenet, in dem jeder Teilnehmer seine Meinung frei äußern konnte: direkt, unvermittelt, und ohne Sanktionen oder Zensur zu befürchten.

Der Sündenfall

Das Usenet war nicht viel mehr als eine Reihe von Diskussionsfäden zu unterschiedlichen Themen: meist unmoderierte, chaotische Diskussionslisten, bei denen man schnell mal den Überblick verlieren konnte. Doch ein Diskussionsforum, in das sich Leute aus allen Kontinenten einklinken konnten, war zu neu und aufregend, um es unausgetestet zu lassen. So ähnlich dachten jedenfalls Tausende Nutzer weltweit, die das Usenet in der Frühphase in den 80ern hatte.[4] Jeder mit einem Internetanschluss konnte in den »Newsgroups« mitdiskutieren oder eigene Themen erstellen. Viele der heute geläufigen

Netzphänomene wie Flamen oder Trolling haben ihren Ursprung im Usenet.[5]

Was die meisten Nutzer am Usenet schätzten – die freie, anarchische Struktur –, wurde jedoch bald zum Problem: Je mehr Nutzer sich im Forum anmeldeten, desto unübersichtlicher wurde es. Eine Gruppe von Administratoren, die sich »Backbone Cabal« nannte, begann daraufhin, das Chaos zu ordnen, indem sie Diskussionslisten nach Themen klassifizierte. »The Great Renaming« hieß der folgenschwere Eingriff im Jahr 1987 und bedeutete, dass nur noch in den festgelegten Themenkategorien gepostet werden konnte. Auch brauchte, wer Themen erstellen wollte, fortan die Erlaubnis der »Backbone Cabal«-Gruppe.

Die erste globale Austauschplattform des Cyberspace wurde so einer zentralen Instanz unterworfen. Was aus heutiger Sicht banal klingt, war damals aus Sicht vieler Nutzer ein unerhörter Akt. Insbesondere für den Programmierer John Gilmore, für den das Netz eine neue Ära der Meinungsfreiheit einläuten sollte, war es eine prägende Erfahrung. Für Gilmore war die Operation der »Backbone Cabal«-Admins ein Akt von Willkürherrschaft und zugleich der Sündenfall des frühen Netzes. In den Augen des jungen Kryptologen hatte das Internet seine Unschuld verloren: Eine Handvoll Moderatoren maßte sich an, den freien Fluss der Daten zu stören und einzuhegen – statt ihn zu fördern und zu beschleunigen. Zugleich wurde Gilmore bewusst, dass die Freiheit im Netz nicht einfach vorausgesetzt werden kann, sondern verteidigt werden muss – eine Erfahrung, aufgrund der er bald darauf die tech-avantgardistischen »Cypherpunks« ins Leben rufen wird.

Doch zunächst griffen Gilmore und seine Anhänger zum bequemsten Mittel des Protests: Abspaltung. »Das Netz betrachtet Zensur als schädlich und findet einen Weg, sie zu umgehen«, erklärte Gilmore Jahre später seinen Widerstand gegen die neue Ordnung im Usenet.[6] Statt sich in der neuen Struktur zurechtzufinden, die sie als Einengung ihrer Freiheit begriff, machte die Gilmore-Gruppe ganz einfach ihren eigenen Laden auf: mit eigenen Newsgroups und unter neuer Flagge.

Die Gruppen in der ALT-Kategorie (ein ironisches Akronym für »Anarchists, Lunatics and Terrorists«) kannten weder Administratoren noch Moderatoren. Entsprechend breit waren die Themen, die dort diskutiert wurden: Ob Rezepturen für Ecstasy, Inzestpornos oder das Teilen von Rauscherfahrungen – hier durfte alles gepostet werden. Nicht zufällig drehten sich die meisten Diskussionen um Drogen. Die populärsten Gruppen hießen alt.drugs oder alt.drugs.psychedelic. Es waren die ersten Gehversuche einer weltweit vernetzten Online-Drogenszene.[7]

Cypherpunks: Krypto gegen die totale Kontrolle

Der Aufstand der Usenet-Rebellen gegen die »Backbone Cabel«-Gruppe kann als Gründungsakt des Cyberanarchismus gelten: Diese frühen Netzaktivisten entwickelten ein feines Gespür für die subtilen Mechanismen der Internetkontrolle, etwa, dass eine zunächst harmlos erscheinende Maßnahme wie die Neuordnung von Chatgruppen nur die Vorbereitung für die beginnende Zensur sein kann.

Die Entwicklung des World Wide Web und die bald eintretende Popularisierung des Internets Anfang der 90er stellten den Kampf für ein freies Netz unter neue Vorzeichen. Im Windschatten des Booms traf sich eine kleine Gruppe von Mathematikern und Programmierern im kalifornischen Oakland, um über die Zukunft des Internets zu diskutieren. Die Cypherpunks um den Usenet-Rebellen John Gilmore setzen ihre Hoffnungen nicht in ein wundersames Heraufziehen eines staatenlosen Cyberutopias, eine durchaus populäre Trope während der Netzeuphorie der 90er. Stattdessen sahen sie die Gefahr, dass das Internet ebenso gut eine Epoche der totalen Kontrolle einläuten könnte.

Sie hatten allen Grund dazu: 1993 hatte die US-Regierung die forsche Idee, zunächst Telefone und später Computer mit einem besonderen Chip auszustatten: Der »Clipper Chip« sollte die Kommunikation der Nutzer zwar verschlüsseln und damit sicherer machen, aber zugleich dem US-Geheimdienst NSA eine Hintertür offen lassen, um die Verschlüsselung bei Bedarf zu knacken. Der Chip war eine Eigenproduktion der NSA und sollte ihre Spionage- und Überwachungsfähigkeit im digitalen Zeitalter sicherstellen. Zudem verbot die US-Regierung den Export starker Verschlüsselungsprotokolle[8] und setzte sie auf die Liste verbotener »Munition«.[9] »Aus Sicht der Cypherpunks drohte ein Paradigmenwechsel: von einer Welt, in der [die Mächtigen] die ultimative Kontrolle haben, hin zu einer Welt, in der sie überhaupt keine Kontrolle haben«, rekapituliert die Kryptografie-Ikone Moxie Marlinspike die Ära.[10]

Der Eingriff des Staates in eine neue Technologie, die die Verwundbarkeit von Nutzern eigentlich reduzieren sollte, aber durch den Einbau von Backdoors nur erhöhte, löste eine jahrelange Kontroverse in den USA aus. Am Ende scheiterte der Clipper Chip am amerikanischen Konsumenten und wurde wenige Jahre später aufgegeben. Doch die »Crypto Wars« waren für die Cypherpunks der Beweis für den autoritären Charakter des Staates, den technischen Fortschritt für den eigenen Machterhalt zu missbrauchen. Um den Herrschenden die digitale Arena nicht kampflos zu überlassen, suchten sie in der Folge nach Wegen, sich zu wappnen.

Aus dem konspirativen Diskussionskreis in Oakland, organisiert von John Gilmore, Eric Hughes und Timothy May, erwuchs bald eine Mailingliste,[11] an der sich Hunderte Kryptofans auf der ganzen Welt beteiligten und über Verschlüsselung, Datenschutz und die Zukunft des Cyperspace diskutierten. Der Verteiler war einerseits Treffpunkt und Austauschmedium für Gleichgesinnte, hatte aber vor allem eine klare praktische Ausrichtung. »Cypherpunks schreiben Code« lautete der Slogan – gefragt waren praktische Lösungen.

Die Ideen und Konzepte, die in dem überschaubaren Kreis der Cypherpunks kursierten, zeigen, wie sehr sie ihrer Zeit voraus waren. Viele der Tools, die wir heute benutzen, um anonym im Netz zu kommunizieren, wurden von den Cypherpunks bereits vor 25 Jahren antizipiert oder in Ansätzen entwickelt: ein Remailer, der das Verschicken anonymer Botschaften erlaubte; eine Plattform für Whistleblower;[12]

eine Software, die es erlaubt, urheberrechtlich geschützte Filme und Songs anonym zu teilen; erste Arbeiten an einer anonymen Digitalwährung. Rund 20 Jahre bevor die Snowden-Leaks das globale Ausmaß staatlicher Überwachung offenlegten, wussten die Cypherpunks genau, mit wem sie sich anlegten. »Die NSA könnte einen Herzinfarkt bekommen angesichts dieser Entwicklungen«, schrieb Timothy May 1994 im *Cyphernomicon*.[13]

Das höchste Gut waren für die Kryptokrieger die Unantastbarkeit der individuellen Freiheit und der Schutz der Privatsphäre. Ihr tiefes Misstrauen gegenüber dem Staat zeigte sich nicht nur in Sachen Bürgerrechte. Viele Cypherpunks verstanden sich auch im ökonomischen Sinn als Libertäre, die von einem Kapitalismus jenseits staatlicher Zwänge träumten. Das Internet galt ihnen als finales Durchsetzungsmedium ihres anarchokapitalistischen Traums – ein kryptografisch abgeschirmtes Cyberutopia als Überbau für die ungebremste Freiheit zu kaufen und zu verkaufen.

Im *Krypto-anarchistischen Manifest* von 1992 beschreibt Timothy May in groben Zügen seinen virtuellen Traumstaat. Aus heutiger Sicht liest sich das wie die nicht-existierenden AGB eines Darknet-Markts: So ist zum Beispiel die Rede von einem virtuellen Markt, wo frei getauscht und »Geschäfte jedweder Art« abgeschlossen werden können; von Tauschgeschäften, die steuerfrei und vollkommen anonym ablaufen, ohne dass die Marktteilnehmer »den echten Namen oder den rechtlichen Status« des Gegenübers kennen; von Kommunikationen, die kryptografisch abgesichert und damit nicht rückverfolgbar sind; und von einem Feedback-System als Entscheidungshilfe für die vollständig anonymisierten Teilnehmer.

Es lässt sich mit relativer Sicherheit sagen, dass heute wohl jeder Kryptomarkt-Betreiber seine (gefälschte) Unterschrift unter Mays Manifest setzen würde. Dem Cypherpunk Naivität zu unterstellen, weil er den Missbrauch kryptografischer Verfahren durch Kriminelle nicht vorausgesehen hat, wäre allerdings unangebracht. Denn May dachte sehr wohl daran – nur war es ihm egal:

»Der Staat wird natürlich versuchen, die Ausbreitung der Verschlüsselung zu bremsen oder aufzuhalten. Er wird eine Gefahr für die nationale Sicherheit heraufbeschwören oder den Missbrauch der Technologie durch Drogendealer und Steuerbetrüger. Er wird Ängste schüren, dass die Gesellschaft auseinanderbrechen könnte.
Viele dieser Bedenken sind auch nicht abwegig: Die Kryptoanarchie wird es möglich machen, mit Staatsgeheimnissen zu handeln und gestohlene Güter zu verkaufen. Ein anonymer digitalisierter Markt wird sogar abscheuliche Märkte für Auftragsmorde und Erpressung hervorbringen. […] Und doch wird das alles nicht die Verbreitung der Kryptoanarchie aufhalten.«[14]

Eine neue Heimat des Geistes

Jenseits solch düsterer Visionen setzte Mitte der 90er eine Phase der poetischen Verklärung des Internets ein, in der wieder alles möglich schien. Als exemplarisch für die Hoffnungen und Träume der frühen Internet-Utopisten kann die »Unabhängigkeitserklärung des Cyberspace« gelten, gehalten vom Schriftsteller und Cyberanarchisten John Perry Barlow auf dem Weltwirtschaftsforum in Davos 1996.

»Regierungen der industriellen Welt, Ihr müden Giganten aus Fleisch und Stahl, ich komme aus dem Cyberspace, der neuen Heimat des Geistes.
Ich erkläre den globalen sozialen Raum, den wir errichten, als gänzlich unabhängig von der Tyrannei, die Ihr über uns auszuüben anstrebt.
Ihr habt hier kein moralisches Recht zu regieren. […] Unsere Welt ist anders. Wir erschaffen eine Welt, in der jeder Einzelne an jedem Ort seine oder ihre Überzeugungen ausdrücken darf, wie individuell sie auch sind, ohne Angst davor, im Schweigen der Konformität aufgehen zu müssen.«

Weder Barlow noch die anwesende Politik- und Wirtschaftselite konnten damals ahnen, wie weit er danebenliegen würde. Was der Mitbegründer der Electronic Frontier Foundation (EFF) sich vor gut 20 Jahren erhoffte – ein Internet frei von staatlicher oder privatwirtschaftlicher Kontrolle –, klingt heute seltsam entrückt, wie eine romantische Idee aus einer längst vergangenen Zeit.

Die »neue Heimat des Geistes«, die sich Barlow zufolge außerhalb der staatlichen Zugriffsmacht befindet und damit über ihren Gesetzen schwebt, war jedoch nicht bloß eine Spinnerei von Nerds und Cyberutopisten. In den 90ern war, wenn auch weniger pathetisch, dieser Gedanke allgemein verbreitet, zumindest in den USA, bis tief in das akademische und politische Establishment.

Selbst Juristen schienen die neue Realität zu akzeptieren. So legte etwa die Sektion 230 des amerikanischen *Communications Decency Act* (CDA) von 1996 fest, dass Internetprovider und Plattformbetreiber nicht für die Inhalte der Nutzer haften müssen.[15] Es war eine Art amtliche Bestätigung der damals um sich greifenden Strömung des »Internet Exceptionalism«:[16] der Annahme, dass die Gesetze der analogen Welt im Netz keine oder nur begrenzte Gültigkeit besaßen.

Mit der Überzeugung, die neu erlangte Freiheit im virtuellen Raum würde die Menschen wie von selbst für sich gewinnen, traf Barlow den Nerv einer Generation. Doch es war ein Irrtum. Die »müden Giganten aus Fleisch und Stahl«, die Barlow 1996 in Davos noch arrogant belächelte, waren nicht müde. Sie brauchten nur etwas länger. Der Glaube der frühen Cyberanarchisten an einen wundersamen Automatismus der Befreiung trübte ihren Blick auf die tatsächliche Marschrichtung, die das Netz nahm.

Erstaunlich erscheint aus heutiger Sicht die Tatsache, dass Barlows Botschaft selbst bis ins mächtigste Amt der Welt vordrang. Noch 2000 verglich der damalige US-Präsident Bill Clinton bei einem Besuch in Shanghai die Bemühungen der chinesischen Regierung, die drohende Liberalisierung des Landes durch das Internet abzuwehren, mit dem Versuch, »Wackelpudding an die Wand zu nageln«.[17] 20 Jahre später kann man durchaus behaupten, dass Peking den Wackelpudding an die Wand genagelt hat: Mit der »Großen Firewall« hat die Kommunistische Partei Chinas den wohl mächtigsten digitalen Zensurapparat geschaffen, der eine fast lückenlose Kontrolle des Internetverkehrs ermöglicht.

Verbotener Code

Während John Perry Barlow der Davos-Elite seine Cyberutopie präsentierte, ging in den USA der Krieg um die Frage, wem das Internet gehört, weiter. Bürgerrechtler und Netzaktivisten warfen der Regierung vor, mit dem Verschlüsselungs-Exportverbot die Sicherheit aller Nutzer zu untergraben und den technischen Fortschritt abzuwürgen.[18] Um die Exportsperre zu unterlaufen, ließen sich Leute die irrsten Ideen einfallen: Sie druckten ›verbotenen‹ Quellcode auf T-Shirts, die das Stück Stoff dadurch – theoretisch – zu Munition werden ließ, die das Land nicht verlassen durfte; andere tätowierten sich den Code auf den Körper und gingen auf Reisen, womit sie sich selbst zum verbotenen Exportprodukt machten[19]; Phil Zimmermann, Erfinder der PGP-Verschlüsselung,[20] veröffentlichte den Quellcode der PGP-Software einfach in einem Buch mit 933 Seiten – eine Aktion, mit der er sich ein dreijähriges Verfahren der Staatsanwaltschaft aufhalste.

Am Ende verlor die NSA die »Crypto Wars«, zumindest vorerst: Das Exportverbot für starke Verschlüsselung über 40 Bits wurde nach einem langen Kampf der Netzcommunity schrittweise gelockert und im Jahr 2000 aufgehoben.[21] Diese repressive Episode der US-Regulierungsbehörden – die bekanntlich nicht die letzte sein sollte – war für den technischen Fortschritt jedoch gar nicht unproduktiv: Der lange Arm des Staates in der virtuellen Sphäre bestärkte viele in der Überzeugung, sich digital verteidigen zu müssen. Die Cypherpunks erfreuten sich über den Zustrom brillanter Köpfe, und aus der immer bekannter werdenden Mailingliste wurde eine hochtourig arbeitende Ideenschmiede, die eine ganze Generation junger Informatiker prägte: Leute wie Hal Finney, einen der Wegbereiter der Kryptowährung

Bitcoin, Julian Assange, den Gründer der Whistleblower-Plattform WikiLeaks, oder Roger Dingledine, den späteren Tor-Entwickler.

Andy Müller-Maguhn, Hacker und langjähriger Sprecher des Chaos Computer Clubs (CCC), schreibt in *Cypherpunks: Unsere Freiheit und die Zukunft des Internets* über eine der zentralen Lehren aus den »Crypto Wars«: »Ich glaube, dass Gilmore, einer der Vordenker der Cypherpunks, Großes geleistet hat, die Dinge in diese Richtung zu lenken. Das hat die ganze krypto-anarchistische Idee inspiriert, sich eine eigene Form der anonymen Kommunikation zu schaffen, die verhindert, dass man zurückverfolgt werden kann.«[22]

Durchbruch

Die Suche nach eigenen Formen anonymer Kommunikation, bei der man nicht auf Gedeih und Verderb privaten Tech-Konzernen ausgeliefert ist, faszinierte auch den jungen Roger Dingledine, einen graduierten Computerwissenschaftler am Massachusetts Institute of Technology (MIT). Dingledine hatte bereits zu Studienzeiten an einer Software gearbeitet, die Dissidenten den anonymen Austausch von Informationen ermöglichen sollte.[23] Mit seinem nächsten Projekt sollte ihm der Durchbruch gelingen: Mit Nick Mathewson, einem MIT-Kommilitonen, und dem Mathematiker Paul Syverson, den Dingledine eher zufällig auf einer Konferenz traf,[24] begann er an einer Anonymisierungssoftware zu arbeiten, an der Syverson bereits Mitte der 90er am Naval Research Laboratory (NRL), einer Forschungseinrichtung der US-Navy, geschrieben hatte.

Das Programm hatte ursprünglich den Zweck, die Kommunikation amerikanischer Agenten im Ausland abzuschirmen, versauerte jedoch auf den Festplatten der Navy. Das ungleiche Trio – zwei libertär gesinnte Studenten und ein Mathematiker aus Militärkreisen – verpasste Syversons Software ein umfassendes Update und veröffentlichte sie 2004 unter dem Namen »Tor: The Second-Generation Onion Router«.[25] Damit legten sie den Grundstein für das Darknet.

In der US-Netzdebatte der 90er um die richtige Verschlüsselung gingen die Tor-Entwickler einen Schritt weiter: Denn um die Kommunikation von Internetnutzern vor neugierigen Blicken zu schützen, sollte Tor nicht bloß die Datenverbindungen verschlüsseln. Das eigentliche Ziel von Tor ist die Verschleierung von Metadaten, die auch bei verschlüsselter Kommunikation anfallen und die, auch ohne den Inhalt der Kommunikation preiszugeben, eine ganze Menge über einen Nutzer verraten, etwa wann er welche Seite besucht hat, und mit wem er wann gesprochen hat und wie oft.

Als WhatsApp 2016 die Ende-zu-Ende-Verschlüsselung standardmäßig einführte,[26] war das mit einem Schlag für rund eine Milliarde Nutzer ein riesiger Zuwachs an Privatsphäre im Netz. Doch WhatsApp-Nutzer werfen weiterhin einen große Menge an Metadaten ab, die ein Angreifer mit entsprechenden Ressourcen nutzen kann: etwa indem er soziale Graphen[27] erstellt, die etwas über die Art, Intensität und Verweildauer von Beziehungen zwischen Personen und ihren Gewohnheiten verraten.

»Wir töten Menschen anhand von Metadaten«, heißt wohl der berühmteste Satz des ehemaligen NSA-Chefs Michael Hayden.[28] So zynisch der Satz auch sein mag: Hayden bestätigt damit die Macht von Metadaten, mit denen eine Regierungsbehörde Nutzer lokalisieren, identifizieren und, je nach Agenda der Behörde, weitere Maßnahmen ergreifen kann.

Ein weniger bekannter Satz von Hayden lautet: »Wir haben den Kampf gegen die Verschlüsselung zwar verloren, aber irgendwann eingesehen, dass wir etwas viel Wertvolleres haben: Statt zu versuchen, Verschlüsselung zu verbieten oder zu knacken, haben wir sie einfach umgangen, indem wir massenhaft Metadaten von den Leuten sammelten.«[29]

Der Satz belegt nachträglich, dass der kurzfristige Sieg der Netzaktivisten über die NSA in den »Crypto Wars« der 90er nicht den Krieg beendete, sondern nur eine Schlacht zu ihren Gunsten entschied. Die NSA hörte zwar auf, sich die Zähne an den immer robuster werdenden Verschlüsselungsprotokollen auszubeißen, und musste zusehen, wie immer mehr Internetdienste und Apps die Daten ihrer Nutzer standardmäßig verschlüsselten. Doch konnte sie ihren Informationsrückstand durch das systematische und massenhafte Abgreifen von Metadaten, dessen Ausmaß wir seit den Snowden-Leaks kennen, offenbar recht gut kompensieren.

Krypto für alle, und gegen alle

Den Tor-Entwicklern war klar, dass die Technik alleine keinen ausreichenden Schutz bietet. Damit die Teilnehmer im Netzwerk einen möglichst hohen Grad an Privatsphäre genießen können, musste sich Tor unterschiedlichen gesellschaftlichen Akteuren und Institutionen öffnen. Denn solange nur Personen einer bestimmten Gruppe Tor nutzen, wäre die Anonymitätsgarantie in etwa so hoch, wie auf Facebook mit Klarnamen zu posten.

Das lässt sich an einem einfachen Beispiel nachvollziehen: Angenommen, Tor würde ausschließlich von Menschen genutzt werden, die sich über Echsenmenschen unterhalten wollen und sich auf entsprechenden Foren darüber austauschen. Der Internetprovider wüsste folglich, sobald sich ein Nutzer ins Tor-Netzwerk einklinkt, wohin die Reise gehen wird – zu den Echsenmenschenforen.

Analog dazu verhält es sich mit Tor: Für die iranische Regierung zum Beispiel wäre es ein Leichtes, einen amerikanischen Agenten beim Surfen mit Tor zu enttarnen, wenn Tor der exklusive Anonymisierungsdienst des Pentagon wäre. Das Regime müsste lediglich den Internetverkehr nach Datenverbindungen absuchen, die nach Tor-Traffic aussehen, und wüsste bereits, dass der Nutzer ein Mitarbeiter der US-Regierung ist.

Mit anderen Worten: Tor musste Open Source werden. Das verstand auch die US-Navy, an dessen Naval Research Laboratory (NRL) Paul Syverson die Grundlagen von Tor programmiert hatte. Schon 2003, ein Jahr vor der Veröffentlichung des finalen Tor-Papers, wurde der Quellcode der Tor-Software öffentlich. Ende des Jahres fanden sich bereits die ersten Freiwilligen, die Tor-Knoten betrieben. Die Pentagon-Behörde ließ zugleich ihr Sponsoring langsam auslaufen und übergab die Verantwortung für Tor der Electronic Frontier Foundation (EFF) – und damit in die Hände des Cypherpunks John Gilmore und des Techoptimisten John Barlow, die die EFF 1990 ins Leben gerufen hatten.

Das Darknet wird Mainstream

Der Rückzug des US-Militärs als Sponsor und Schirmherr und die Freigabe der Software unter einer Open-Source-Lizenz war für Tor der Wendepunkt. Ab 2006 übernahm die neu gegründete Non-Profit-Organisation The Tor Project in Seattle die Verantwortung für die Software. Das Tor Project verwaltet mittlerweile ein Budget von mehreren Millionen US-Dollar pro Jahr. 2017 stammte rund die Hälfte davon aus unterschiedlichen Töpfen der US-Regierung. Das Geld kommt vom US-Außenministerium, dem staatlichen Auslandssender Radio Free Asia oder aus staatlichen Forschungsbudgets.[30] Die Abhängigkeit von Regierungsgeldern konnte Tor in den letzten Jahren verringern: 2015 kamen noch 80 bis 90 Prozent des Budgets vom Staat.[31] Die umstrittene Finanzierungsstruktur führte in der Vergangenheit zu Kritik und heftigen Debatten.[32]

Die Verantwortlichen des Tor Project sehen das staatliche Sponsoring nicht als Problem: Die Gelder seien projektgebunden, die staatlichen Geber hätten keinen Einfluss auf die Entscheidungen, heißt es.[33]

Der Popularität von Tor in der eigenen Anhängerschaft tat dies ohnehin keinen Abbruch. Nach und nach bildete sich eine global vernetzte Community von Forschern, Datenschützern und Netzaktivisten. Sie stellten Server bereit, verfeinerten den Code oder verbreiteten das Tool in ihren Kreisen. Tor sollte fortan einen zivilen Zweck haben und Whistleblowern, Dissidenten und normalen Internetnutzern anonymes Surfen ermöglichen. Mit einem Startvolumen von zunächst wenigen Dutzend Knoten[34] schwoll das Netzwerk auf rund 7.800 Knoten im Jahr 2020 an. [35] Die Knoten werden laut Tor Project größtenteils von Freiwilligen betrieben und sind auf der ganzen Welt verteilt.[36]

Doch bis Tor seinen Ruf als womöglich stärkstes Privatsphäre-Tool auch außerhalb der Szene festigen konnte, dauerte es eine Weile. Lange Zeit galt Tor als Spielzeug für Hacker, Nerds und Leute, die sich Witze in Binärcode erzählen. Wenn man es überhaupt kannte. Erst mit dem Launch von Silk Road 2011 änderte sich das. Der beliebte Drogenversand aus dem Darknet imponierte nicht nur Konsumenten auf dem ganzen Globus, sondern auch Journalisten und Feuilletonisten, die den Kryptomarkt zu einer Art techno-kulturellem Happening hochstilisierten. Das Darknet wurde Mainstream.[37]

10. DER KAMPF GEGEN KINDERPORNOGRAFIE IM DARKNET – UND WARUM DER BEGRIFF NICHT PASST

Zum Begriff

Neben den Drogen und den Waffen machen die Anonymität und die Vernetzungsmöglichkeit des »unzensierten« Raumes Darknet noch eine andere Form der Kriminalität in nie gekanntem Ausmaß möglich: die Verbreitung von fotorealistischen Darstellungen des sexuellen Missbrauchs an Kindern und Jugendlichen unter 14 Jahren. Gemeinhin werden solche Darstellungen als »Kinderpornografie« bezeichnet.

Dieser Begriff ist äußerst problematisch, weil er Einvernehmlichkeit unterstellt, aber das, was dort auf Fotos und Filmen gezeigt wird, ist nur für die Täter Pornografie. Objektiv ist es schwerste Gewalt an schutzbedürftigen Menschen. Jedem einzelnen Bild liegt immer ein realer sexueller Missbrauchsfall zugrunde.

Missbrauch? Auch dieser Begriff ist falsch, auch wenn er sich etabliert hat. Denn es gibt keinen richtigen »sexuellen Gebrauch« von Kindern. Was auf den Bildern und Videos zu sehen ist, ist sexualisierte Ausbeutung von Minderjährigen – und oft sogar von Babys. Kein einzelnes Bit dieser digitalen Daten kann hergestellt werden, ohne dass Kinder leiden und oft für ihr ganzes Leben gezeichnet sind. Nichts anderes ist »Kinderpornografie« als: Vergewaltigungen. Gebannt auf Fotos und Videos, hunderttausendfach und manchmal über Jahrzehnte im Netz verteilt und kopiert.

Ich verwende deshalb »vergewaltigte Kinder«, »sexuelle Ausbeutung« oder »sexualisierte Gewalt gegen Kinder«, auch wenn es sich sperriger liest. In manchen Kreisen, gerade unter Strafverfolgern und in offiziellen Schriftstücken, haben sich jedoch »Missbrauch« und »Kinderpornografie« eingebürgert. Da es in diesem Kapitel um Ermittler gehen soll, versuche ich daher, beidem Rechnung zu tragen, Zitate sind natürlich im Original wiedergegeben.

Noch ein Wort zur Recherche: Ich war noch nie auf einer Plattform oder Website, die solches Material anbietet, ich würde mich als Journalistin schon bei der Recherche strafbar machen, ganz abgesehen davon, dass es für mich unerträglich ist. Die Quellen in diesem Kapitel sind Gerichtsakten und die Menschen, die sich mit der Thematik Tag für Tag beschäftigen müssen – Ermittler, Staatsanwältinnen, Kinderschutzbund-Mitarbeiter, Betroffene, psychiatrische Fachkräfte, Gutachterinnen und Verteidiger. Außerdem eigene Notizen aus rund 50 Stunden Prozessbeobachtung.

Was sexualisierte Gewalt gegen Kinder im Darknet ausmacht

Videos und Bilder, in denen Kinder vergewaltigt werden, stehen häufig auf speziellen Darknet-Plattformen unter .onion-Adressen, die im Aufbau einem gewöhnlichen Internetforum mit angeschlossenem Chat ähneln. Geld spielt in der Szene so gut wie keine Rolle. Die Foren sind hierarchisch gegliedert, es gibt Moderatoren mit Sonderrechten und bestimmte Bereiche für Mitglieder, die sich durch Hilfstätigkeiten oder besonders viele Posts Auszeichnungen verdient haben. Die Inhalte werden in der Regel einfach in Kategorien nach Geschlecht geordnet und dort in Threads getauscht: Jeder kann Bilder und Videos per Link posten und auch herunterladen. Häufig gibt es anfangs allerdings eine Hürde: Die Nutzer werden aufgefordert, illegales Material schon bei der Anmeldung oder in regelmäßigen Abständen hochzuladen, um überhaupt eintreten zu können. Andernfalls wird ihr Konto gesperrt.

Anders als bei Drogen und Waffen gibt es in der Regel keine Pakete, die durchs Land geschickt werden, wenn man die Ware einfach digital hoch- und runterladen kann. Die Schnittstellen hin zum »echten

Leben«, nach denen Darknet-Ermittler so häufig Ausschau halten, finden sich eher im getauschten Material.

Dort sind die Gesichter der Kinder fast immer zu sehen, die der Täter höchst selten. Besonders vorsichtige und technisch versierte Täter retuschieren sich selbst vollständig aus dem Material, das sie verbreiten. Deshalb müssen Auswerter bei der Polizei die Fotos und Filme manchmal hundertfach anschauen und auf kleinste Hinweise scannen: Ist da ein Dialekt zu hören? In welchem Jahr wurde das Möbelstück auf den Markt gebracht?

Sexualisierte Gewalt, die aufgezeichnet und im Darknet oder im Internet verbreitet wird, verletzt die Kinder oft doppelt: Sie werden dauerhaft geschädigt, weil die Verfügbarkeit des Materials völlig außerhalb ihrer Kontrolle liegt. Noch Jahrzehnte später kann jemand am anderen Ende der Welt auf einen Film zugreifen, selbst wenn der Täter längst verurteilt ist. Dieser Gedanke – dass die eigene Vergewaltigung »viral geht« – belastet die Betroffenen schwer.

Wer sind die Täter?

Viele Täter behaupten, dass das Kind »das doch auch wollte« oder dabei Spaß hat, und rechtfertigen damit das eigene Tun. Nicht immer sind die Täter übrigens pädophil. Schätzungen zufolge machen Persönlichkeitsstörungen oder Intelligenzminderung fast die Hälfte aller erfassten Taten bei sexualisierter Gewalt gegen Kinder aus.

Die Täter sind in den allermeisten Fällen (95 Prozent) Männer und überdurchschnittlich oft Familienmitglieder, denn: Kinder brauchen Liebe, sind von Erwachsenen abhängig, wollen gefallen und sind erpressbar. Drohungen wie »Wenn du mich wirklich magst, machst du das«, »Das darfst du niemandem sagen, sonst kommen wir beide ins Gefängnis« und andere Manipulationen sind gerade bei wiederkehrenden sexualisierten Gewaltverbrechen gegen Kinder gängig.

Kennzeichnend im Darknet ist eine starke Vernetzung der Täter. Ermittler beschreiben sie als im Vergleich deutlich älter und technisch oft nicht so bewandert wie beispielsweise Darknet-Drogendealer. Dafür sind sie zumeist auf mehreren Plattformen aktiv. In der Realität leben die Täter dagegen häufig zurückgezogen. Darknet-Pädosexuelle tendieren dazu, belastendes Material in großen Mengen regelrecht zu horten. 15.000 gefundene Filme und Bilder mit vergewaltigten Kindern und mehr sind bei Hausdurchsuchungen keine Seltenheit. Zu groß ist die Angst, dass der Nachschub online irgendwann nicht mehr verfügbar sein könnte.

2019 wurden in Deutschland rund 12.300 Fälle von Verbreitung, Erwerb, Besitz und Herstellung »sogenannter Kinderpornografie«, wie es in der polizeilichen Kriminalstatistik heißt[1], angezeigt. Im Vorjahr waren es noch rund 7.450 Fälle. Ein Anstieg von fast 65 Prozent. Für das illegale Material ist das Darknet ein bedeutender Verteiler. Dort spielt sich auch der Großteil der Diskussion über das Thema unter Pädophilen ab. Doch auch über verschlüsselte Messergerdienste wie WhatsApp oder Telegram – wegen der leichteren Bedienbarkeit – oder auf Websites im Clearnet wird Missbrauchsmaterial verschickt.

Auch wenn der »Besitz kinderpornografischer Schriften«, wie es etwas altmodisch im Strafrecht heißt, bereits strafbar ist, wird von diesen Tätern nicht jeder automatisch gegen Kinder übergriffig. Studien zeigen dennoch eine Überschneidung zwischen sexualisierter Gewalt gegen Kinder und dem Konsum von Material, in dem diese Gewalt gefilmt oder fotografiert wurde. Die interdisziplinäre »MiKADO-Studie« der Universität Regensburg hat 28.000 Erwachsene zu den Umständen von sexualisierter Gewalt gegen Kinder befragt. Dort gaben circa 25 Prozent der Konsumenten von Missbrauchsabbildungen an, selbst schon einmal ein Kind missbraucht zu haben.[2]

Zwar gibt es mittlerweile Netzwerke wie das von der Berliner Charité initiierte Projekt »Kein Täter werden«, an das sich Pädophile wenden können – aber bislang nur in elf großen Städten in Deutschland. »Kein Täter werden« bietet Beratung und Begleitung durch Selbsthilfegruppen, die Pädophile dabei unterstützen, ein straffreies Leben zu führen. Aktuell nutzen etwa 700 Personen bundesweit das Angebot.

Pädophilie an sich ist eine Neigung, die die Betroffenen nicht verändern können und über deren Ursachen man bis heute nicht genügend weiß. Man kann eine solche Prägung nicht heilen, aber durchaus managen. Zu den ersten Ratschlägen, die Pädophile vom Netzwerk »Kein Täter werden« bekommen, gehört: Orte mit kleinen Mädchen oder Jungen meiden. Der zweite lautet: Mach dir klar, dass du die Verantwortung übernehmen musst.

Das genaue Gegenteil spielt sich jedoch im Darknet ab. Immer neue Plattformen zum Austausch von strafrechtlich relevantem Material entstehen im vermeintlichen Schutz der Anonymität, oft international vernetzt und mit immer größeren Nutzerzahlen. Dort tummeln sich nicht nur Pädosexuelle, die davon überzeugt sind, dass es so etwas wie Einvernehmlichkeit bei der sexuellen Ausbeutung von Kindern gibt, und Pädokriminelle, die Kinder auch im echten Leben vergewaltigen und sich dazu verabreden – es gibt im Publikum dieser Plattformen auch Menschen mit Persönlichkeitsstörungen oder einfach Sadisten, die die Gewalt gegen Kinder erregt.

Die wirklich dunkle Seite des Darknet: Hurtcore

Bei der Vorstellung, was im Darknet alles möglich ist, spielen häufig Fantasie oder einfache Scam-Seiten eine größere Rolle als die Fakten. Doch die Frage bleibt: Wie düster und abscheulich ist das Darknet wirklich? Es gibt gerade im Bereich der sexualisierten Gewalt gegen Kinder ein Beispiel für die extremen Abgründe dieses Raums, und es ist gleichzeitig ein Beispiel für die extremen Abgründe der menschlichen Psyche.

So schuf ein 21-jähriger Nanotechnologie-Student aus Melbourne, der im Darknet nur als »Lux« bekannt war, die Darknet-Plattform Hurt2TheCore. Sie bediente die wohl abgründigste Pädokriminellen-Nische: Hurtcore – ein Fetisch für Menschen, die es erregt, anderen Menschen, insbesondere Kindern gegen ihren Willen Schmerzen zuzufügen oder sie zu foltern.

Hurtcore wird selbst in den meisten Pädophilenkreisen verabscheut. So verbannten auch die Darknet-Plattformen für sexualisierte Gewalt, denen sich Lux zunächst angeschlossen hatte, diese Seite. Lux begann daraufhin, sich seine eigene Nische zu schaffen und Hurtcoreseiten selbst im Darknet zu hosten: zunächst auf Freedom Host, einem Tor-Hostingdienst für Kryptomärkte, den das FBI 2013 komplett abschalten konnte. Als das passierte, setzte er eigene Server auf.

Auf die Idee, seine monströsen Neigungen auch tatsächlich im Darknet Gestalt annehmen zu lassen, ist Lux nach eigenen Angaben ausgerechnet durch den Kampf gegen Darknet-Gewalt gegen Kinder gekommen. Dort startete die Hacktivistengruppe Anonymous gerade die Kampagne #OpDarkWeb: Die Besucher des anarchistischen Imageboards 4chan wurden aufgefordert, Kinderpornoseiten im Darknet mit DDOS-Attacken lahmzulegen, mit mäßigem Erfolg. Aus Neugier schaute sich 4chan-Stammgast Lux selbst im Darknet um. Lux erzählte später einem Online-Magazin, dass ihn erst der Kontakt mit der Tor-Pedo-Community in seinen Gefühlen bestärkt hätte. Dort, unter Gleichgesinnten, habe er »gelernt, sich selbst zu akzeptieren«, sagte er The Daily Dot.[3]

Der Student baute daraufhin sein rapide wachsendes »PedoEmpire«, rund ein Dutzend Seiten, die sich der Vergewaltigung von Kindern in allen Facetten widmen, vom Haus seiner Eltern aus auf. Lux, der sich wie die meisten Extremisten im Darknet als »strong believer in freedom of speech« beschreibt, lieferte auf der Seite Hurt2TheCore sogar Tipps zur Entsorgung von Leichen. Manche Nutzer boten verwaiste Kinder aus aller Welt zum »Verkauf« oder zur »Vermietung« an. In der »Producer's Lounge«, in die man nur nach Hochladen eines neuen Videos vergewaltigter Kinder kam, konnten Nutzer Folter-Aufnahmen bei anderen Nutzern bestellen. Unter anderem hostete Lux auch einen besonders grausamen Film, in dem ein Baby getötet wird.

Dieser Film wurde von Peter Scully, einem Australier, ins Darknet gestellt und an Hurtcore-Kunden verkauft. Er hatte mit seiner Freundin mehrere verarmte Kinder auf den Philippinen in ihr gemeinsames Haus entführt, sie auf unvorstellbare Weise gefoltert und wohl auch getötet – unter dem Haus war die Leiche eines vergewaltigten Mädchens gefunden worden. Es ist einer der wenigen belegten Fälle, in denen für sogenannte Snuff-Filme[4] tatsächlich Geld geflossen ist.

Kurz vor der Gerichtsverhandlung auf der philippinischen Insel Mindanao vernichtete ein Feuer in der Asservatenkammer Scullys Computer und damit wichtige Beweise. Es wurde spekuliert, dass Scully die philippinische Polizei bestochen haben könnte, doch erhärten ließ sich dieser Verdacht nicht. Scully wurde wegen Mord und Entführung zu einer lebenslänglichen Haftstrafe verurteilt. Auch Lux wurde im Alter von 22 Jahren in Australien zu 32 Jahren Haft verurteilt. Den Abgrund, den er erschaffen hat, gibt es zum Glück nicht mehr.

Der besonders grausame Film jedoch kursiert weiter – wenn auch zumeist nur als Legende.

Eine Legende, die manche geschickt zu vermarkten wussten: So bot der YouTuber Takedownman, der sich gern als Reiseführer durch die dunklen Sümpfe des Darknet inszeniert, im Clearnet gefälschte Screenshots aus dem Film zum Kauf an. Sein Video, in dem er für die Screenshots wirbt, wurde 245.000 Mal angeklickt.

Wie eine Darknet-Spezialeinheit gegen die sexuelle Ausbeutung von Kindern kämpft

Dieser extreme Fall von Hurtcore zeigt nicht nur, wie viele Internetnutzer von Gewalt gegen Kinder geradezu besessen sind. Er zeigt auch, wie gefährlich die Vernetzung, die gegenseitige Bestärkung so einer kriminellen Szene im Zusammenhang mit der Anonymität, die das Darknet bietet, werden kann. »Die Opfer werden jünger, das Material härter, und aufgrund der hohen Nachfrage auf den entsprechenden digitalen Plattformen gelangt immer neues Material in Umlauf«, beklagte der auf Darknet-Fälle spezialisierte Staatsanwalt Benjamin Krause schon im Jahr 2018.

Die Zentralstelle zur Bekämpfung der Internet- und Computerkriminalität (ZIT) ist eine Außenstelle der Generalstaatsanwaltschaft Frankfurt und die erste Behörde in Deutschland, die sich ausschließlich der Bekämpfung von Online-Kriminalität widmete. Sie ist erster Ansprechpartner des Bundeskriminalamts für Internetstraftaten bei noch ungeklärter örtlicher Zuständigkeit in Deutschland. Sie bearbeitet besonders aufwendige Cybercrime-Fälle, Drogen- und Waffenhandel im Netz über Hacking bis zur Kinderpornografie.

Die ZIT hat ihren Sitz in Frankfurt am Main nahe der Konstablerwache. Im Erdgeschoss des Gebäudes befindet sich ein Waffenladen, ein Hinweisschild auf die Behörde gibt es nicht. »Ich weiß auch nicht, ob hier noch mal ein Schild hinkommt«, sagt die junge Staatsanwältin Julia Bussweiler, als sie mich auf der Straße abholt. »Kann sein, dass das Absicht ist.«

Bussweiler arbeitet seit über zwei Jahren bei der ZIT. Als sie eingestellt wurde, war die Behörde noch in Gießen. Als die ZIT nach den großen Fällen Shiny Flakes und Chemical Love ausgebaut wurde, ist das »Team Darknet«, wie sie sich hier nennen, 2019 nach Frankfurt umgezogen. Im Jahr 2020 sollen zehn Stellen dazukommen, die sich allein mit der Bekämpfung von Hate Speech im Netz beschäftigen sollen.

Julia Bussweiler hat sich auf Kinderpornografie-Fälle spezialisiert. Noch nie sind so viele Hinweise auf sexualisierte Gewalt gegen Kinder im Internet und im Darknet wie heute bei BKA und ZIT eingegangen.

Was deutsche Darknet-Ermittler dürfen – und was nicht

Findet man im Netz oder auf Festplatten, die bei einer Hausdurchsuchung sichergestellt wurden, kinderpornografisches Material, lautet die wichtigste Frage der Ermittler: Wie neu ist das Missbrauchsmaterial? Könnte es sein, dass das Kind noch immer in der Gewalt der Täter ist? »Und dann«, sagt Julia Bussweiler: »Wie kann man die Kinder da rausholen?«

Um zu checken, ob Material schon seit Längerem kursiert oder noch unbekannt ist, verlassen sich Ermittler auf sogenannte Hashwert-Datenbanken. Polizisten können gefundene Bilder dort hochladen und gegen den Bestand checken. Die Datenbanken berechnen für jedes Bild einen Code, den man mit einem digitalen Fingerabdruck vergleichen kann. Sie erkennen außerdem Ähnlichkeiten bei Bildern und Videos, die bereits im Netz kursieren. So können mögliche Verbreitungswege eingekreist oder Hinweise auf den Aufenthaltsort des Täters und des Opfers geliefert werden.

Die größte solcher Datenbanken betreibt Interpol, die »International Child Sexual Exploitation Database«, kurz ICSE, die rund 1,5 Millionen bekannter Aufnahmen verzeichnet. An die ICSE sind mittlerweile 60 Staaten angeschlossen. Sie vereinfacht nicht nur den Austausch zwischen internationalen Kollegen, sondern liefert zuweilen auch erste Hinweise auf den Herstellungsort der Aufnahmen für die Identifizierung von Täter und Opfer. Für Ermittler ist die ICSE weltweit von unschätzbarem Wert – laut Angaben von Interpol wurden im Jahr 2018 an jedem einzelnen Tag im Durchschnitt 19 Opfer über die Datenbank identifiziert.[5]

Auch das BKA betreibt eine eigene Hashwert-Datenbank, um die Ermittlung von bereits in Deutschland kursierendem Material zu beschleunigen. Doch noch immer prüfen auch Auswerter beim BKA händisch, ob unter sichergestellten Daten kinderpornografisches Material ist – und schauen sich die schrecklichen Filme manchmal mehrere Hundert Mal an, um auf ein Detail zu stoßen.

Staatsanwältin Julia Bussweiler erinnert sich an einen Fall, bei dem sie versuchte, den Dialekt eines ungefähr fünfjährigen Mädchens zu verorten. »Ich hab mir das so oft angeschaut, aber wir kamen nicht weiter.« In diesem Fall lautete die nächste Möglichkeit: Schulfahndung. Dabei werden alle Lehrer in einem grob eingekreisten Gebiet gebeten, sich das Foto des gesuchten Opfers anzuschauen. Die Hoffnung: Vielleicht erkennt es jemand dank der allgemeinen Schulpflicht. »Wir schneiden das natürlich aus dem Missbrauchsmaterial aus. Manchmal ist es gar nicht so einfach, ein Bild zu finden, das man den Leuten auch zeigen kann – also wo das Kind mal keinen Penis im Gesicht hat«, sagt Bussweiler.

Julia Bussweiler konnte das Rätsel um das kleine Mädchen schnell lösen: Eine Lehrerin erkannte das Mädchen tatsächlich. Im besten Fall, wie zum Beispiel in Österreich, funktioniert die Fahndung über einen Link, den alle Lehrer binnen 48 Stunden anschauen und sich zurückmelden müssen. Im schlechtesten Fall – wie in manchen deutschen Bundesländern – gehen Polizisten wochenlang von Schule zu Schule und versuchen, jede einzelne Lehrkraft aufzutreiben.

Die letzte Möglichkeit, wenn polizeiinterne Instrumente, die Auswertung von Metadaten und Bilddatenbanken nichts mehr hergeben, ist die Öffentlichkeitsfahndung. Das BKA hat dieses Mittel zuletzt im Oktober 2017 einsetzen müssen, damals gaben die Ermittler das Foto auch an die Presse weiter. Sie befürchteten, dass sich ein Mädchen noch in der Gewalt eines Täters befand, der sie vergewaltigt und Aufnahmen davon auf eine Darknet-Plattform geladen hatte.

Nur wenige Stunden nach dem öffentlichen Aufruf und der Veröffentlichung der Bilder des vermissten Kindes gab das BKA via Twitter bekannt, dass das Mädchen gefunden worden war.[6] Trotzdem nutzen Ermittler dieses Mittel ungern, weil es schwer ist, die verbreiteten Fotos wieder zurückzuholen – aus den Medien, aus dem Internet, aus den Köpfen der Leute. Das kritisieren auch Opferverbände. Denn so bleibt das Bild des Kindes in der Öffentlichkeit immer als Opfer eines Verbrechens in Erinnerung.

Opferverbände wie der deutsche Kinderschutzbund kritisieren auch, dass die meisten Fälle von sexualisierter Gewalt gegen Kinder nur aufgedeckt würden, weil es NGOs gibt, die Hinweise aus dem Ausland liefern. Zumindest in Teilen stimmt das, nämlich dann, wenn es um Videos oder Bilder geht, die sich auch innerhalb von sozialen Netzwerken oder auf Cloudspeichern im Clearnet verbreiten – und das sind erstaunlich viele.

In den USA gibt es seit 2011 eine zentrale Meldestelle, die sich um solche Fälle kümmert: Das National Center for Missing and Exploited Children, kurz NCMEC. Die halbstaatliche Organisation NCMEC nimmt eine Sonderrolle in weltweiten Ermittlungen gegen die Verbreitung von Kinderpornografie ein – und hilft nicht nur beim Aufspüren, sondern auch beim Entfernen der Bilder aus dem Netz.

Wenn US-Provider Inhalte entdecken, müssen sie entsprechende Informationen an die NCMEC-CyberTipline weiterleiten. Tun sie das nicht, droht eine Strafe in Höhe von bis zu 50.000 US-Dollar für jedes nicht gemeldete Missbrauchsbild. Viele Anbieter wie Facebook, Google, Dropbox oder Yahoo haben sich eine Selbstverpflichtung auferlegt und scannen ihre Cloudspeicher aktiv nach Hashwerten von durch frühere Ermittlungen bekannten Bildern. Haben sie einen Treffer, weil ein Nutzer beispielsweise ein bekanntes Missbrauchsbild geteilt hat, schicken sie IP und Fundort ans NCMEC.

Pro Jahr gehen rund 35.000 Hinweise in die Datenbank ein. Die NCMEC verteilt alle Hinweise an Polizeidienststellen auf der ganzen Welt zur weiteren Verfolgung. Manche Verfahren, die daraus entstehen, dienen einzig der Abschreckung. So wurden in Dänemark im Januar 2018 rund 1.000 Teenager wegen der Verbreitung von Kinderpornografie angeklagt, weil sie ein Video über den Facebook-Messenger geteilt hatten, das zwei 15-Jährige beim Sex zeigt.[7] Die Datenbank des NCMEC liefert immer wieder auch Hinweise an das Bundeskriminalamt – Tausende im Jahr, nicht alle können weiterverfolgt werden.

Der Grund, beklagen sowohl Ermittler als auch Kinderschutz-Organisationen in Deutschland, liege in der fehlenden Vorratsdatenspeicherung. Ermittler hoffen darauf, dass sich Pädokriminelle oder die Betreiber von Darknet-Plattformen, auf denen der Missbrauch verbreitet wird, durch einen Fehler so verraten, dass die Verbindung einen Rückschluss auf die tatsächliche IP-Adresse ihres Rechners gibt. Wenn die Ermittler eine IP-Adresse haben, müssten sie nur noch bei deutschen Internetanbietern nachfragen, ob diese IP-Adresse einem Anschlussinhaber gehört, der dort einen Vertrag hat. »Aber die Speicherfristen sind kurz«, erzählt der Cybercrime-Oberstaatsanwalt Georg Ungefuk von der ZIT, »und überall gelten andere Regeln.[8] Die Telekom speichert zum Beispiel sieben Tage, bei Vodafone gibt es gar keine klaren Fristen. Man müsste also am Tag der Meldung schon herausfinden, wer dahintersteckt, und das klappt natürlich nicht.«

Ohne die Vorratsdatenspeicherung, so argumentieren die Ermittler, könne man nur Fälle nachverfolgen, die ein paar Wochen zurückliegen. Länger dürften die Internetprovider die Daten ihrer Kunden nicht aufheben. Und bei dynamischen IP-Adressen, die zum Beispiel beim mobilen Surfen übers Handy vergeben werden, geht ebenfalls nichts. »8.500 Fälle«, sagt der Präsident des Bundeskriminalamts Holger Münch, »konnten deshalb 2018 nicht weiterverfolgt werden.«

Doch gegen die großflächige Speicherung von Internetdaten, egal ob verdächtig oder nicht, laufen Internetaktivisten, Hacker und Freiheitsrechtler Sturm. So schnell wird sie auch nicht kommen: Ein Gutachten des Europäischen Gerichtshofs bestätigte im Januar 2020, dass eine anlasslose und unterschiedslose Speicherung von Telefon- und Internet-Verbindungsdaten selbst zur Terrorbekämpfung bis auf wenige Ausnahmen unzulässig bleibt.[9]

Julia Bussweiler wünscht sich eine weniger emotionsgeladene Diskussion rund um die Speicherung. »Es wäre schön, wenn die Leute verstehen würden, wie unspektakulär die Speicherung eigentlich ist. Es geht da nicht um einen gläsernen Menschen, es geht darum, schwere Gewaltverbrechen, die vor zwei Monaten passiert sind, aufklären zu können.«

Im Darknet ist es für deutsche Cyberermittler zwar nicht schwer, einschlägige Plattformen zu finden, auf denen Videos von vergewaltigten Kindern getauscht werden, aber meistens können sich die Ermittler dort noch nicht mal umschauen. Der Grund sind die zynischerweise »Keuschheitsproben« genannten Eintrittshürden an den Plattformen für sexuelle Ausbeutung von Kindern: Viele Betreiber verlangen von ihren Mitgliedern, dass sie selbst Missbrauchsmaterial von Kindern hochladen, manche fordern sogar, dass das regelmäßig geschieht. Das ist Absicht. Denn da die Ermittler das nicht dürfen, ohne sich strafbar zu machen, sind sie bei großen Plattformen zur sexuellen Ausbeutung von Kindern bislang außen vor gewesen – und auf Hilfe und Tipps aus dem Ausland angewiesen.

Ein Grundsatz der Strafverfolgung lautet außerdem, dass Ermittler selbst keine Straftaten begehen dürfen. Deswegen ist das Betreiben eines sogenannten Honeypots auch verboten. Bei einem Honeypot unterwandern Ermittler selbst eine kriminelle Plattform und agieren versteckt als Betreiber. »Das ist immer hochproblematisch, denn in Deutschland müssen wir mit allen Mitteln verhindern, dass Straftaten begangen werden. Wir dürfen sie nicht selbst begehen als verdeckte Ermittler und wir dürfen auch niemanden dazu anstiften«, erläutert Oberstaatsanwalt Georg Ungefuk von der ZIT.[10]

So bleibt ihnen nur, darauf zu hoffen, dass die Betreiber ihre Seite für Mitglieder auch ohne Upload öffnen, und zu versuchen, eine Plattform minutiös technisch zu analysieren oder einen Fehler in der Programmierung zu finden – oder man versucht, die Betreiber durch geschicktes Social Engineering dazu zu bringen, sich zu verraten. Es ist, so beschrieb es Oberstaatsanwalt Andreas May, der Leiter des ZIT, einmal in einem Interview, »als hätte der Rest der Welt einen ganzen Werkzeugkasten und ich dürfte nur den Schraubenzieher benutzen, egal was kaputt ist«.

Redet man mit Ermittlern vom BKA oder ermittelnden Staatsanwälten im Bereich Cybercrime und Darknet, schauen diese regelmäßig mit Neid ins Ausland, wo die Polizei nicht nur technisch besser aufgestellt ist – wie zum Beispiel in den Niederlanden –, sondern auch weitreichende Befugnisse hat, zum Beispiel wenn es darum geht, Firmen in Australien zur Kooperation zu zwingen[11] oder in der Rolle als verdeckter Ermittler zu agieren. Doch nicht immer geht das gut, wie ein ethisch fragwürdiger Fall rund um die australische Polizei zeigt.

Wenn die Polizei zu viel will: Argos, ein Hacker und »Child's Play«

Mit der unvorstellbaren Zahl von einer Million registrierter Konten war die .onion-Plattform Child's Play 2016 wohl die größte Tauschbörse für sexualisierte Gewaltvideos und -bilder von Kindern, die je online ging. Weil sie nur über den Tor-Browser zu erreichen war, schien sie unantastbar. Die norwegische Boulevardzeitung Verdens Gang setzte ihren hauseigenen IT-Spezialisten Einar Otto Stangvik auf die Seite an. Allein damit hätte sich ein Hacker oder ein Besucher aus Deutschland, der nicht gegen die Seite ermittelt, strafbar gemacht. In Norwegen wurde Stangvik dagegen nicht für seinen Besuch zu Recherchezwecken auf den Seiten belangt. Er versuchte über Monate zu recherchieren, ob die Seite irgendwo eine Lücke hatte. Im Winter 2016 fand er tatsächlich eine.

Beim Upload eines Profilbilds verriet die Seite eine Rechner-Adresse aus dem gewöhnlichen Internet, statt das Bild über das Tor-Netzwerk zu transportieren. Die IP-Adresse gehörte zu einer Serverfarm in Australien – was erst mal noch nichts bedeuten musste, es hätte auch einfach ein Knotenpunkt zur Verschleierung des eigentlichen Standorts und nicht die ursprüngliche Adresse sein können. Stangvik beschloss zu improvisieren. Er mietete selbst einen Server bei derselben australischen Firma und ließ seinen Computer messen, wie lange es dauerte, Datenpakete zwischen seinem Server und der Seite Child's Play hin- und herzuschicken. Der Zeitabstand war so kurz, dass er sich sicher war. Der Server von Child's Play stand tatsächlich bei derselben Firma in Sydney.

Stangviks Kollegen von der Zeitung machten den Inhaber der Serverfirma ausfindig, um die Betreiber endlich zu konfrontieren. Mit seiner Hilfe fanden sie heraus, wer den Serverplatz gemietet hat, und erfuhren etwas Unglaubliches: Der Mieter war die »Argos Task Force«, eine Spezialeinheit der australischen Polizei. Sie hatten die Seite unterwandert. Die wohl größte Kinderpornoseite im Darknet war also ein »Honeypot« – eine Falle, gestellt von Ermittlern, um Informationen über Sexualstraftäter zu sammeln.

Sowohl für die Polizisten als auch für die Reporter aus Norwegen dürfte es eins der seltsamsten Treffen in ihrer Karriere gewesen sein, als Stangviks Team sie mit diesen Erkenntnissen persönlich konfrontierte. »Jon, der Australier, wird blass. Paul, der Brite ist, läuft rot an«, beschreiben die Journalisten den Moment.

Die Ermittler fühlen sich ertappt und beginnen zu erzählen: Der ursprüngliche Betreiber saß längst in Haft und hatte seine Zugangsdaten verraten. Die Task Force Argos hatte seine Accounts daraufhin drei Monate vor dem Treffen mit den Reportern übernommen, um weitere Täter und ihre Opfer zu identifizieren.

Die Männer machten einen Deal: Stangvik bekommt exklusive Einblicke in das Ermittlungsverfahren, dafür hält die Zeitung ihre Berichterstattung zurück, bis das Verfahren abgeschlossen ist.

Der Artikel, der dann erschienen ist, wirft viele wichtige Fragen auf. Denn die Ermittler betrieben das Board fast ein ganzes Jahr und ließen so die Verbreitung von unzähligen Gewaltdarstellungen zu. Unter anderem sollen die Polizisten sogar nicht nur mitgelesen und Infos gesammelt haben, sondern auch selbst Missbrauchsbilder aus früheren Verbrechen geteilt haben – ohne das Einverständnis der Opfer. Wie weit darf man für das Erreichen eines höheren Ziels gehen?

Tatsächlich hatte die Polizei die Seite durch ihren Betrieb erst richtig groß gemacht. Über 400.000 Konten waren auf der Seite angemeldet, als die Task Force Argos die Seite übernommen hat, doch binnen eines Jahres kletterte diese Zahl auf über eine Million.

Ist das zu rechtfertigen? Stangvik meint: »Man darf nicht vergessen, dass in dieser Zeit ein enormer Schaden angerichtet wurde: Material wurde geteilt, neues produziert, Täter konnten sich zu Vergewaltigungen von Kindern verabreden.«

Die Polizisten rechtfertigten ihre ungewöhnliche und ethisch zumindest fragwürdige Maßnahme mit dem enormen Erfolg der Operation: Im Laufe der elf Monate, in denen sie die Kontrolle über das Pädophilen-Board hatten, konnten sie die Daten von mehr als einer Million Nutzerkonten abgreifen. Auch wenn darunter viele Duplikate waren, führten die Ermittlungen zu Dutzenden weiteren Festnahmen – und einem Datenschatz über die hochgradig vernetzte Darknet-Pädoszene, von dem auch die ZIT kurze Zeit später profitieren sollte.

Deutsche Strafverfolger setzen mehr auf internationale Zusammenarbeit bei der Ermittlung schwieriger Fälle – und nutzen, sobald ein Täter identifiziert ist, gern und häufig das gesamte Instrumentarium der Telekommunikations-Überwachung[12]. Doch manchmal, wie bei einem der größten Erfolge der ZIT, muss man den entscheidenden Hinweis nur hartnäckig suchen.

Die Jagd auf Elysium

Frank M., der im Internet Berndinihr heißt, sitzt in einer Aprilnacht 2017 vor dem Rechner und hat gerade bekommen, wonach er Tage zuvor hartnäckig verlangt hat: ein Foto von einem nackten Jungen mit Skimaske. In den Händen hält er einen handgeschriebenen Zettel: »Ich bin eine Hure für Bernd«, ist darauf zu lesen. Daneben, als Beweis für die Echtheit des Bildes, das Datum: »19.04.2017«.

Der 39-Jährige klickt auf das Foto und zieht sich die Hose aus.[13] Die Tür hat er abgeschlossen, damit er nicht gestört wird. Er sitzt in seiner Autowerkstatt in einer Kleinstadt im Taunus, aus dem Hinterzimmer steuert Frank M. heimlich eine illegale Plattform im Darknet: Elysium, eine Seite, auf der über 100.000 Mitglieder immer neue Videos und Fotos von sexualisierter Gewalt gegen Kinder tauschen und über ihre Pädosexualität sprechen.

Zu dieser Zeit steht Frank M. bereits unter Beobachtung. Die Cybercrime-Ermittler des Bundeskriminalamts und die Staatsanwälte der ZIT wissen genau, wo sich die Zentrale dieser Plattform befindet. Seit Monaten beobachten sie ihn bereits, analysieren den Internet-Traffic aus der Autowerkstatt und wissen, dass Frank M. die Anonymisierungssoftware Tor benutzt, mit der er Tag für Tag viele Megabyte große Datenpakete hoch- und runterlädt. Sie wissen, dass sich Frank M. im Netz Berndinihr nennt, und sie sind überzeugt, dass er der Administrator von Elysium ist, aber zuschlagen können sie noch nicht.

Auf der Plattform selbst sind die Ermittler täglich unterwegs und müssen lesen, wie Berndinihr von einem Nutzer namens GeilerDaddy noch mehr Bilder des Jungen verlangt – und bekommt, wie Panda nach Videos von gequälten Kleinkindern sucht und sich MadMouse auf der Plattform mit einem Mann in Wien verabredet, um ein Geschwisterpaar zu vergewaltigen.

Die Recherchen der Ermittler hatten schon vor Jahren begonnen, als die Seite giftboxto6czglks.onion am 1. Dezember 2016 aus dem Darknet verschwindet. Auf der Website mit dem Namen The Giftbox

Exchange hatten Zehntausende seit Juli 2015 Bilder und Videos ausgetauscht, auf denen sexualisierte Gewalt gegen Kinder zu sehen war.

Joachim P. lebt zurückgezogen in einem Ort im Raum Stuttgart, den Mann sieht man so gut wie nie auf der Straße. Doch im Darknet ist er als Noctua weithin bekannt und eine Größe unter vernetzten Pädosexuellen. P. hat keinen Job, seine Ehe ist gescheitert. Doch hinter heruntergezogenen Rollläden bringt er sich IT-Verschlüsselungstechnik bei und geht seinen pädosexuellen Neigungen mit Filmen und Bildern aus dem Darknet nach. Schließlich wird er zu einem der fünf Administratoren von The Giftbox Exchange.

Im Mai 2016 übernimmt die australische Task Force Argos den Account eines in Europa verhafteten Giftbox-Moderators und ermittelt unter seinem Pseudonym weiter. So wollen sie an die Hintermänner der Seite herankommen – ohne Erfolg.

In Europa fahren Ermittler derweil eine technische Operation gegen Giftbox. Mit einem sogenannten Zero-Day-Exploit wollen die Cybercrime-Ermittler die Computer von Giftbox-Mitgliedern hacken. Zero-Day-Exploits sind die wertvollste Form von Hackerangriffen, da sie öffentlich nicht bekannte Software-Sicherheitslücken ausnutzen, um ihren Zielen Schadsoftware unterzujubeln. Die Ermittler nutzen als Einfallstor eine mittlerweile behobene Sicherheitslücke im Tor-Browser. Wer sich auf The Giftbox Exchange einloggt, dem soll durch die Lücke unbemerkt eine kleine Schadsoftware auf den Windows-Rechner geladen werden, die die IP-Adresse des Nutzers an die Polizei verrät.

Entwickelt hat den Exploit die US-amerikanische Firma Exodus Intelligence, die sich darauf spezialisiert hat, Sicherheitslücken zu entdecken und ihr Wissen zu verkaufen. Das ist lukrativ: Manche Zero-Day-Exploits werden für mehrere Millionen Euro gehandelt, im Fall des Giftbox-Angriffs bekam eine europäische Behörde das Hacking-Tool aber wohl gratis.

Welche Behörde den Exploit eingesetzt hat, ist bisher nicht bekannt. Klar ist nur, dass die Schadsoftware so eingestellt war, dass sie sich mit einem Server verband, der beim französischen Webhoster

OVH angemeldet war. Motherboard-Recherchen hatten gezeigt, dass es eine Behörde im europäischen Raum gewesen sein muss, weil Europol Dokumente dazu besitzt. Mehr will auch Exodus-Intelligence-Chef Logan Brown nicht verraten, wohl aber lässt er sich auf einer öffentlichen Veranstaltung zu einer kleinen Manöverkritik hinreißen. »Sechs Stunden nachdem wir sie mit dem Tool versorgt haben, haben sie es eingesetzt und den Typen geschnappt, den sie haben wollten«, erzählt er. Beim Einsatz hätte die beschenkte Behörde jedoch »eher einen Schrotflinten-Ansatz verfolgt«, so Brown. Im Klartext: Die Lücke enttarnte womöglich viel mehr Tor-Nutzer, als für die Ermittlung nötig war.

Dass staatliche Stellen Zero-Day-Exploits einsetzen, ist unter Sicherheitsforschern umstritten. Statt dass der Staat seine Bürger vor möglichen Hackerangriffen schützt und die unbekannten Sicherheitslücken schließen lässt, werden so schließlich auch unschuldige Nutzer gefährdet.

Zwar ist der Exploit so gebaut, dass er ausschließlich eingeloggte Giftbox-Nutzer ins Visier nimmt, doch von der dahinterliegenden Sicherheitslücke im Tor-Browser waren theoretisch alle Nutzer betroffen – auch die, die nicht auf illegalen Darknet-Seiten unterwegs sind, sondern sich mit dem Browser vor Überwachung in repressiven Regimen oder dem Tracking durch Unternehmen schützen wollen.

Und die Ermittler haben ein weiteres Problem: Ihr Angriff mit dem Zero-Day-Exploit bleibt nicht unentdeckt. Am 29. November warnt ein anonymer Tippgeber in einem Newsletter für Menschen, die sich für Tor interessieren: »Diese JavaScript-Schadsoftware wird JETZT gerade gegen Tor-Nutzer eingesetzt« und postet den gesamten Code. Direkt am nächsten Tag schließt der Entwickler des Browsers die Lücke – das aufwendige Hacking-Tool ist damit wertlos.

Letztlich führt ein ganz anderer Ansatz Ermittler des US-Ministeriums für Innere Sicherheit auf die Spur eines Giftbox-Betreibers. Es ist ein simpler Fehler: Er hat die Server für die Plattform zwar in der anonymen Digitalwährung Bitcoin bezahlt, aber das Konto mit seiner persönlichen E-Mail-Adresse registriert.

Als The Giftbox Exchange schließlich verschwindet, ist die Szene in Aufruhr. Doch während die Ermittler sich noch dafür feiern, den Treffpunkt für Pädosexuelle im Darknet eliminiert zu haben, chattet Joachim P. alias Noctua schon intensiv mit einem anderen Deutschen, der das Ende der Seite ebenso betrauert: Berndinihr.

Die beiden kennen einander nicht persönlich, trotzdem zählen sie als technisch versierte Administratoren zum Kernteam auf The Giftbox Exchange, reden täglich miteinander und arbeiten eng zusammen: Sie betreuen Mitglieder, kümmern sich um technische Probleme und sichten neue Bilder sexualisierter Gewalt, die die Nutzer als Teil der Forenregeln monatlich hochladen müssen.

Noctua hat einen Plan. Er habe sich jeden Tag ein Back-up der Seite gezogen, erzählt er Berndinihr. Alles sei noch da. Wenn man wolle, könne man eine noch bessere, noch größere Plattform fast augenblicklich wieder aufsetzen. Das Einzige, was P. jetzt für seinen Plan fehle, sei ein guter, fähiger Mann, der die Server betreut, sagt er. Jemand, der als Betreiber auch wirklich sicher hosten kann. Frank M., Besitzer einer Autowerkstatt, Vater zweier Kinder, stimmt zu.

Joachim P. alias Noctua programmiert den Forenbereich neu, die Chatbereiche wie die für »Girl Lovers« und »Tiny Lovers« übernimmt er von Giftbox. Am 19. November 2016 registrieren sich Frank M. und Joachim P. als Administratoren auf einer neuen Seite und werden zu Betreibern. Sie nennen ihr Nachfolgeprojekt »Elysium«. In der griechischen Mythologie ist das der »Ort der Seligen«, an den antike Helden entrückt werden, ohne dass sie den Tod erleiden. Bis zuletzt war das Forum in »Boys«- und »Girls«-Bereiche aufgeteilt. Weit über 3.000 Threads stellten sexualisierte Gewalt in Text, Videos und Bildern sogar gegen Kleinkinder in allen erdenklichen Formen dar, das jüngste abgebildete Missbrauchsopfer war zwei Jahre alt.

So abgründig die Spannbreite der Themen, so offen und weltgewandt gibt sich die Seite nach außen. Der Chatbereich läuft in sechs Sprachen, und wer neu ist, kann sich in Sekunden anmelden. Zwei weitere Deutsche werden gleich zu Beginn an Bord geholt: Panda moderiert die Chats, in denen zwar rege Tipps über die Penetration von

Kleinkindern ausgetauscht werden, aber rausfliegt, wer nicht anständig grüßt. MadMouse erstellt als Grafiker saisonal angepasste Banner aus seiner gigantischen Bildersammlung, die keinen Zweifel daran lassen, um was es auf der Seite geht.

Elysium soll noch größer und umfangreicher werden als The Giftbox Exchange – und es sieht ganz danach aus, als ginge der Plan auf. Pädosexuelle aus aller Welt strömen in Scharen auf Elysium; 111.907 Nutzerkonten zählt die Plattform 18 Monate später. »So gut wie jeder in der europäischen Pädophilen-Szene im Internet war auf Elysium«, sagen später ermittelnde Staatsanwälte.

Dass es so viele sind, ist einer Entscheidung der Administratoren geschuldet: Anders als bei den meisten ähnlichen Seiten im Darknet, müssen neue Nutzer hier kein neues kinderpornografisches Material mit dem Rest der Gemeinschaft teilen. Eigentlich setzen Betreiber von entsprechenden Darknet-Plattformen auf »Keuschheitsproben« genannten Eingangshürden, so war es auch bei The Giftbox Exchange. Der Hintergedanke: Deutsche Ermittler wären damit außen vor, denn mit so einem Upload würden sie sich selbst strafbar machen.

Genau diese Offenheit von Elysium wird den Betreibern letztlich zum Verhängnis. Denn während die Seite rasant wächst, lesen verdeckte Ermittler vom BKA alles mit.

Weihnachten 2016. Seit 17 Stunden lädt Noctua Bilder von nackten Kindern auf Elysium hoch und weiß nicht, dass er dabei beobachtet wird. Denn sowohl im Büro der ZIT in Gießen als auch in der BKA-Zentrale in Wiesbaden checken Ermittlerteams die Seite mittlerweile so gut wie jeden Tag und protokollieren, was passiert. Sie recherchieren nicht nur verdeckt auf Elysium und verfolgen die Chats – sie analysieren auch den Code der Seite. Ist die Seite wirklich so anonym gebaut, dass ihre Funktionen keinerlei Rückschlüsse auf die Menschen hinter den Nicknames bieten? Oder gibt es eine Lücke?

Ende Januar 2017 entdeckt ein verdeckter Ermittler schließlich etwas, das ihn elektrisiert: Die Seite verrät ihre IP-Adresse, wenn ein User ein Avatarbild auf sein Profil hochlädt. Die Betreiber haben bei der Programmierung der Datenbank einen Fehler gemacht. Der Datenverkehr wird beim Bild-Upload kurz auf eine Seite im Clearnet geleitet – genau wie kurz zuvor bei Child's Play, dem Forum, in dem der norwegische IT-Experte Stangvik für die Zeitung Verdens Gang die Lücke entdeckt hatte.

Die Ermittler fragen jetzt deutsche Internetprovider nach der entdeckten IP-Adresse, ein Routinevorgang. Volltreffer: Der Server steht nicht irgendwo angemietet auf einer weit entlegenen Pazifikinsel, wie es bei illegalen Darknet-Seiten oft der Fall ist, sondern in einer hessischen Kleinstadt. Für die ZIT ist es ein Glücksfall, denn in der Regel müssen die Cybercrime-Ermittler ihre Verfahren ja an die zuständige Staatsanwaltschaft abgeben, sobald sie zu einem Internet-Fall einen Ort ermittelt haben. »Und da stand der Server hier direkt um die Ecke«, erinnert sich ZIT-Staatsanwalt Ungefuk. »Kaum zu glauben.« Die Staatsanwältin Julia Bussweiler übernimmt das Verfahren. Schon bald weiß sie, wer den Server bezahlt.

Noctua und Berndinihr haben den Betrieb von Elysium inzwischen effizient und arbeitsteilig organisiert. Um die Entwicklung und Struktur kümmert sich Noctua, den täglichen Betrieb übernimmt Berndinihr. Außerdem kümmert er sich um die sechssprachigen Chats. »Der P. hat mir ein Skript geschrieben, ich war viel zu blöd, um das selbst zu posten«, wird Frank M. später über die Arbeitsteilung vor Gericht sagen. Um sicherzugehen, dass Elysium tatsächlich von dort aus betrieben wird, wo auch der Server steht, schicken die Ermittler zunächst ein Observationsteam los. Ab jetzt wird es regelmäßig den Datenverkehr und die Aktivitäten rund um die Autowerkstatt im Taunusstädtchen überwachen. Weil sie auch den Datenverkehr analysieren, bemerken sie, dass nicht Noctua auf Elysium eingeloggt ist, wenn sich der Meister gerade in sein Büro zurückzieht, sondern ein Account mit dem Namen Berndinihr. Und sie können erkennen, dass sich der Anschlussinhaber mit dem Tor-Netzwerk verbindet und riesige Datenpakete überträgt. Den Inhalt der Daten können sie wegen der Anonymisierung nicht erkennen. Sie sehen allerdings, was in Echtzeit auf der Darknet-Seite erscheint, während der Anschluss Daten überträgt.

Am 11. Juni 2017 lädt Berndinihr zum Beispiel ein Video mit dem Titel »11-jährige Süße mit Besen« hoch.

Während die Ermittler versuchen, die Puzzleteile zusammenzufügen, vernetzen sich Pädosexuelle immer intensiver auf der Darknet-Seite. Ein Strafverteidiger wird Elysium später als eine Fantasiewelt für Rollenspiele, die im echten Leben tabu sind, darstellen. Eine ungemeine Verharmlosung. Es gibt keine Aufnahmen von sexualisierter Gewalt gegen Kinder ohne Geschädigte.

Welche Taten ein solcher regelloser Raum für Pädosexuelle erst möglich macht, zeigt der Fall eines Komplizen von Noctua und Berndinihr.

Im Darknet nennt sich der Elysium-Grafiker Michael G. MadMouse und bezeichnet sich als »trockenen Pädophilen«, der sich gern mit Gleichgesinnten austauschen möchte. Nichts könnte weiter von der Wahrheit entfernt sein. »Das ist, als ob sich ein trockener Alkoholiker mit zehn Schnaps in eine Kneipe setzt«, kommentiert sein Verteidiger die Rolle seines Mandanten einmal nach einer Verhandlung. Denn Michael G. nutzt Elysium nicht nur zur Verbreitung von Unmengen an kinderpornografischem Material. Er lernt dort auch einen pädosexuellen Österreicher kennen, der damit prahlt, die eigenen zwei Kinder zu missbrauchen, und ihm dies mit Fotos belegt.

Michael G. ist fasziniert. Die beiden verabreden sich über Elysium zu einem Treffen im echten Leben. Der 62-Jährige fährt für eine ganze Woche nach Wien, »einfach um die Kinder live kennenzulernen«, wie er später vor Gericht beteuern wird, »nicht wegen was Sexuellem«. Nicht nur der Staatsanwältin fällt es schwer, das zu glauben. Denn G. bringt nicht nur als »Gastgeschenk« einen Dildo mit, sondern vergewaltigt in den kommenden Tagen damit die Kinder – gemeinsam mit deren Vater. Sie sind vier und acht Jahre alt.

MadMouse macht Hunderte Fotos und Videos davon. Nach seiner Rückkehr schickt er sie bereitwillig an andere Pädosexuelle auf Elysium und prahlt mit seinen Taten. Für ihn sind es die Souvenirs eines aufregenden Urlaubs, an den er sich noch lange erinnern will.

Für das BKA ist diese Selbstdarstellung zumindest aus technischer und polizeilicher Sicht ein Glücksfall. Den IT-Experten des LKA Nordrhein-Westfalen gelingt es im April, MadMouse über einen extrahierten Fingerabdruck in einem Bild zu identifizieren, das er selbst verbreitet hat. Auch auf den herumgeschickten Videos aus Wien sind Teile seines Körpers zu sehen, anhand derer die Cybercrime-Ermittler ihn als einen von zwei Tätern identifizieren.

»Seine Kamera war einfach zu gut«, wird Julia Bussweiler später sagen. »Er hat zwar sein Gesicht immer aus den Bildern rausretuschiert, aber seine Hand nicht. Außerdem hatte er immer denselben auffälligen Ring an.«

Michael G. macht außerdem einen technischen Fehler: Auf seinen Fotos aus Wien vergisst er, die Exif-Daten zu löschen. Diese werden von einer Kamera standardmäßig mitgespeichert und verraten, wo und wann ein Bild aufgenommen wurde. Weil Kontaktpersonen von G. auf Elysium außerdem, ohne es zu wissen, mit verdeckten Ermittlern gechattet haben, hat das BKA jetzt einen echten Anhaltspunkt. Sie können nicht nur MadMouse fassen, sondern auch die Kinder in Sicherheit bringen. Das BKA telefoniert mit dem österreichischen Bundeskriminalamt und bereitet ein Team vor, das für Elysium den Anfang vom Ende einläuten wird.

Die erste Elysium-Festnahme in Deutschland trifft also Michael G. alias MadMouse in Bayern. 15.283 Dateien mit Aufnahmen von sexualisierter Gewalt gegen Kinder muss das BKA nach seiner Festnahme am 18. Mai 2017 aus seinem Bestand sichten.

»Es waren vermutlich noch um ein Vielfaches mehr Bilder«, sagt Bussweiler. »Aber das macht den Bock dann auch nicht mehr fett.«

Darunter sind heimliche Aufnahmen der Nachbarskinder und alte Videos, die G. nicht nur als Kameramann, sondern auch als Sexualstraftäter zeigen. Und die Beamten finden auch direkt neben G.s Computer ein verjährtes Gerichtsurteil von 1992, das G. zu einer mehrjährigen Haftstrafe auf Bewährung verurteilt. Er hatte damals als Betreuer mehrere, zum Teil behinderte Kinder vergewaltigt. Diese Taten hatte er damals schon gefilmt – und später damit im Darknet geprahlt.

Als Nächstes wird der Moderator Panda festgenommen. Gerichtsdokumente zeigen, dass er über ein ganz legales Video identifiziert wurde: Es dreht sich um Festplatten, die sich selbst zerstören. Die Ermittler lesen im Elysium-Chat mit, wie Berndinihr im Gespräch mit Panda einen Video-Link zu dem Thema postet, der zur Tech-Website Winfuture.de im offenen Internet führt.

Die Ermittler notieren sich die Zeit, zu der der Link gepostet wurde, und fragen bei der Website Winfuture.de an, welche Computer aus Deutschland das Video zu diesem Zeitpunkt aufgerufen haben. Winfuture schickt ihnen zwei IP-Adressen zurück. Die erste kennen sie schon: Sie gehört zu M.s Autowerkstatt. Die zweite deutsche IP, von der das Video direkt danach abgespielt wurde, führt sie zu dem Mann hinter dem Nickname Panda. Am 8. Juni durchsuchen Ermittler seine Wohnung in Tübingen und finden durch das bei ihm gehortete Material heraus, dass er offensichtlich nicht nur pädosexuell ist, sondern auch sadistische Neigungen hat. Panda, der im echten Leben Bernd M. heißt und nach eigenen Angaben »glücklich verheiratet« ist, schweigt zu den Anschuldigungen.

Am Nachmittag des 12. Juni 2017 holen die Ermittler zum finalen Schlag gegen Elysium aus: Verdeckte Ermittler chatten auf Elysium mit Frank M., der im Hinterzimmer seiner Werkstatt sitzt, während sein nichts ahnender Mitarbeiter vorne an den Autos schraubt.

Um 16.45 Uhr findet der spektakuläre Zugriff statt: Ein gutes Dutzend maskierte Polizisten einer Spezialeinheit robben sich an die Werkstatt heran, schmeißen die Scheiben ein, werfen Blendgranaten in die Halle und stürmen mit Maschinenpistolen das Hinterzimmer, in dem Frank M. am Rechner sitzt. Sie mussten ihn festnehmen, während er eingeloggt ist, um ihm zweifelsfrei nachzuweisen, dass er Berndinihr ist. Es gelingt. Frank M. geht zu Boden, gibt seine Passwörter her, die Beamten tragen Dutzende Festplatten an dem verdutzten Mitarbeiter vorbei aus der Werkstatt. Erst um vier Uhr morgens ist die Razzia beendet. Noch am selben Tag schalten die Kollegen ein Beschlagnahmungs-Banner auf der Darknet-Adresse.

»Elysium ist nicht mehr«, wird Stunden später auf anderen Darknet-Plattformen für kinderpornografisches Material gepostet. »Geht davon aus, dass alle privaten Nachrichten, die ihr auf Elysium verschickt oder bekommen habt, sich in den Händen von Ermittlern befinden«, schreibt ein anonymer Nutzer mit dem Usernamen Elysium. Die Nachricht ist signiert mit einem Kryptoschlüssel, der zum Administrator-Account von Elysium gehören soll. Die Botschaft kann nur von Noctua stammen, dem letzten verbleibenden Chef von Elysium.

Noctua bleibt für die Ermittler von der ZIT lange ein Phantom. Doch nach der Verhaftung von Berndinihr will er sofort eine neue Plattform für sexualisierte Gewalt gegen Kinder ins Netz stellen. Um sich zu schützen, sucht er im Darknet nach einem neuen Lakaien, der ihm die Server verwaltet. Bei der Suche nach geeigneten Kandidaten gerät er aber an einen verdeckten Ermittler, der ihm enthusiastisch technische Hilfe anbietet und ihn letztlich dazu bringt, sich zu verraten. Am 20. Juli wird auch Joachim P. alias Noctua zu Hause festgenommen, während er an der nächsten Pädosexuellen-Plattform herumprogrammiert.

»Er hat selbst gesagt, dass er nur noch Pausen für Körperpflege und Schlaf gemacht hat«, erzählt Staatsanwältin Bussweiler. »Als wir in seine Wohnung gekommen sind, war alles dicht. Rollläden unten, dicke Luft, er hatte nichts im Kühlschrank. Einer meiner Kollegen hat etwas flapsig gesagt, den haben wir gerettet. Auf der Anklagebank sah er tatsächlich deutlich besser aus als bei seiner Festnahme und hatte in der Zwischenzeit auch mal was gegessen.«

Wie genau Joachim P. identifiziert wurde, wollen die Behörden auch Jahre danach nicht verraten. »Das war cool, das war neu, und das soll gerne noch mal funktionieren«, sagt die Staatsanwältin Bussweiler später.

Schon im Mai wurden die Wiener Kinder über eine Schulfahndung identifiziert und in Sicherheit gebracht. Der 28-jährige Vater wird verhaftet. Er ist ein schwerbehinderter Mann, »der den ganzen Tag nichts anderes zu tun hatte, als seine Kinder abzulichten. Im Darknet war er dann plötzlich wer«, beschreibt ihn Julia Bussweiler. Es stellt sich heraus, dass es noch weitere 29 minderjährige Opfer aus dem Bekanntenkreis des Wiener Vaters gibt.

Für das BKA geht es nun an die Auswertung Hunderttausender Dateien, eine belastender als die andere. Auf dem Rechner von MadMouse finden Ermittler eine PDF-Datei, es ist eine Anleitung, in der erklärt wird, »wie man Kinder unter Anwendung von Schlafmitteln missbrauchen kann«. So beschreibt es ein Ermittler später vor Gericht. Die Videos, die der BKA-Cybercrime-Ermittler Jens M. in den kommenden Tagen auf den Computern von Berndinihr entdeckt, heißen »Little Jenny Romanian«, »4 year old with Dildo« oder auch »Hardcore Girl Screwdriver«.

Jens M. vom BKA, der Hunderte Gigabyte solcher Daten auf den Festplatten von Frank M. durchkämmen musste, distanziert sich durch das »man«, wenn er über Elysium redet: Man kennt, man hat, man ermittelt. Dem Grauen der Seite, deren Betreiber er bis ins Detail analysiert, begegnet er mit maximaler Gründlichkeit. Als die Staatsanwältin ihn im Prozess zu den beschlagnahmten Datenträgern befragt, weiß M. auch über ein Jahr später noch immer exakt, wo welcher USB-Stick gefunden wurde und welche Asservatennummer er hat. Wer ihm abseits von seiner Vernehmung Fragen zu den Ermittlungen stellt, den lässt er höflich, aber effizient abblitzen. Er achtet darauf, keine Emotionen zu zeigen. Nur dass er neben seiner Zeugenaussage noch mal als Zuschauer zum Gericht fahren will, verrät er. Ohne Vorladung – warum? »Zur Urteilsverkündung«, sagt er und schaut nach vorn ins Leere. »Das ist ja dann doch immer ganz interessant, wenn man da viel Arbeit reingesteckt hat.«

Zum Prozessauftakt vor dem Landgericht Limburg an der Lahn trifft sich die Führungsriege von Elysium im August 2018 zum ersten Mal. Über ein Jahr haben sie bereits in Untersuchungshaft gesessen. 154 Seiten dick ist die Anklageschrift, voll mit kaum vorstellbaren Verbrechen an Kindern. Alle vier Angeklagten sagen im Laufe der 18 Prozesstage aus.

Der Strippenzieher Joachim P. alias Noctua, ein hagerer alter Mann mit fahlgrauen Haaren, räumt die Vorwürfe fast komplett ein und scheint sich hauptsächlich in seiner technischen Ehre gekränkt zu fühlen. Er kann sich nicht erklären, wie ihm das BKA auf die Schliche gekommen ist, und liest in der Verhandlung die Akten mit, als könne er noch einen Fehler darin entdecken.

Bernd M. alias Panda sieht sich als »Anstandswauwau«, der die Seite und den Chat durch seine Moderation »sauber gehalten« habe, wie er sagt. Schließlich gebe es ja Regeln, und rassistische Sprüche und Beleidigungen hätte er in seinem Revier absolut nicht geduldet. Die vielen gespeicherten sadistischen Bilder auf seinem Rechner? »Da wollte ich nur mal ein Programm ausprobieren, das so was automatisch speichert.« Er gibt zu, dass er selbst nach Foltervideos von Babys gefragt hat. Aber pädosexuell sei er eigentlich nicht. Warum er denn dann mitgemacht hätte, will die Staatsanwältin wissen. »Ich wurde gefragt und kann halt nicht Nein sagen«, erwidert er.

Frank M. alias Berndinihr liefert dem Gericht eine Geschichte, die die Staatsanwältin als »absolut abenteuerlich« bezeichnet. Auch er sei überhaupt nicht pädosexuell, schließlich habe er doch selber Kinder. Eigentlich sei er eine Art ethischer Hacker, ein engagierter verdeckter IT-Ermittler ohne Auftrag. Er habe die Seite nur betrieben, »um die Szene zu stören«. Gleich nach seinem Sommerurlaub habe er die ganzen Daten – im zweistelligen Terabyte-Bereich auf Dutzenden Festplatten – irgendwie anonym der Polizei zuspielen wollen. Leider sei ihm das SEK zuvorgekommen, und jetzt sitze er ungerechterweise im Gefängnis. Warum er selbst so viel gepostet hat und die heruntergeladenen Videos in Ordnern mit Titeln wie »Neue heiße Löcher« auf seinem eigenen Rechner abgespeichert hat, kann er dem Gericht nicht erklären.

Und dann kommt Michael G. alias MadMouse, der als Einziger auch wegen sexuellen Missbrauchs von Kindern vor Gericht steht. Er erscheint im Schlabberhemd, treibt alle Anwesenden mit endlosen Monologen in den Wahnsinn, redet ständig dazwischen und beschwert sich, man solle doch jetzt mal »endlich richtig über meine Probleme reden«. Einmal steht sogar sein Verteidiger auf, sichtbar genervt, und fast macht es den Eindruck, als würde er gleich einpacken und gehen. Als bei der Beweisaufnahme die schrecklichen Fotos aus Wien gezeigt werden, gibt G. sich eingeschnappt: »Also, die sind aber in der falschen Reihenfolge! Außerdem war ich doch auch mal mit den Kindern auf dem Prater, warum wird das denn nicht gezeigt?«

»Was mach ich denn bloß mit diesem Irren?«, zischt mir sein Verteidiger in der Raucherpause zu. Im Zug treffe ich ihn wieder. Er ist in diesem Prozess ein Pflichtverteidiger und will wie alle anderen Anwälte, dass die Verhandlung schnellstmöglich vorbei ist. Den Gefallen tut ihnen jedoch die Kammer nicht. »Kriegen Sie das eigentlich mit, diese weinerlichen Zwischenrufe?«, fragt er mich. »Er hat sich ein unglaubliches Lügengebäude aufgebaut und denkt, er kann das aufrechterhalten.«

Wer pädosexuelle Mandanten verteidigt, kann als Anwalt damit keinen Blumentopf gewinnen, darin sind sich Anwälte und Staatsanwälte einig. »Bei Drogendealern kann man ja vielleicht noch sagen, wow, den hast du aber gut rausgehauen«, sagt mir einer der Elysium-Verteidiger. »Aber mit so einer Aufgabe stehst du einfach ganz unten in der Hierarchie. Da will man nur hoffen, dass das möglichst geräuschlos über die Bühne geht und man nicht noch dafür angefeindet wird.«

Das Urteil

Am Donnerstag, den 7. März, ist nach 18 Prozessterminen das Urteil am Landgericht Limburg gesprochen worden. Die Staatsanwältin Julia Bussweiler hat in ihrem Plädoyer wegen der bandenmäßigen Verbreitung von kinderpornografischen Schriften lange Haftstrafen gefordert. Das Gericht verhängte Freiheitsstrafen zwischen drei Jahren und zehn Monaten und neun Jahren und neun Monaten. Michael G., der als Einziger der Gruppe auch wirklich Kinder vergewaltigt hat, soll danach in einer Sicherheitsverwahrung untergebracht werden.

Die vier Männer auf der Anklagebank sind keine typischen Darknet-Täter, keine vorlauten jungen Nerd-Entrepreneure wie der Drogendealer Shiny Flakes und auch keine studentischen Waffenhändler, die mit straffem Rücken in den Saal marschieren. Es sind ältere, ungepflegte Männer mit hängenden Schultern, und sie haben, so viel wird im Prozess deutlich, auf ganzer Linie versagt. Sie haben versagt, als sie sich für »schlauer als die Polizei erlaubt« erklärten, wie es ein Verteidiger ausdrückt, und darin, ihre Neigungen therapieren zu lassen.

Dass dieser Ort auch außerhalb des Internets zu Gewalt und sogar zu Vergewaltigungen an Kindern im echten Leben geführt hat, ist außergewöhnlich und macht selbst die leitende Staatsanwältin »fassungslos«, wie sie am letzten Verhandlungstag sagt. Durch das verhältnismäßig lange Beobachten der Führungspositionen konnte sichergestellt werden, dass ausgesprochen viele Hintermänner wasserdicht überführt wurden, bevor sie sich gegenseitig warnen konnten. Doch nachdem der Server lokalisiert war, verging noch ein halbes Jahr, in dem Kinder wie die Geschwister aus Wien leiden mussten – so lange, bis die Scheiben in der hessischen Autowerkstatt zersplitterten und Elysium abgeschaltet wurde.

Auch wenn nicht ganz so viel Zeit verging wie bei Child's Play – die Ermittler haben im Fall Elysium die Plattform ebenfalls so lange online gehalten, bis sich Menschen dort zum Vergewaltigen von Kindern verabreden und auch tatsächlich treffen konnten.

Mit diesem Dilemma müssen die Opfer leben. Und die Ermittler auch.

Die Zukunft der Darknet-Ermittlungen: Kreativität und Innovation als beste Werkzeuge

Der Fall Elysium zeigt, dass sich manche Fehler der Betreiber auf den Plattformen wiederholen. Er zeigt, wie vernetzt die Szene ist, wie sehr die einzelnen Akteure aufeinander angewiesen sind. »Es gibt graue Eminenzen, Programmierer, die eher im Hintergrund bleiben«, sagt Bussweiler. Und es gibt Fehler in der Datenbankprogrammierung, die

Ermittlern eben doch manchmal ermöglichen, die Hintermänner der Server zu identifizieren.

Wie kreativ verdeckte Darknet-Ermittlungen oft sein müssen und welches schauspielerische Talent dazu nötig ist, zeigt ein anderer Fall aus Deutschland:

Am 13. April 2018, kurz nachdem Elysium vom Netz genommen wurde, gelingt es der Staatsanwaltschaft Hannover, eine besonders üble Darknet-Plattform namens Tabooless abzuschalten. Tabooless war wie Lux' Seite Hurt2TheCore ein sogenannter Hurtcore-Chat, in dem unter anderem das Foltern, Vergewaltigen und Verletzen von Kindern Thema war.

Zwei Deutsche steckten seit 2016 hinter dem Chat: es war ein 50-Jähriger aus Baden-Württemberg unter dem Nickname Commander, der das Forum als Administrator geleitet und darüber selbst Missbrauchsmaterial verbreitet hatte, sowie ein 45-jähriger Hesse als Programmierer. Ein Tippgeber hatte die Polizei auf die Spur des Chats gebracht. Doch bis zur Identifizierung der Täter mussten sich die Ermittler aus Hannover einige Tricks einfallen lassen.

Commander musste irgendwie dazu gebracht werden, sich zu verraten. Dafür setzte die Polizei[14] mehrere verdeckte Ermittler auf die Seite an, darunter eine Frau. Ihre Taktik hatte Erfolg. Es gelang ihr, sich in akribischer Kleinstarbeit das Vertrauen des Admins zu erarbeiten, den Ermittler als »eine Legende in der kinderpornografischen Szene« bezeichnen. Denn der Mann unter dem Nickname Commander war auch schon auf Elysium höchst aktiv gewesen und auch auf anderen kinderpornografischen Foren mit Namen wie Brianna's Lolita Paradise oder Phoenix kein Unbekannter.

Die verdeckte Ermittlerin hatte Commanders Vorlieben genau studiert und nutzte geschickt ihr Wissen darüber aus. Über Monate chatteten die beiden über SM-Praktiken und Voyeurismus, eine Passion, die sie zu teilen schienen. Die Ermittlerin wagte sich sogar so weit aus der Deckung, dass sie Commander Fotos von sich schickte. Maskenbildner des Hannoveraner Theaters hatten sie dafür aufwendig geschminkt.

Die Strategie ging auf – Commander wurde immer zutraulicher und entwickelte schließlich Gefühle für die Frau. Dann übermittelte die Ermittlerin ihm in einer verschlüsselten Tor-Mail eine Handynummer. Er rief sie tatsächlich an. Ohne Rufnummerunterdrückung, vom eigenen Handy.

So konnte die Polizei sein Telefon bequem über Monate überwachen. Wie immer bei Darknet-Fällen arbeiten die Beamten auf einen Punkt hin, an dem sie die Tatverdächtigen direkt am Rechner überwältigen können, bevor sie für den Fall wichtige Daten löschen.

Am 2. November 2017 chattete Commander gerade wieder ausführlich mit seiner vermeintlichen Geliebten, als die Polizei ihn im schwäbischen Albstadt vom Rechner weg verhaftete. Commander, Vater zweier Kinder, früherer Berufswunsch evangelischer Pfarrer, gestand – durch seine Angaben konnte unter anderem der technische Betreiber der Seite im Raum Frankfurt identifiziert werden.[15]

Hightech und Hilfe von außen

Für die Aufklärung sind nicht nur die immer härtere Gewalt an immer jüngeren Opfern problematisch, sondern auch die ständig wachsenden Datenmengen, die Ermittler bei Verdächtigen sichten müssen. Manchmal werden Festplatten in einer Größe von mehreren Petabyte sichergestellt. In Zukunft wollen Ermittler in NRW und Niedersachsen deshalb bei der Auswertung auf eigens entwickelte KI-Software setzen, die bereits in Umlauf geratenes Material erkennt und beim Sichten hilft – selbst wenn Fotos reformatiert oder neu zusammengeschnitten wurden. »Das finde ich generell gut«, sagt Julia Bussweiler, »aber was, wenn das Programm dann doch das eine entscheidende Bild aus 12.000 fälschlicherweise als harmlos klassifiziert?«

In Kanada hat die NGO Canadian Centre for Child Protection das Projekt Arachnid gestartet:

Innerhalb von Sekundenbruchteilen untersuchen Webcrawler Internetseiten, erkennen selbstständig kinderpornografisches Material und unterstützen Websites beim Entfernen aus dem Netz. Die Suchmaschine stützt sich auf Microsofts PhotoDNA, eine Technologie, die zur eindeutigen Identifizierung von Bilddaten eingesetzt wird, auf denen vergewaltigte Kinder zu sehen sind. In den zwei Jahren, in denen das Projekt bereits läuft, haben die Arachnid-Crawler 61 Milliarden Abbildungen verarbeitet, 7,5 Millionen davon an Analysten zur weiteren Begutachtung weitergeleitet und so etwa 4.200 Missbrauchsserien aufgespürt.

Es ist auch durch einen Paragrafen in der Strafprozessordnung[16] möglich, dass die Polizei bei der Auswertung von strafrechtlich relevantem Material Sachverständige hinzuzieht. Im Klartext: Man delegiert das Anschauen der Bilder und die Einschätzung, ob das Material sexuelle Gewalt gegen Kinder darstellt, an private digitale Forensiker.

»Damit haben wir bei der ZIT auch gute Erfahrungen gemacht. Besonders mit zwei Firmen arbeiten wir seit Jahren erfolgreich zusammen«, erzählt Bussweiler. Eine davon ist Fast Detect aus Unterhaching, das sich als »führendes IT-Sachverständigenbüro« bezeichnet. Es wirbt auf seiner Website mit einer selbst entwickelten Software, »gerichtsfesten Gutachten« und speziell ausgebildeten Mitarbeitern. Wichtig ist dabei nur, dass die Vergabeverfahren an die Firmen und ihre Angestellten streng kontrolliert werden: In Bayern gab es 2017 einen Skandal rund um ein IT-Forensikbüro, das Stellen für Minijobber ausgeschrieben hatte, die Kinderpornos sichten sollten.[17]

Und auch wenn es bei Tauschbörsen-Ermittlungen nicht so häufig hilft: Der Grundsatz »Follow the money« ist bei Fällen rund ums Darknet in den vergangenen zwei Jahren wieder gültig geworden. Denn Bitcoin-Zahlungen sind bei Weitem nicht mehr so anonym, wie die Transaktionspartner glauben. Das gilt mittlerweile sogar, wenn Verdächtige ihre Bitcoin durch einen sogenannten Mixer jagen, also gegen eine Gebühr von bestimmten Mixing-Diensten einen eingezahlten Betrag in Bitcoin aus anderen Quellen in Bitcoin zurücküberwiesen bekommen. Manche dieser Mixer-Transaktionen kann die Polizei mit einigem Aufwand nachvollziehen und die Geldflüsse wieder entwirren. Andere Täter sind einfach unvorsichtig und hinterlassen bei der Anmeldung zu Bitcoin-Diensten Spuren im Netz – oder gleich ihre persönliche E-Mail-Adresse. Wenn ein Verdächtiger Bitcoin in eine andere Kryptowährung wie Monero umtauscht, ist es problematisch – »da sind wir dann meistens raus«, so Bussweiler.

Raus sind die Ermittler auch, wenn altes Recht auf neue Technik und Gegebenheiten im Internet trifft. Staatsanwälte von der ZIT sehen sich und ihre Kollegen deshalb auch als Berater für neue Rechtsprechung. »Das ist eine unserer Kernaufgaben, weil wir ja genau wissen, woran wir im Darknet scheitern«, sagt der hessische Oberstaatsanwalt Georg Ungefuk.

Um eine »Waffengleichheit« zwischen Tätern und Ermittlern bei der Verfolgung von Darknet-Sexualstraftaten herzustellen, fordern Cybercrime-Ermittler länderübergreifend seit mehreren Jahren eine Möglichkeit, mit Fake-Kinderpornografie auf Tauschbörsen zu gelangen, auf denen echtes Material kursiert.[18] Die ZIT hat sich ganz besonders dafür starkgemacht. Die Idee dahinter: Man könnte als verdeckter Ermittler täuschend echte Bilder am Computer generieren und damit die »Keuschheitsproben« bestehen, die Strafverfolger in den inneren Kreis der größten Darknet-Plattformen Eintritt gewähren. Und das, ohne lebenden Personen Schaden zuzufügen.

Seit Mitte 2018 sieht es so aus, als würde der Wunsch der Ermittler in Erfüllung gehen. Auf Initiative der ZIT und des hessischen Justizministeriums wurde ein entsprechendes Gesetz über den Bundesrat eingebracht. Der Bundestag diskutierte Ende 2019 lange, was eine solche Änderung ethisch und rechtlich bedeuten würde – und entschied sich schließlich dafür, es als Ergänzung zum neuen Gesetz gegen Cybergrooming tatsächlich zu verabschieden. Im Februar 2020 fehlt nur noch die Unterschrift des Bundespräsidenten.

Überhaupt kein Grund zum Feiern, findet zumindest die auf Missbrauchsfälle spezialisierte Staatsanwältin Julia Bussweiler: »Es ist Murks«, seufzt sie. »Ich kann als verdeckter Ermittler nämlich immer noch keinem Verdächtigen im Darknet-Chat Material schicken. Genau das ist aber so wichtig, weil ich ja das Vertrauen des Verdächtigen gewinnen will, um ihn dazu zu bringen, Fehler zu machen, die ihn letztlich verraten.« Auch an anderen Cybercrime-Stellen sehen Ermittler in dem neuen Gesetz eine vertane Chance. »Ich hab meine juristischen und praktischen Bedenken schon aufgeschrieben und weitergeleitet, aber na ja«, sagt sie. Für die Zukunft wünscht sie sich, dass der Gesetzgeber mehr auf das hört, was die Ermittler tatsächlich brauchen.

Die Ermittler, die die Beweise sichten müssen, stehen unter einer enormen psychischen Belastung. Ich habe sie zumeist als extrem kontrollierte, korrekte und manchmal auch kurz angebundene Menschen erlebt. Benjamin Krause, ein durchtrainierter junger Staatsanwalt an der ZIT, wiegelt die Frage nach einer überdurchschnittlichen Belastung ab: »Es gibt eben Menschen, die das technisieren können, und das ist eine Voraussetzung für diesen Beruf. Ich kann das.« Die BKA-Ermittlerin Karin M. sagt: »Man hat Mitleid. Aber man leidet nicht mit.« Da ist es wieder, das distanzierende »man« – eine Hilfe, um scheinbar nicht über sich selbst reden zu müssen. In ihrer Freizeit ist die Ermittlerin Fallschirmspringerin. »Ich will einfach, dass die Kinder in Ruhe gelassen werden«, sagt Julia Bussweiler. »Wenn ich das nicht verkraften könnte, würde ich woanders arbeiten.« Klar sei aber, dass man viel mit sich selbst ausmachen müsse.

Es scheint offensichtlich, dass sich die Darknet-Strafverfolger vor eigenen Emotionen schützen. Wie belastend die tägliche Arbeit tatsächlich für die betroffenen Beamten ist, dazu gibt es erstaunlich wenig Forschung.

Eine Studie des Innenministeriums Niedersachsen hat 2019 rund 100 Kommissare, die in diesem Feld tätig sind, nach den Folgen ihrer Arbeit befragt. Es ist die erste größere Studie dazu in Deutschland.

86 Prozent der Befragten sagten, sie wüssten nicht, wie sie die zu sichtende Datenmenge auf Dauer bewältigen sollten.[19] Bis zu 3.000 Bilder pro Stunde müssen Polizisten sichten, wenn Datenträger beschlagnahmt wurden. Und das ist in der Regel ein riesiger Vorrat an belastendem Material voller schrecklicher Sexualverbrechen. Und sie müssen sich das Material immer und immer wieder genau anschauen, damit ihnen kein möglicher Hinweis entgeht. Wie sieht der Täter aus?

Von welcher Marke ist der Schnuller? Wo wird dieses T-Shirt verkauft?

87 Prozent der Befragten sind der Meinung, dass die Bestrafung der Täter nicht im Verhältnis zu ihrer Tat stünde – sie werden ihrer Meinung nach nicht streng genug bestraft.

Beamte, die in diesem Bereich in NRW arbeiten, sollen jetzt zwingend zur psychologischen Supervision. Das soll helfen, mit den schrecklichen Bildern klarzukommen und den Job im Job zu lassen.

»Ach ja, klar doch«, sagt Julia Bussweiler, »da wird immer viel darüber erzählt.« Dann denkt sie laut darüber nach, wie es wohl wäre, wenn man über eine Kleine Anfrage im Bundestag herausfinden könnte, in welcher Regelmäßigkeit diese Supervisions-Programme tatsächlich stattfinden. »Ich hab jedenfalls noch nie eins gesehen«, sagt sie. Man müsse das meiste eben mit sich selbst ausmachen.

Dann fällt ihr doch etwas ein. »Unser Running Gag ist, dass wir ja einmal zur Staatsanwaltschaft Gießen zur Supervision eingeladen wurden. Dachten wir. Als wir da hingefahren sind, erzählten sie uns, dass wir uns heute selbst zur Supervision ausbilden sollten«, sagt sie. »Schön, oder? Hilfe zur Selbsthilfe, quasi.« Sie zieht die Augenbrauen hoch.

11. AUSBLICK: DAS DARKNET ALS NEGATIVE FREIHEIT

Während der Arbeit an diesem Buch passierte etwas Unerwartetes. Im Februar 2019 trat ein deutscher Regierungsvertreter auf dem Europäischen Polizeikongress in Berlin ans Mikro und erklärte: »Wer das Darknet nutzt, führt in der Regel nichts Gutes im Schilde. Ich verstehe, warum das Darknet einen Nutzen in autokratischen Systemen haben kann. Aber in einer freien, offenen Demokratie hat es meiner Meinung nach keinen legitimen Nutzen.« Der CDU-Politiker schloss mit einer sanften Drohung: »Diese einfache Erkenntnis sollte sich auch in unserer Rechtsordnung widerspiegeln.«[1]

Günter Krings, Parlamentarischer Staatssekretär von Innenminister Horst Seehofer (CSU), hatte mit dem Satz eine Bombe gelegt. Das Signal, so erschien es vielen, war überdeutlich: Krings nutze seinen Auftritt vor der europäischen Polizei- und Sicherheitselite, um gegen das »illegitime« Darknet mobilzumachen. Die Empörung in Medien und Netzkreisen war groß und sicher nicht unbeabsichtigt, auch wenn überhaupt nicht klar war, was Krings eigentlich meinte.

Klarheit herrschte erst einen Monat später, als ein Gesetzentwurf aus Krings' Ministerium geleakt wurde[2] und die schlimmsten Befürchtungen zu bestätigen schien: Das »IT-Sicherheitsgesetz 2.0« enthielt neben erweiterten Befugnissen für Sicherheitsbehörden eine Passage, die schnell als »Darknet-Gesetz« die Runde machte (obwohl es sich auf das Clear- und Darknet gleichermaßen bezog):[3] Die Regelung sah vor, für das Betreiben von Online-Schwarzmärkten einen eigenen Straftatbestand einzuführen. Denn bislang konnte man Plattform-Betreibern nur etwas anhaben, wenn sie nachweislich selbst in illegale Transaktionen verwickelt waren. So wurde etwa der Admin des Darknet-Forums Deutschland im Deep Web 2018 nicht wegen der Bereitstellung seiner Infrastruktur verurteilt, obwohl dort teils illegale Geschäfte abliefen. Sondern, unter anderem,[4] wegen Beihilfe in 28 Drogen- und sieben Waffengeschäften.

Doch das Gesetz war schwammig formuliert, sodass viele befürchteten, auch Unschuldige und legale Anbieter könnten ins Visier der Behörden geraten. Kritiker warfen Krings eine »Kriminalisierung des Darknets« vor, die sozial wünschenswerte Dienste wie Tor gefährde und anonymes Surfen unter Strafe stelle. Ein Sturm der Entrüstung folgte, dem sich neben Netzaktivisten auch Journalisten und namhafte Juristen anschlossen.

»Ich verfolge keinen dunklen Plan, das Darknet zu verbieten«, verteidigte sich Krings, als ich ihn bei einem Besuch im Innenministerium mit der Kritik konfrontierte. Vielmehr wundere er sich über die viele negative Kritik. Er habe sich mehr konstruktives Feedback gewünscht, gerade von denen, die an der Darknet-Infrastruktur mitarbeiten.

Dazu kam es nicht. Krings' *Lex Darknet* ist mittlerweile, Stand Juni 2020, vom Tisch, da es die Ressortabstimmung mit dem Koalitionspartner nicht überlebte. Im neuen Entwurf des IT-Sicherheitsgesetzes 2.0 ist der Darknet-Paragraf wie von Geisterhand verschwunden.

Erledigt war damit auch die Debatte über das Darknet, noch bevor sie richtig begonnen hatte. Stattdessen verlief die diskursive Begleitmusik, die sich schwerlich Debatte nennen lässt, entlang der üblichen Fronten: Netzanarchisten, die sich vom Staat bedroht fühlen; ein Sicherheitsapparat, der immer mehr in die Privatsphäre der Bürger eindringt; Medien, die jedes Darknet-Thema zum Skandal aufpeitschen; Politiker, die darin eine Chance zur Profilierung wittern.

Maximale Freiheit oder Barbarei

Eine echte Debatte über das Darknet wäre aber notwendig: Etwa darüber, ob es sinnvolle Regulierungsansätze für das Darknet gibt, ob

Hidden Services ein Upgrade brauchen, ob sich Alternativen zum absoluten Freiheitsbegriff des Darknets denken lassen oder warum es der Tor-Community nicht gelingt, ein besseres Image aufzubauen – um vielleicht irgendwann nicht mehr von Geldern der US-Regierung abhängig zu sein.

»Wenn ein Journalist euch [nach den kriminellen Seiten im Darknet] fragt, versucht herauszukriegen, was er wirklich will, was seine eigentliche Motivation ist.« Die Empfehlung von Tor-Entwickler Roger Dingledine, die er dem Publikum 2017 auf einem Hackerkongress mitgab, ist bezeichnend, aber vielleicht nicht der richtige Ansatz: Denn es gäbe durchaus viel zu besprechen.

Das wohl drängendste Problem ist die Enthaltsamkeit der Verantwortlichen, wenn es darum geht, die schädlichsten Dinge im Darknet zu bekämpfen: Hurtcore-Foren, auf denen brutalste Misshandlung von Kleinkindern dargestellt wird; Chaträume, in denen Vergewaltiger sich zum gemeinsamen Missbrauch verabreden; Red Rooms mit Folter-Liveshows. Es sind bekannte und gut dokumentierte Fälle, die im Tor-Netzwerk stattfanden, aber aus denen keinerlei Konsequenzen gezogen wurden.

Denn die Verantwortlichen hätten durchaus Eingriffsmöglichkeiten – etwa mittels Blocklisten: »Tor könnte eine Liste von Onion-Adressen pflegen, zu denen der Tor-Browser nicht weiterleitet. So eine Blockliste könnte man als ganz normale Browser-Erweiterung zum Tor-Browser hinzufügen«, argumentiert etwa der Berliner Informatiker und Autor Jürgen Geuter. Tech-Affine könnten die Seite zwar noch über Umwege erreichen, »aber für die Mehrheit der Nutzer wären die Seiten de facto gesperrt«.[5] Eine zweite Variante wäre es, wenn Tor-Knoten-Betreiber ihre Knoten so konfigurieren, dass sie zu bestimmten Onion-Adressen nicht weiterleiten, so Geuter. Das mache allerdings nur Sinn, wenn sich alle Tor-Knoten-Betreiber auf eine gemeinsame Blockliste einigen könnten, was jedoch wenig wahrscheinlich sei.

Die Begründungen dafür, den Status quo zu erhalten, sind nicht immer trefflich: Drogen gibt's via Tinder, Waffen auf Facebook, Kinderpornografie bei YouTube – das Clearnet ist viel schlimmer. Oder: Nicht die Technologie an sich ist böse, sondern die Menschen, die sie auf diese Weise benutzen. Oder das Problem wird relativiert, als eine vernachlässigbare Größe: »Das Darknet ist so klein, es existiert eigentlich gar nicht« (Roger Dingledine).

Das sind keine besonders stichhaltigen Argumente. Nur weil es im Clearnet schlimmer zugeht, entlässt es einen nicht aus der Verantwortung für den eigenen Bereich. Mag das Darknet nur ein Werkzeug sein, doch wenn ein großer Teil der Nutzer damit Straftaten begeht, könnte man sich durchaus fragen, ob man nicht ein oder zwei Stellschrauben anpassen sollte.

Eine kritische Auseinandersetzung über diese Fragen scheint aber nicht erwünscht. Dahinter steht ein absoluter Freiheitsbegriff, der keine Intervention in den freien Fluss der Daten duldet. Freiheit im Darknet ist negative Freiheit – die Freiheit von zentraler Kontrolle und Zensur. Im libertären Freiheitsverständnis ist es unerheblich, wer die Zentralinstanz verkörpert: Ob der Staat, die US-Organisation Tor Project, die den Code verwaltet, oder die Tor-Knoten-Betreiber, die den Traffic durchleiten – da jedes Zentrum korrumpierbar ist, kann nur ein dezentrales System Freiheit garantieren. Die Freiheit der Tor-Nutzer besteht darin, darauf vertrauen zu können, dass ihre Inhalte von niemandem zensiert werden können. Das ist das Versprechen, das ihnen Tor gibt.

Als die US-Naziseite Daily Stormer 2017 ins Darknet ging und Kritiker der Seite von Tor verlangten, etwas dagegen zu unternehmen, verteidigte sich das Tor Project in einem Blogpost: »Wir sind angewidert, verärgert und entsetzt über alles, wofür diese Rassisten stehen und was sie tun. Aber wir können kein Open-Source-Tool bauen, das Journalisten, Menschenrechtsaktivisten und normale Menschen auf der ganzen Welt schützt, wenn wir zugleich kontrollieren, wer dieses Tool verwendet.«[6]

Tor versteht sich nur als Netzwerk, das Daten durchleitet. Der Schaden, den ein Teil dieser Daten verursacht, liegt dann, so die Logik, nicht mehr in der Hand des Netzwerks. Er ist der Preis für die Freiheit der anderen Nutzer – Kollateralschaden.

»Das Problem ist doch: Wenn man einmal anfängt, einzelne Seiten zu sperren, wo endet das dann?«, fragt der Jenaer Tor-Unterstützer Jens Kubieziel. Neben technischen Problemen, die Blocklisten aufwürfen, sieht Kubieziel diesbezüglich ohnehin wenig Veränderungswillen in der weltweiten Tor-Community: »Das Verbot von Kinderpornografie wäre wohl das Einzige, auf das man sich international einigen könnte. Bei Waffen, Drogen und allen anderen Themen sehe ich das nicht.«

Laut Kubieziel habe sich in der Community beim Thema Kindesmissbrauch daher das Prinzip »Löschen statt Sperren« durchgesetzt: Statt problematische Seiten durch technisch möglicherweise nicht ausgereifte Lösungen zu sperren, sollte man die Ressourcen lieber darauf verwenden, die Seiten zu löschen. Was Kubieziel meint: Es ist Aufgabe der Strafverfolgungsbehörden. Tor wird damit aus der Verantwortung entlassen.

Wo die Sperren enden könnten oder sollten, wäre aber eine wichtige und vor allem gesellschaftspolitische Frage, was vielleicht erklärt, warum Tor die Debatte scheut. »Viele in der Szene sind apolitisch oder vertreten die Ansicht: Meinungsfreiheit um jeden Preis. Da hört es dann auf. Eine Haltung einzunehmen im Sinne von: Wir stehen für X und stellen uns gegen Y, ist vielen zu mühsam«, so der Autor Jürgen Geuter.

In keinem Lebensbereich dulden wir grenzenlose Freiheit, halten sie für erstrebenswert oder moralisch vertretbar. Warum sollte es gerade für das Darknet anders sein? Überhaupt: In vielen Ecken dieses angeblich anarchischen Ortes gibt es Verbote: Viele Seiten, wie die vorangegangenen Kapitel gezeigt haben, untersagen mittlerweile eine ganze Reihe an Dingen: Missbrauchsinhalte, Waffen, Bedrohungen, Mordaufrufe, Doxxing und Spam. Die Nutzer und Betreiber der Darknet-Plattformen sind den Tor-Architekten in gewisser Hinsicht voraus, sie brauchen die absolute Freiheit, die Tor bietet, gar nicht.

Es stellt sich die Frage, ob man es Schwarzmarktbetreibern und Drogendealern überlassen will, das Darknet von seinen unterirdischsten Auswüchsen zu befreien, oder ob man als verantwortungsvolle

Community selbst die Entscheidung trifft, transparent und für alle nachvollziehbar.

Die Entscheidung, einen ethischen Mindeststandard einzuführen, könnte die Akzeptanz für Hidden Services erhöhen. Dem Image des Darknets würde es sicher guttun.

»Ein Produkt des Westens für den Westen«

Tech-Optimisten sehen im Darknet die Zukunft des Internets einen sicheren virtuellen Ort, wo datensparsame soziale Netzwerke entstehen, legale Händler sich niederlassen und eine globale Zivilgesellschaft über Inhalte streitet, Korruption aufdeckt, die Mächtigen hinterfragt.[7]

Es erscheint zweifelhaft, dass es jemals dazu kommen wird. Das Darknet ist vielmehr das Ende der Utopie. Von einem revolutionären Eifer oder Entdeckergeist, wie in den Anfangstagen des Internets, ist im Darknet nichts zu spüren. Die Welt der Onion-Seiten ist ein trister Ort. Viele Hidden Services halten nicht lange durch, und die, die es tun, sind meist lieblos gestaltet oder werden kaum gepflegt. Politische Informationsquellen sucht man mit dem Mikroskop, nicht wenige Seiten wirken wie HTML-Schulprojekte.

So groß die Herausforderungen für das Internet am Beginn der 2020er-Jahre auch sind: Das Darknet, so wie es sich jetzt darstellt, taugt nicht als positiver Gegenentwurf zum Clearnet.

Das mag sich ändern, sobald die Leute in Massen ins Tor-Netzwerk strömen und die Produktivkräfte dieser Parallelwelt für sinnvolle Dinge nutzen. Doch solange die Hidden Services mehrheitlich als Brücke in die kommerzielle Schattenwelt dienen, wird das aller Wahrscheinlichkeit nach nicht passieren. Und solange Tor keine klare und transparente Haltung dazu entwickelt und die Probleme kleinredet, wird das auch so bleiben.

Der Tor-Gründer Roger Dingledine bezeichnete Hidden Services 2017 als »Spielzeug«, das er programmiert habe, um zu zeigen, was man mit Tor alles anstellen könne. Blöderweise hätten sich vor allem die »early adopters« darauf gestürzt, also die frühen Aneigner einer Technologie, die oft »Böses im Sinn hätten«. Man bräuchte eben mehr Nutzer mit guten Absichten, um das Darknet zu einem besseren Ort zu machen.

Doch nach 16 Jahren Hidden Services scheint das immer noch nicht passiert zu sein. Die Zahl der Nutzer, die aus der absolut gewährten Freiheit im Darknet sinnvolle, interessante, unterhaltsame Inhalte erstellen, ist nach wie vor überschaubar. Niemand von Tor kommt jedoch auf die Idee, dass das mit der Technologie zu tun haben könnte beziehungsweise damit, wie man sie verwaltet.

In anderen Teilen der Welt fällt die Bilanz noch schwächer aus. Für den überwiegenden Teil der Menschheit, der mit Internetproblemen zu kämpfen oder gar kein Internet hat, ist an Hidden Services oder Darknet überhaupt nicht zu denken. »Das Darknet ist ein Produkt des Westens für den Westen«, sagt Berhan Taye von der NGO Access Now, die sich weltweit für Netzfreiheit einsetzt.[8] In ihrem Heimatland Äthiopien, aber auch in anderen afrikanischen Ländern, wo schon Clearnet-Verbindungen eine halbe Ewigkeit brauchen, spiele Tor praktisch keine Rolle, sagt Taye.

Das Darknet muss sich neu erfinden

Trotz dieser Probleme zählt Tor zu den stärksten Privatsphäre-Tools auf dem Markt. Ein westlicher Geheimdienst nannte Tor in einem von Edward Snowden geleakten Dokument den »unangefochtenen König unter der Anonymitätsdiensten«.[9] Es schützt Whistleblower, Journalisten und Dissidenten, zumindest die, die sich durch Tor nicht erst zur Zielscheibe machen. Es ermöglicht täglich rund zwei Millionen Menschen sicheres Surfen oder den Zugriff auf zensierte Websites.

Umso wichtiger ist es, dass eine Debatte geführt wird und die Widersprüche angegangen werden. Das Image des Verruchten verhindert, dass sich die meisten Menschen damit auseinandersetzen.

Wenn Tor wirklich an mehr Vielfalt und Breite der Nutzer interessiert ist, sollte man sich fragen, ob es nicht an der Zeit ist, den in die Jahre gekommenen und von US-Libertären geprägten Freiheitsbegriff zu ersetzen mit dem Konzept eines weitgehend freien, anonymen Raumes, der so etwas wie ethische Mindeststandards kennt. Dann kämen die User vielleicht von ganz alleine.

Daniel Mützel, Juni 2020

ANHANG

1. Freiheit oder Finsternis

1 Vgl. die globale Verteilung der Tor-Nutzer 2019 auf Statista: https://de.statista.com/statistik/daten/studie/1024110/umfrage/verteilung-der-taeglichen-nutzer-des-tor-netzwerkes-nach-laendern. Letzter Zugriff: 7. 6. 2020.
2 Clearnet bezieht sich auf die Netzwerkebene, Clear Web auf die Websites. Wir benutzen im Buch den weiter verbreiteten Begriff Clearnet, auch wenn wir technisch den Begriff Clear Web beschreiben.
3 Vgl. Internet Live Stats: https://www.internetlivestats.com/total-number-of-websites/. Letzter Zugriff 18. 6. 2020.
4 Bergman (2001): »White Paper: The Deep Web: Surfacing Hidden Value.« http://www.press.umich.edu/jep/07-01/bergman.html. Letzter Zugriff 18. 6. 2020. Allerdings basierte die damalige Schätzung auf veralteten Methoden. Wie groß das Deep Web wirklich ist, kann niemand sagen.
5 Mey, Stefan (2017): Darknet: Waffen, Drogen, Whistleblower, München: C.H. Beck, S. 86.
6 Auch das Navy-Entwicklerteam um Paul Syverson Mitte der 90er nannte das Prinzip »Onion-Routing«.
7 Wie das Tor Project auf seiner Website erklärt: https://2019.www.torproject.org/docs/faq.html.en#AttacksOnOnionRouting. Letzter Zugriff 23. 6. 2020.
8 Owsenson, Gareth und Savage, Nick (2015): The Tor Dark Net, in: https://www.cigionline.org/sites/default/files/no20_0.pdf. Letzter Zugriff 6. 7. 2020.
9 Ich sprach mit Owenson via Videocall im Mai 2019.
10 Moore, Daniel und Rid, Thomas (2016): Cryptopolitik and the Darknet, Survival, 58:1, 7–38.
11 Raees Ahmad Khan und Mohd Faizan (2019): Exploring and analyzing the dark Web, in: https://firstmonday.org/article/view/9473/7794. Letzter Zugriff 8. 3. 2020.
12 Sixgill Threat Intelligence Report (2020): The Corona High: COVID-19's boost to the underground illicit drug economy, in: https://info.cybersixgill.com/coronavirus-boosts-dark-web-drug-economy?hsCtaTracking=e99bd393-cdfc-41f2-b272-ac88f774bf94%7 C9bbd87c9-f038-493c-b4c1-5fed13367663. Letzter Zugriff 7. 6. 2020.

13 EMCDDA special report (2020): COVID-19 and drugs – Drug supply via darknet markets, in: https://www.emcdda.europa.eu/system/files/publications/13042/EMCDDA-report_COVID19-darknet-final.pdf. Letzter Zugriff 7.6.2020.

2. Cybercrime-Foren in Deutschland

1 Der aktuelle CNW-Mitbetreiber ist ein Nutzer unter dem Alias inigo.
2 Die Plattform war über die Jahre hinweg unter mehreren und häufig wechselnden Adressen zu erreichen, aktuell lautet die Domain: http://crimenetwork.co.
3 Die Aufklärungsquote im Bereich Internetkriminalität liegt laut dem Bundeslagebild Cybercrime 2018 bei 39,8 Prozent.
4 Imagevideo der Abteilung Cybercrime des Bundeskriminalamts (2020), https://www.youtube.com/watch?v=XCVj5WFKpXY. Letzter Zugriff 18.6.2020
5 Vgl. Forschungsprojekte zu Cybercrime-Täterschaft des BKA, z. B. https://www.bka.de/DE/UnsereAufgaben/Forschung/ForschungsprojekteUndErgebnisse/Internetkriminalitaet/internetkriminalitaet_node.html.
6 Europol (2018): Cybercrime Dependencies Map - Europol. https://www.europol.europa.eu/sites/default/files/documents/cybercrime_dependencies_map_0.pdf. Accessed 13 Jan. 2018. Letzter Zugriff 18.6.2020
7 Post auf CNW vom 12.1.2017.
8 Der Großteil der Angebote beschränkt sich allerdings auf sogenannte RAT (Remote Access Tools). Das BKA schätzt, dass aktuell 560 Millionen Schadprogramme im Umlauf sind – im Vorjahr waren es noch 440 Millionen.
9 Ein Beispiel für einen Crypter ist das Programm Cloudprotector, vgl. http://cloudprotector.pw/.
10 Sogenannte Binder.
11 Motherboard (2016): Two hackers appear to have created a new massive internet of things botnet. https://motherboard.vice.com/en_us/article/3da4w9/two-hackers-new-mirai-internet-of-things-botnet-deutsche-telekom. Letzter Zugriff 18.6.2020.
12 Der Spiegel (21/2020): Das Tor zur Unterwelt, vgl. https://magazin.spiegel.de/SP/2020/21/170923472/index.html. Letzter Zugriff 18.6.2020.
13 Tagesschau (2020): »Internetkriminalität: Identitäre Bewegung im Cyberbunker«, https://www.tagesschau.de/investigativ/panorama/cyberbunker-identitaere-101.html. Letzter Zugriff 18.6.2020.
14 Der Spiegel (21/2020): »Das Tor zur Unterwelt«, vgl. https://magazin.spiegel.de/SP/2020/21/170923472/index.html.
15 Und seinen Partner, den CNW-Administrator unter dem Alias inigo.
16 Gemäß Staffelpreisen auf CNW im Februar 2020.
17 Gemäß Staffelpreisen auf CNW im Februar 2020.
18 Privatnachricht von Neil.
19 Vice (2016): »Der größte deutsche Cybercrime-Marktplatz ist weg – doch die Polizei war es nicht« https://www.vice.com/de/article/d7dgvy/das-groess

te-deutsche-cybercrime-forum-ist-verschwunden-crimenetwork. Letzter Zugriff 18. 6. 2020.

20 Pressemitteilung des LKA Nordrhein-Westfalen (2017): https://www.presse portal.de/blaulicht/pm/58451/3850221. Letzter Zugriff 18. 6. 2020.

21 Neben Neil, der sich um den technischen Betrieb und die Verschleierung des Servers kümmert, hat der Administrator inigo die inhaltliche Verantwortung für das Forum und erhält ebenfalls Prozente aus Gebühren und Lizenzen.

22 Privatnachricht von Neil.

23 Privatnachricht von Neil.

24 Neil bezieht sich hier auf frühere Warenbetrugs-Geschäfte, die er zu verantworten hatte.

25 Pressemitteilung des BKA (2019): https://www.bka.de/SharedDocs/Kurz meldungen/DE/Kurzmeldungen/190628_PKChemicalRevolution.html.

26 Der Spiegel (2020): »Chemical Revolution«: Die Männer hinter Deutschlands größtem Online-Drogenshop«. 24. April 2020, https://www.spiegel.de/pano rama/justiz/chemical-revolution-die-maenner-hinter-deutschlands-groess tem-online-drogenshop-a-00000000-0002-0001-0000-000170604449. Letzter Zugriff 18. 6. 2020.

27 Privatnachricht von Neil.

28 Privatnachricht von Neil.

29 Wetterauer Zeitung (2020): »›Chemical Revolution‹: Prozess um Deutschlands größten Online-Drogenhandel in Gießener Kongresshalle?«, in: https: //www.giessener-allgemeine.de/giessen/chemical-revolution-prozess-deutschlands-groesstem-onlinehandel-drogen-giessener-kongresshalle-13797413.html. Letzter Zugriff 18. 6. 2020.

30 Pressemitteilung 12/2020 der Generalstaatsanwaltschaft Bamberg: Durchsuchungen in der Underground-Economy-Szene – Bundesweiter Action Day, in: https://www.justiz.bayern.de/gerichte-und-behoerden/generalstaatsanwalt schaft/bamberg/presse/2020/12.php. Letzter Zugriff 18. 6. 2020.

3. Die Geschichte von Shiny Flakes

1 The Guardian (2013): Online highs are as old as the net: The first e-commerce was a drug deal, in: https://www.theguardian.com/science/2013/apr/19/on line-high-net-drugs-deal. Letzter Zugriff 18. 6. 2020.

2 Powers, Mike (2013): Drugs 2.0: The Web Revolution That's Changing How the World Gets High.

3 Wired (2015): The Untold Story of Silk Road, Part 1, in: https://www.wired. com/2015/04/silk-road-1/. Letzter Zugriff 26. 6. 2020.

4 Tzanetakis, Meropi und Stöver, Heino (2019): Drogen, Darknet und Organisierte Kriminalität: Herausforderungen für Politik, Justiz und Drogenhilfe.

5 Powers, Mike (2013): Drugs 2.0: The Web Revolution That's Changing How the World Gets High.

6 Transkript der Rede vgl.: https://www.npr.org/transcripts/137138008?t=1591 561949921.

7 Ars Technica (2016): Stealing bitcoins with badges: How Silk Road's dirty

cops got caught, in: https://arstechnica.com/tech-policy/2016/08/stealing-bitcoins-with-badges-how-silk-roads-dirty-cops-got-caught. Letzter Zugriff 26.6.2020.

8 Vice (2015): DEA Agent Who Faked a Murder and Took Bitcoins from Silk Road Explains Himself, in: https://www.vice.com/en_us/article/8q845p/dea-agent-who-faked-a-murder-and-took-bitcoins-from-silk-road-explains-himself. Letzter Zugriff 26.6.2020.

9 Die Schilderungen stammen aus dem Prozess gegen Zhivko Z. und ihrer Wiedergabe in Presseberichten.

10 Tathergang rekonstruiert aus Anklageschrift und Gesprächen mit Maximilian S. und seinem Verteidiger.

11 Interview mit Maximilian S. im Oktober 2018.

12 Mengenangaben und Asservatenliste stammen aus der Anklageschrift.

13 Interview mit Maximilian S. im Oktober 2018.

14 Biografie aus Anklageschrift rekonstruiert, Aussage von Max S. im Prozess am 28.9.2015.

15 Interview mit Max S. im Oktober 2018.

16 Eigene Angaben von Max S., Gutachten der Jugendgerichtshilfe im Prozess am Landgericht. Letzter Zugriff 28.9.2015.

17 Tzanetakis (2018): Das Internet als Marktplatz für psychoaktive Substanzen, vgl. https://www.praevention.at/fileadmin/user_upload/09_Infobox/Tagungsunterlagen/Jugendtagung_2018/Tzanetakis_Das_Internet_als_Marktplatz_fuer_psychoaktive_Substanzen_website.pdf.

18 Quelle: Aussage Max S. im Prozess / forensisch—psychiatrisches Gutachten Max S.

19 vgl. Zeit (2014): Crystal Meth: Freitags ist immer alles mega, in: https://www.zeit.de/zeit-magazin/leben/2014-07/crystal-meth-leipzig. Letzter Zugriff 26.6.2020.

20 Aus Ermittlungshergang in der Anklageschrift rekonstruiert.

21 Max' Projekt gilt noch als Kryptomarkt, weil sowohl Standort als auch Zahlung verschleiert werden und beide Parteien anonym bleiben.

22 Tzanetakis (2018): Comparing cryptomarkets for drugs. A characterisation of sellers and buyers over time.

23 vgl. Abendzeitung (2016): Prozess in München: Chemiestudent testete Drogen: Als Lohn gab's Kokain, in: https://www.abendzeitung-muenchen.de/inhalt.kokain-fuer-dealer-untersucht-muenchner-medizinstudent-steht-vor-gericht.f1432e19-26cd-47d5-b7d3-0ac8951e2de2.html. Letzter Zugriff 26.6.2020.

24 vgl. Welt (2016): Chemiestudent untersuchte Drogen für Dealer, in: https://www.welt.de/regionales/bayern/article157127802/Chemiestudent-untersuchte-Drogen-fuer-Dealer.html. Letzter Zugriff 26.6.2020.

25 Das ist in Deutschland bislang verboten. Mit der neuen Bundesdrogenbeauftragten Daniela Ludwig kommt allerdings ein wenig Bewegung in das Geschehen: 2020 soll das erste Modellprojekt in Berlin starten, bei dem Menschen Substanzen wie Kokain und Ecstasy straffrei in einem Labor abgeben können und in einem vorgeschriebenen Beratungsgespräch einige Tage später erfahren, was drin ist.

26 Öffentliche Kundenbewertungen auf Shiny-Flakes.com, abgerufen über archivierte Website.

27 Öffentliche Kundenbewertungen auf Shiny-Flakes.com, Posts auf Crimenetwork.biz, abgerufen über archivierte Website.

28 Vice (2014, aktualisiert 2015): Exklusiv: Das Interview mit dem verhafteten Online-Dealer hinter Shiny Flakes, in: https://www.vice.com/de/article/bmvebv/exklusiv-interview-mit-dem-betreiber-hinter-shiny-flakes-4593. Letzter Zugriff 26. 6. 2020.

29 Nutzerbewertung auf shiny-flakes.com.

30 vgl. Bancroft et al (2016): Concepts of illicit drug quality among darknet market users, in: https://www.researchgate.net/publication/287404397_Concepts_of_illicit_drug_quality_among_darknet_market_users_Purity_embodied_experience_craft_and_chemical_knowledge. Letzter Zugriff 26. 6. 2020.

31 Samplegröße im 2017-er Report: n=115,523. 90% weiß, Durchschnittsalter 29, 47% identifizieren sich als Clubgänger, 64% arbeiten. Freiwillige Online-Umfrage mit Teilnehmern aus 50 Ländern. Mit 36.000 Teilnehmern ist Deutschland das auskunftsfreudigste Land in Sachen Drogenkonsum. Limitierung der Forschungsmethode: Interessenten füllen den Fragebogen aus, nicht alle Drogenkonsumenten. Daher sind bei einer nicht-zufälligen Auswahl keine Aussagen möglich, die sich auf die Gesamtpopulation beziehen. Chancen: Frühe Identifizierung von Drogentrends, bevor sie sich in der Gesamtbevölkerung niederschlagen.
Das Darknet-Sample im 2017-er Report sind 63.212 Befragte, die die Darknet-Sektion ausgefüllt haben. Nur 6.935 von ihnen geben an, im vergangenen Jahr Drogen im Darknet gekauft zu haben. In Deutschland sind es 6%.

32 2017: Ecstasy 24%, Cannabis 39%, NPS 33%, LSD 38%.

33 Beide Forscher sind ebenfalls Co-Autoren der Global Drug Survey.

34 Barratt et al (2014): Use of Silk Road, the Online Drug Marketplace, in the United Kingdom, Australia and the USA.

35 Vice (2014, aktualisiert 2015): Exklusiv: Das Interview mit dem verhafteten Online-Dealer hinter Shiny Flakes, in: https://www.vice.com/de/article/bmvebv/exklusiv-interview-mit-dem-betreiber-hinter-shiny-flakes-4593. Letzter Zugriff 26. 6. 2020.

36 Antwort von Max S. auf eine öffentliche Nutzerbewertung unter shiny-flakes.com.

37 Mit dem PGP-Key können E-Mails Ende-zu-Ende-verschlüsselt übertragen werden. Er besteht aus einem privaten Teil und einem öffentlichen Teil.

38 Aussage des Pressesprechers am Landgericht Leipzig, gemessen an gesichert verkauftem Volumen. Die beschlagnahmten Mengen gehören angesichts der vielen verschiedenen Substanzen zu den größten Drogenfunden in Deutschland.

39 vgl. Sächsische Zeitung (2016): Die Deals des Kinderzimmerdealers, in: https://www.sz-online.de/sachsen/die-deals-des-kinderzimmerdealers-3374489.html. Letzter Zugriff 26. 6. 2020.

40 Vice (2015): Kommando Free Shiny wollte Maximilian S. aus der Haft befreien, in: https://motherboard.vice.com/de/article/qkjy77/kommando-free-

shiny-wollte-maximilian-s-aus-der-jva-leipzig-befreien-555. Letzter Zugriff 26. 6. 2020.

41 vgl. Amazon: https://www.amazon.de/2dope-Legendary-Shiny-Flakes-T-Shirt/dp/B00XWDZPL6.

42 Youtube (2017): Hustlebande im Gespräch mit Mutter von Shiny Flakes, https://www.youtube.com/watch?v=rpOTcKjZohM.

43 Von Max S. belegt durch Dokumente.

4. Die Geschichte von Chemical Love

1 E-Mail an die Motherboard-Redaktion vom 9. 6.2015.

2 Das belegen Gerichtsdokumente. Zuerst online war die Seite am 7. 4. 2015.

3 Post auf Crimenetwork, Mai 2015.

4 Wir kennen Statine schon als Protagonist aus dem Cybercrime-Kapitel.

5 Von Statine gespeicherte Jabber-Chatnachrichten zwischen Statine und z100.

6 Interview mit Statine im Frühjahr 2018.

7 Foto liegt vor.

8 Damit ist die Tarnung der Sendung gemeint, zum Beipiel das geschickte und geruchlose Verstecken der Drogen in einer DVD-Hülle.

9 Ein billiges altes Telefon, meist ohne Internetverbindung mit einer anonym gekauften SIM-Karte, um den Besitzer nicht ermitteln zu können.

10 vgl. Tzanetakis (2018): Das Internet als Marktplatz für psychoaktive Substanzen, in: https://www.praevention.at/fileadmin/user_upload/09_Infobox/Tagungsunterlagen/Jugendtagung_2018/Tzanetakis_Das_Internet_als_Marktplatz_fuer_psychoaktive_Substanzen_website.pdf. Letzter Zugriff 26. 6. 2020.

11 vgl. Tzanetakis (2018): Das Internet als Marktplatz für psychoaktive Substanzen, in: https://www.praevention.at/fileadmin/user_upload/09_Infobox/Tagungsunterlagen/Jugendtagung_2018/Tzanetakis_Das_Internet_als_Marktplatz_fuer_psychoaktive_Substanzen_website.pdf. Letzter Zugriff 26. 6. 2020.

12 Gespeicherter Jabber-Chat mit z100 im November 2015.

13 Die Abschaltung erfolgte durch einen Betreiberwechsel.

14 Bitcoin-Adressen sind wie temporär generierte Kontonummern. Es können unendlich viele Adressen zu einer Wallet gehören, die in etwa einem Konto entspricht.

15 Vice (2014, aktualisiert 2015): Exklusiv: Das Interview mit dem verhafteten Online-Dealer hinter Skinny Flakes https://motherboard.vice.com/de/article/bmvebv/exklusiv-interview-mit-dem-betreiber-hinter-shiny-flakes-4593.

16 Tzanetakis (2017): Zur globalen Ökonomie von digitalen Drogenmärkten.

17 Barratt et al. (2016): Safer Scoring? Cryptomarkets, social supply and drug markets, in: https://www.ncbi.nlm.nih.gov/pubmed/27241015.

18 Barratt et al. (2016): ›What if you live on top of a bakery and you like cakes?‹ – Drug Use and Harm Trajectories Before, During and After the Emergence of Silk Road.

19 Vice (2016): Doctor X ist der zuverlässigste Drogenberater des Darknets, in: https://motherboard.vice.com/de/article/z43dne/doctorx-ist-der-zuverlaessigste-drogenberater-des-darknet-555. Letzter Zugriff 26. 6. 2020.

20 vgl. FAZ (2019): Synthetische Drogen fluten den Markt in Deutschland, in: https://www.faz.net/aktuell/gesellschaft/kriminalitaet/synthetische-drogen-fluten-den-markt-in-deutschland-16160534.html. Letzter Zugriff 26.6.2020.
21 EU-Drogenmarktbericht (2019): https://ec.europa.eu/germany/news/20191126-drogenmarktbericht_de.
22 Van Hout et al. (2014): Responsible vendors, intelligent consumers.
23 Tzanetakis et al (2019): Drogen, Darknet und Organisierte Kriminalität.
24 Vice (2019): »Wer hat Crystal?« So funktioniert der Schwarzmarkt auf Telegram, in: https://www.vice.com/de/article/wjvkpy/schwarzmarkt-auf-telegram-dealer-bieten-drogen-filme-geknackte-accounts. Letzter Zugriff 26.6.2020.
25 Bakken (2012): Drug dealing on Facebook, Instagram and Snapchat, in: https://onlinelibrary.wiley.com/doi/abs/10.1111/dar.12932.
26 SZ (2019): Die Darknet-Fürsten aus Kleve und Bad Vilbel, in: https://www.sueddeutsche.de/digital/darknet-bka-wall-street-market-it-sicherheit-1.4431661. Letzter Zugriff 26.6.2020.

5. Kalaschnikow und Kryptogeld: Der Aufstieg der Darknet-Waffenhändler

1 Adams Händler-Profil hieß »MaxMustermann1«, da er, wie er sagt, das Passwort für seinen ursprünglichen MaxMustermann-Account vergessen hatte, noch bevor er den ersten Deal abschloss. Im BMR-Forum hieß er – wie später auf Agora – nur »MaxMustermann«. Der Einfachheit halber erwähnt der Text nur das eine von beiden Profilen: »MaxMustermann«.
2 Post von MaxMustermann im BMR-Forum am 22.5.2013. Aus Gründen der Lesbarkeit leicht gekürzt.
3 Posts von DoctorCool und hitman88 im BMR-Forum am 1.6.2013.
4 Post von MaxMustermann im BMR-Forum am 23.5.2013.
5 The Armory ging im Februar 2014 online. Es gab einen Vorgänger mit demselben Namen, ein Ableger der Silk Road, die, nach einer kontrovers geführten Debatte im Silk-Road-Forum, im März 2012 ihre Waffensektion auf der Hauptseite schloss und in einen separaten Shop auslagerte. Die erste Version der Armory machte jedoch wenige Wochen später dicht – aus mangelndem Interesse. Vgl. Porter, Justin (2012): Silk Road's »The Armory« Terminated, in: https://bitcoinmagazine.com/articles/not-ready-silk-roads-the-armory-terminated-1344277092; Biddle, Sam (2012): The Secret Online Weapons Store That'll Sell Anyone Anything, in: https://gizmodo.com/the-secret-online-weapons-store-thatll-sell-anyone-anyt-5927379. Letzter Zugriff 7.6.2020.
6 O'Neill, Patrick Howell (2014): Enter the Armory, the Dark Web's Walmart of weaponry, in: https://www.dailydot.com/crime/armory-deep-web-weapons. Letzter Zugriff 7.6.2020.
7 In diesem Fall müsste der Händler sich ein komplett neues Profil anlegen, und der langwierige Prozess der Vertrauensgewinnung in der Szene begänne von Neuem. Viele Händler oder Admins raten Kunden, Video-Nachweise vom Kauf zu machen, um später mögliche Ansprüche beim Plattform-Betrei-

ber geltend zu machen. Die Stichhaltigkeit eines Nachweises ist unter anderem abhängig von den Modalitäten des Deals und der Beschaffenheit der Ware: Die Lieferung an eine Packstation kann zum Beispiel im DHL-Login nachvollzogen und entsprechend gescreenshotet oder abgefilmt werden. Oftmals steht bei Betrugsfällen aber das Wort des Verkäufers gegen das des Käufers. Langfristig trägt der Verkäufer jedoch den größeren Schaden, unabhängig davon, wer recht hat. Denn manchmal reicht ein böses Gerücht, um andere Kunden vom Kauf abzuschrecken.

8 Post von MaxMustermann im BMR-Forum am 3.12.2013.

9 Ich habe Adam im Mai 2018 besucht.

10 Post von MaxMustermann im BMR-Forum am 6.6.2013 im Thread »Deutsche-Bahn-Drohnen neutralisieren«.

11 Post von MaxMustermann im BMR-Forum am 3.9.2013. Blitzknallsatz (BKS) oder Flashpulver ist ein pyrotechnischer Satz, der in Deutschland illegal ist. BKS kann lebensgefährliche Verletzungen hervorrufen, wird aber häufig als »Polenböller« verharmlost.

12 Post von MaxMustermann im BMR-Forum am 24.11.2013.

13 Nach Adams Verhaftung dauert es nicht mehr lange, bis Ermittler auch bei Oliver R. vorbeischauen und die Waffe sicherstellen. Vermutlich stand R. auf Adams Kundenliste, die er den Ermittlern aushändigte.

14 Post von MaxMustermann im BMR-Forum vom 5.12.2013.

15 Post von MaxMustermann im BMR-Forum vom 11.12.2013.

16 Genys, Andrius (2012): Submachine Guns and Assault Rifles, Firearms E-Book; außerdem: Ramos, J.M. (2015): Skorpion of the Balkans: Yugoslav M84 Machine Pistol, in: Small Arms Review V3N2, https://www.smallarmsreview.com/display.article.cfm?idarticles=3175. Letzter Zugriff 7.5.2020.

17 Nach den Pariser Terroranschlägen 2015 wurden die slowakischen Gesetze für Dekowaffen verschärft. Vgl. Candea, Stefan et al. (2016): »Ein leichtes Ziel, ein Konzert«, in: https://www.spiegel.de/spiegel/print/d-143711838.html. Letzter Zugriff 7.8.2019.

18 Post von MaxMustermann im BMR-Forum vom 3.1.2014.

19 Dass BMR am Zulauf der Silk-Road-Kunden zugrunde ging, wurde vom damaligen Administrator in Umlauf gebracht. An der Theorie gibt es allerdings Zweifel. Gerüchte machten die Runde, BMR könnte gehackt worden sein. Der US-Analyst Gwern Branwen, der ein riesiges Online-Archiv von Schwarzmärkten gesammelt hat, vertritt etwa diese These: Vgl. https://www.gwern.net/DNM-survival. Dafür spricht zudem, dass rund zwei Monate später der Admin von BMR und dem Nachfolger Utopia in Deutschland verhaftet wurde: Vgl. https://www.golem.de/news/tor-bundeskriminalamt-verhaftet-admin-von-bmr-und-utopia-1402-104556.html. Letzter Zugriff 7.6.2020.

20 BMR ging am 2. Dezember 2013 vom Netz, Agora ging am 3. Dezember online.

21 Posts im Agora-Forum von elmachico777 am 10.4.2014 und von Lenin_Cat am 23.3.2014.

22 Vgl. Kantchev, Georgi et al. (2015): Slovakian Shop Is Eyed as Source of Guns in Prior Terror Attacks, in: https://www.wsj.com/articles/slovakia-shop-believed-to-be-source-of-guns-in-two-french-terror-attacks-1448629216 und

außerdem Candea, Stefan et al. (2016): »Ein leichtes Ziel, ein Konzert«, in: https://www.spiegel.de/spiegel/print/d-143711838.html. Letzter Zugriff 7.6.2020.

23 Alexander, Harriet (2015): How did the Paris terrorists get hold of their weapons?, in: https://www.telegraph.co.uk/news/worldnews/europe/france/11351855/How-did-the-Paris-terrorists-get-hold-of-their-weapons.html. Letzter Zugriff 7.6.2020.

24 Candea, Stefan et al. (2016).

25 Vgl. Kantchev, Georgi et al. (2015).

26 Ebenda.

27 Vgl. EU-Durchführungsverordnung 2018/337 vom 5.3.2018, in: https://eur-lex.europa.eu/legal-content/DE/TXT/HTML/?uri=CELEX:32018R0337&from=DE. Letzter Zugriff 7.5.2020.

28 BBC (2014): Nine held after a sub-machine gun is found in house raid, in: https://www.bbc.com/news/uk-england-london-27002367. Letzter Zugriff 11.6.2020.

29 Vgl. Interview mit Adam im Mai 2018.

30 Über die herausgeschliffene Seriennummer kamen die Behörden immerhin auf die Spur der AFG: Da die originalen Skorpion-Waffen eine Seriennummer am linken Gehäuse aufweisen, schließen die Ermittler daraus, dass es sich um eine reaktivierte Dekowaffe handeln muss. Die anschließende Internetrecherche, die sie auf das Skorpion-Angebot der AFG-Webseite aufmerksam macht, bringt sie jedoch auch nicht weiter: Eine Anfrage zur AFG bei den slowakischen Behörden wird freundlich abgewiesen – es laufen bereits Ermittlungen gegen die Firma, ein Informationsaustausch ist derzeit ausgeschlossen.

31 Pleasance, Chris (2015): Prisoner who used Parcelforce to import deadly 850-round-a-minute machine guns into the UK is jailed for life as judge slams lax jail security, in: https://www.dailymail.co.uk/news/article-2970878/Prisoner-used-Parcelforce-import-deadly-850-round-minute-machine-guns-UK-jailed-life-judge-slams-lax-jail-security.html. Letzter Zugriff 15.6.2020.

32 Post von MaxMustermann im Agora-Forum am 16.3.2014.

33 Post von MaxMustermann im Agora-Forum am 16.3.2014.

34 Laut Adam gab es schon zuvor zwei Hausdurchsuchungen, bei denen jedoch nichts gefunden wurde.

35 Post von MaxMustermann im BMR-Forum am 22.8.2013.

36 Paoli, Giacomo Persi et al. (2017): Behind the curtain: The illicit trade of fire arms, explosives and ammunition on the dark web, in: https://www.rand.org/pubs/research_reports/RR2091.html. Letzter Zugriff 13.5.2020.

37 Das Scraping-Programm »DATACRYPTO – the dark net crawler and scraper« wurde 2013 von David Decary-Hetu und Judith Aldridge entwickelt, eine der Co-Autorinnen der RAND-Studie.

38 Die Schätzung von 10,5 bis 18,5 Millionen Euro geht zurück auf Kruithof et al. (2016): The role of the ›dark web‹ in the trade of illicit drugs, in: https://www.rand.org/randeurope/research/projects/online-drugs-trade-trafficking.html. Letzter Zugriff 13.65.2020.

39 Der weltweite illegale Waffenhandel wird auf 10 bis 20 Prozent des legalen

Waffenhandels – 2019 rund 76 Milliarden Euro – geschätzt. Vgl. Deutsche Welle (2020): Crises are fueling the global arms trade: SIPRI report, in: https://www.dw.com/en/crises-are-fueling-the-global-arms-trade-sipri-report/a-52688298. Letzter Zugriff 13.5.2020.

40 Pleasance, Chris (2015): Prisoner who used Parcelforce to import deadly 850-round-a-minute machine guns into the UK is jailed for life, in: https://www.dailymail.co.uk/news/article-2970878/Prisoner-used-Parcelforce-import-deadly-850-round-minute-machine-guns-UK-jailed-life-judge-slams-lax-jail-security.html. Letzter Zugriff 5.8.2019.

41 Paoli, Giacomo Persi et al. (2017): Behind the curtain: The illicit trade of firearms, explosives and ammunition on the dark web, in: https://www.rand.org/pubs/research_reports/RR2091.html, S. 54ff. Letzter Zugriff 13.5.2020.

42 Angebot beispielhaft entnommen aus dem Darknet-Shop »UK Guns and Ammo Store«. Letzter Zugriff 15.5.2020

43 Cox, Joseph (2015): Dark Web Guns Bust: Over a Dozen Arrested in Undercover Operation, in: https://www.vice.com/en_us/article/vvbnn3/dark-web-guns-bust-over-a-dozen-arrested-in-undercover-operation. Letzter Zugriff 13.5.2020.

44 Vgl. Bundestag Drucksache 19/116: Einsatz und Verwendung von Accounts in Kommunikationsnetzwerken durch Bundesbehörden der Polizei und den Zoll, in: http://dipbt.bundestag.de/dip21/btd/19/001/1900116.pdf. Letzter Zugriff 13.5.2020.

45 Vgl. Holt, Thomas et al. (2019): Assessing the Practices and Products of Darkweb Firearm Vendors, in: https://www.tandfonline.com/doi/abs/10.1080/01639625.2019.1596465?journalCode=udbh20. Letzter Zugriff 13.5.2020.

46 Holt bestätigte die Ergebnisse auf Anfrage in einer zweiten, noch nicht veröffentlichten Studie, die laut eigenen Angaben single-vendor-shops zwischen 2016 und 2020 untersucht und eine Follow-up-Studie zu seiner Studie aus 2019 ist.

47 Eigene Kalkulation basierend auf der Liste »Darknet Market Mortality Risk« des unabhängigen Sicherheitsforschers Gwern Branwen, siehe: https://www.gwern.net/DNM-survival. Letzter Zugriff 13.5.2020.

48 Vgl. Italienische Polizei (2019): Arrestati tre amministratori del black market denominato berlusconi market, attivo nel dark web, in: http://www.gdf.gov.it/stampa/ultime-notizie/anno-2019/novembre/arrestati-tre-amministratori-del-black-market-denominato-berlusconi-market-attivo-nel-dark-web. Letzter Zugriff 13.5.2020.

49 Scheppe, Michael (2018): Andreas May – Deutschlands wichtigster Strafverfolger gegen Cyberkriminelle, in: https://www.handelsblatt.com/politik/deutschland/darknet-andreas-may-deutschlands-wichtigster-strafverfolger-gegen-cyberkriminelle/23777964.html?ticket=ST-748971-bemtnfbvHvHXza7Dc6BF-ap6. Letzter Zugriff 20.4.2020.

50 Etwa 2019 beim Schlag gegen den damals zweitgrößten Kryptomarkt Wall Street Market.

51 Vgl. Mützel, Daniel (2016): IS-Anhänger und Neonazis beliefert: Darknet-Waffenhändler verurteilt, in: https://www.vice.com/de/article/pgkjjm/is-an

hnger-und-nazis-beliefert-heidelberger-darknet-waffenhndler-verurteilt. Letzter Zugriff 15. 5. 2020.

52 Chakraborty, Barnini (2019): Pro-ISIS channel issues guide to buying weapons on dark web, in: https://www.foxnews.com/world/pro-isis-channel-issues-guide-to-buying-weapons-on-dark-web-using-them-against-westerners. Letzter Zugriff 15. 5. 2020.

6. Dunkle Biotope

1 Informationen entstammen der Prozessakte.

2 Laut Augenzeugenberichten in der Prozessakte.

3 Post von Maurächer am 21. Dezember 2015, vgl. https://www.tz.de/muenchen/stadt/amoklauf-muenchen-laeuft-grossfahndung-olympia-einkaufszentrum-6627656.html. Letzter Zugriff: 21. 2. 2020.

4 Post von Maurächer im DiDW-Forum am 24. 7. 2015.

5 Davids Hinterlassenschaft »Mein Kampf mit den Menschen« auf seinem Computer. Vgl. Prozessakten.

6 Davids Hinterlassenschaft »Mein Kampf mit den Menschen« auf seinem Computer. Vgl. Prozessakten.

7 Reza Schah Pahlavi benannte den persischen Staat in den 30er-Jahren in Iran um, ins »Land der Arier«. Bevor der NS-Staat den Begriff für seine Propaganda missbrauchte, bezeichnete Arier einen Angehörigen der indoiranischen Sprachgruppe, die seit Jahrtausenden in Vorderasien lebt.

8 MDR (2018): OEZ-Attentäter von München hatte Kontakt zu späterem US-Amokläufer, in: https://www.mdr.de/investigativ/oez-attentaeter-100-downloadFile.pdf. Letzter Zugriff 13. 5. 2020.

9 Für eine tiefergehende Analyse zu Davids ideologischen Motiven vgl. Hartleb, Florian (2018): Einsame Wölfe. Der neue Terrorismus rechter Einzeltäter, Hamburg: Hoffmann und Campe. Zur Diskussion über Davids Tatmotiv wurden im Nachgang zahlreiche Studien angefertigt, vgl. etwa die drei Fachgutachten (»Hintergründe und Folgen des OEZ-Attentats«), die von der Stadt München in Auftrag gegeben wurden, in: https://www.muenchen.de/rathaus/Stadtpolitik/Fachstelle-fuer-Demokratie/Kampagnen/Expertengespraech—Hintergruende-und-Folgen-des-OEZ-Attentats-.html.

10 Vgl. das Augenzeugenvideo, gefilmt vom Balkon eines Anwohners: https://www.youtube.com/watch?v=ASZFfICWId4. Letzter Zugriff 13. 5. 2020.

11 Post von David alias Maurächer im DiDW-Forum am 31. 5. 2015.

12 Post von Philipp alias rico im DiDW-Forum am 28. 5. 2015.

13 Zu den ideologischen und taktischen Bezügen der Attentäter von Christchurch, El Paso, Halle und Hanau vgl. Hartleb (2018) und Schwarz, Karolin (2020): Hasskrieger: Der neue globale Rechtsextremismus, Freiburg: Herder Verlag, S. 64.

14 Tatsächlich wurde David auf der »Encyclopedia Dramatica«, einer Art Wikipedia für Netzkultur und Internettrolle, ein eigener Eintrag gewidmet, wo David als »Held« und »wahrer Arier« gefeiert wurde. Verfasser des Eintrags: William A., ein späterer Schulattentäter, mit dem David in Kontakt stand.

15 »Krypto-Anarchist« war sein selbst verliehener Titel im DiDW-Profil von »luckyspax« (Lucky).

16 Trotz der Falschmeldung ist der Artikel bis heute online: Bild (2015): Mord-Waffen kamen aus Deutschland!, in: https://www.bild.de/politik/ausland/waffen/aus-pariser-terror-nacht-stammen-aus-deutschland-43565470.bild.html. Letzter Zugriff 23.6.2020.

17 Süddeutsche Zeitung (2018): »Sechs Jahre Haft für Betreiber von Darknet-Plattform«, in: https://www.sueddeutsche.de/muenchen/oez-anschlag-urteil-darknet-1.4259420. Letzter Zugriff 6.2.2020. Lucky wird außerdem der Beihilfe zu Waffen- und Drogendelikten schuldig gesprochen.

18 Am 5. Mai 2012 fuhr er nach Tschechien und in die Slowakei, um den Waffenhändler Kronos zu treffen.

19 Post von rico im DiDW-Forum am 2. Januar 2016.

20 Beispielhaft für diese falsche Binarität: Welt (2016): Wie der Drogen- und Waffenhandel im »versteckten Netz« funktioniert, in: https://www.welt.de/politik/deutschland/article157345609/Wie-der-Drogen-und-Waffenhandel-im-versteckten-Netz-funktioniert.html. Letzter Zugriff 12.2.2020.

21 Stellungnahme des Zollfahndungsamts Frankfurt (ZFA) vom 5.6.2020.

22 Vgl. Post von Philipp im DiDW-Forum am 31.1.2016.

23 Vgl. Post von Torwart im DiDW-Forum am 23.2.2016.

24 Post von Philipp im DiDW-Forum am 21.1.2016.

25 Vgl. WhatsApp-Chat zwischen Philipp und Angelo S. am 25.3.2016.

26 Eigene Kalkulation anhand öffentlicher und nicht-öffentlicher Daten. Bei mindestens einem Geschäft ist die Verkaufssumme unbekannt, der tatsächliche Gesamtumsatz dürfte daher noch größer ausfallen.

27 So beschrieb ihn einer seiner Kunden im Polizeiverhör.

28 Vgl. Urteil des Landgerichts München I vom 19.1.2018, in: https://www.gesetze-bayern.de/Content/Document/Y-300-Z-BECKRS-B-2018-N-5795?hl=true. Letzter Zugriff: 15.6.2020.

29 Vgl. ebenda.

30 So berichtete es der Zeuge und Philipps Mithäftling Dominik S. im polizeilichen Verhör und im Münchner Prozess. Philipp soll David mehrmals gefragt haben, ob er das scherzhaft meinte, David bejahte.

31 Friedmann, Jan (2018): Ein Rassist, aber kein Mordhelfer, in: https://www.spiegel.de/panorama/justiz/muenchen-nach-amoklauf-urteil-gegen-waffenhaendler-rassist-ja-mordhelfer-nein-a-1188801-amp.html. Letzter Zugriff 20.5.2020.

32 (Gekürzte) Nachricht von Philipp an Sectorplantone am 7. August 2016.

33 Laut Aussagen von Kathleen K. in der polizeilichen Vernehmung.

34 Vgl. Lemmer, Christoph (2018): Prozess um Darkweb-Forum: Wie unterschiedlich die Ermittler vorgingen, in: https://www.heise.de/newsticker/meldung/Prozess-um-Darkweb-Forum-Wie-unterschiedlich-die-Ermittler-vorgingen-4236871.html. Letzter Zugriff 21.5.2020.

35 Baumgärtner, Maik et al. (2016): Die geheimen Darknet-Protokolle, in: https://www.spiegel.de/spiegel/darknet-waffenhaendler-eine-glock-ist-kein-spielzeug-a-1108616.html. Letzter Zugriff 20.5.2020.

36 Laut Aussage des heutigen Admins sudo.

37 Vgl. Tarnkappe.info (2019): DiDW 3 endgültig offline, in: https://tarnkappe.info/didw-3-endgueltig-offline. Letzter Zugriff 20.5.2020.

38 Nach der Abschaltung der ersten Version im Juni 2017 gründeten die Admins sudo und Younam im Herbst 2018 DiDW 2, das aber wenige Wochen später wieder vom Netz ging. Die dritte Version unter dem Admin sudo startete im Januar 2019 und ist, mit kurzer Unterbrechung, seitdem online. Für einen klei nen geschichtlichen Abriss vgl. Sobiraj, Lars (2019): DiDW: Nachfolger unter germanyruvvy2tcw.onion verfügbar, in: https://tarnkappe.info/didw-nachfol ger-unter-germanyruvvy2tcw-onion-verfuegbar. Letzter Zugriff 21.5.2020.

39 ZEIT ONLINE (2019): Hass, tief aus dem Internet, in: https://www.zeit.de/gesellschaft/zeitgeschehen/2019-04/deep-web-foren-szenemitglied-festnah me-bombendrohungen. Letzter Zugriff: 10.2.2020.

40 Vgl. Beitrag von aokwest im DiDW-Forum am 7. Januar 2020.

41 Auszug aus einem entschlüsselten Chat zwischen den mittlerweile gefassten Waffenhändlern mike-bravo und DW Performance Guns.

42 Auf Anfrage erklärte die Staatsanwaltschaft Köln, die Ermittlungen hätten ergeben, dass F.s DiDW-Post nicht als ernsthafte Vorbereitung einer staatsgefährdenden Straftat zu deuten sei.

43 Vgl. Beitrag von s67h im DiDW-Forum am 13. Januar 2019.

44 Vgl. Beitrag von biceps im DiDW-Forum am 13. Januar 2019.

45 Stand Ende Mai 2020.

46 Vgl. beispielhaft den Beitrag des »DiDW-Urgesteins« asdf (13. Januar 2019), der sich über die ständig ändernden Forenregeln beklagt.

7. Wutbürger im Waffenrausch

1 Laut Aussagen von Rönschs ehemaligen Geschäftspartnern Miss Kytah und Robbie Pallasch, mit denen ich über Rönsch sprach.

2 Jansen, Jonas (2013): Die FDP will ihre Fans loswerden, in: https://amp2.han delsblatt.com/politik/deutschland/twitter-follower-fdp-will-ihre-fans-los werden/7825178.html. Letzter Zugriff 21.6.2020.

3 Mützel, Daniel et al. (2018): Mutmaßlicher Betreiber von Migrantenschreck und größter deutscher Hetzseite festgenommen, in: https://www.vice.com/de/article/9kgazz/mutmasslicher-betreiber-von-migrantenschreck-und-grosster-deutscher-hetzseite-festgenommen. Letzter Zugriff 21.6.2020.

4 Mützel, Daniel (2016): Anonymous zettelt epischen Rosenkrieg gegen Compact an, in: https://www.vice.com/de/article/4xak5w/anonymous-hat-eine n-epischen-rosenkrieg-gegen-compact-angezettelt. Letzter Zugriff 21.6.2020.

5 Mützel, Daniel (2018): Vom Ende einer knalligen Karriere, in: https://taz.de/Urteil-gegen-rechten-Waffenhaendler/!5556852/. Letzter Zugriff 21.6.2020.

6 Der Bundesgerichtshof verwarf den Revisionsantrag der Verteidigung, vgl. Bundesgerichtshof Beschluss 5 StR 196/19 vom 27. August 2019.

8. Dissidenten im Darknet

1 Freiheit, Demokratie und Würde hießen die Slogans der Demonstranten zu Beginn der Proteste. Den Sturz des Assad-Regimes forderte zunächst kaum jemand, zumindest nicht offen.

2 Das Projekt »Amal, Hamburg!« ist erreichbar unter https://amalhamburg.de/.

3 Urbach, Stephan (2015): Neustart: Aus dem Leben eines Netzaktivisten, München: Knaur TB.

4 Vgl. die Telecomix-Website https://telecomix.org/irc.html. Letzter Zugriff 5.6.2020.

5 Freedom House (2017): Freedom of the Net 2017, Country Profile: Syria, in: https://freedomhouse.org/country/syria/freedom-net/2017. Letzter Zugriff 5.6.2020.
Elgin, Ben / Silver, Vernon (2015): Syria Bars Protesters' Text Messages With Dublin-Made Equipment, in: https://www.bloomberg.com/news/articles/2012-02-15/syria-blocks-texts-with-dublin-made-gear. Letzter Zugriff 5.6.2020.
Elgin, Ben / Silver, Vernon (2011): Syria Crackdown Gets Italy Firm's Aid With U.S.-Europe Spy Gear, in: https://www.bloomberg.com/news/articles/2011-11-03/syria-crackdown-gets-italy-firm-s-aid-with-u-s-europe-spy-gear. Letzter Zugriff 5.6.2020.
Brumfield, Ben (2012): Computer spyware is newest weapon in Syrian conflict, in: https://edition.cnn.com/2012/02/17/tech/web/computer-virus-syria. Letzter Zugriff: 5.6.2020.
Galperin, Eva / Marquis-Boire, Morgan (2012): How to Find and Protect Yourself Against the Pro-Syrian-Government Malware on Your Computer, in: https://www.eff.org/deeplinks/2012/03/how-find-syrian-government-malware-your-computer-and-remove-it. Letzter Zugriff 5.6.2020.

6 Barnard, Anne (2019): Inside Syria's Secret Torture Prisons: How Bashar al-Assad Crushed Dissent, in: https://www.nytimes.com/2019/05/11/world/middleeast/syria-torture-prisons.html. Letzter Zugriff 5.6.2020.
Amnesty International (2017): Human Slaughterhouse, in: https://www.amnestyusa.org/reports/human-slaughterhouse-mass-hangings-and-extermination-at-saydnaya-prison-syria. Letzter Zugriff: 5.6.2020.

7 Vgl. auch Electronic Frontier Foundation (2013): A Warning to Know Your Customer: Computerlinks Fined for Dealing Blue Coat Surveillance Technology to Syria, in: https://www.eff.org/de/deeplinks/2013/05/blue-coat-syria-scandal-next-shoe-drops-computerlinks-fzco. Letzter Zugriff 20.5.2020.

8 Vgl. Valentino-DeVries, Jennifer et al. (2011): U.S. Firm Acknowledges Syria Uses Its Gear to Block Web, in: https://www.wsj.com/articles/SB10001424052970203687504577001911398596328. Letzter Zugriff 1.6.2020.

9 Laut einem Report des Citizen Lab landeten Blue-Coat-Technologien regelmäßig in Konfliktzonen, vgl. Citizen Lab (2013): Planet Blue CoatMapping Global Censorship and Surveillance Tools, in: https://citizenlab.ca/2013/01/planet-blue-coat-mapping-global-censorship-and-surveillance-tools/. Letzter Zugriff 20.5.2020.

10 Einer Recherche des ARD-Magazins FAKT zufolge wurden sogenannte »Monitoring Center« für Mobilfunk und Festnetz an das Assad-Regime verkauft, vgl. https://www.spiegel.de/netzwelt/netzpolitik/siemens-hat-ueberwachungstechnik-nach-syrien-geliefert-a-826695.html. Letzter Zugriff 20.5.2020.

11 Elgin, Ben und Silver, Vernon (2011): Syria Crackdown Gets Italy Firm's Aid With U.S.-Europe Spy Gear, in: https://www.bloomberg.com/news/articles/2011-11-03/syria-crackdown-gets-italy-firm-s-aid-with-u-s-europe-spy-gear. Letzter Zugriff 20.5.2020. Außerdem: Knight, Ben (2016): How German surveillance firms helped Assad regime in Syria, in: https://www.dw.com/en/how-german-surveillance-firms-helped-assad-regime-in-syria/a-36753530. Letzter Zugriff: 5.6.2020.

12 Zur Rolle der US-Firma Blue Coat im syrischen Zensurapparat vgl. Nakashima, Ellen (2013): Report: Web monitoring devices made by U.S. firm Blue Coat detected in Iran, Sudan, in: https://www.washingtonpost.com/world/national-security/report-web-monitoring-devices-made-by-us-firm-blue-coat-detected-in-iran-sudan/2013/07/08/09877ad6-e7cf-11e2-a301-ea5a8116d211_story.html. Letzter Zugriff 20.5.2020.

13 Das Tor Project warnt zum Beispiel vor Attacken eines »globalen passiven Angreifers« (etwa der NSA), der den gesamten Netzwerkverkehr beobachten kann. In diesem Fall »scheitert Tor«, die Anonymität des Nutzers ist gefährdet. Vgl. https://2019.www.torproject.org/docs/faq#EntryGuards. Letzter Zugriff 5.6.2020. Weitere Angriffsmethoden wurden von einer italienischen Forschergruppe zusammengetragen: Vgl. Cambiaso, Enrico et al. (2019): Darknet Security: A Categorization of Attacks to the Tor Network, in: http://ceur-ws.org/Vol-2315/paper10.pdf. Letzter Zugriff 5.6.2020.

14 Lee, Linda et al. (2017): Tor's Usability for Censorship Circumvention, in: https://www.ftc.gov/system/files/documents/public_comments/2016/10/00057-129178.pdf. Letzter Zugriff 5.6.2020.

15 Die Orangene Revolution in der Ukraine 2004/2005 gilt als der erste Massenprotest, in dem das Internet eine zentrale Rolle bei der Mobilisierung spielte. Vgl. McFaul, Michael (2005): »Transitions from Postcommunism«, in: Journal of Democracy 16/3, S.12/13. Ein anderes prominentes Beispiel ist die Grüne Revolution in Iran.

16 Freedom House (2019): Freedom of the Net 2019, in: https://freedomhouse.org/sites/default/files/2019-11/11042019_Report_ FH_FOTN_2019_final_Public_Download.pdf. Letzter Zugriff 20.5.2020.

17 McLaughlin, Timothy (2016): Under Vietnam's new cybersecurity law, U.S. tech giants face stricter censorship, in: https://www.washingtonpost.com/world/asia_pacific/under-vietnams-new-cybersecurity-law-us-tech-giants-face-stricter-censorship/2019/03/16/8259cfae-3c24-11e9-a06c-3ec8ed509d15_story.html?utm_term=.84f2fd44771f. Letzter Zugriff 5.6.2020.

18 Freedom House (2018): Freedom of the Net 2018, in: https://freedomhouse.org/report/freedom-net/2018/rise-digital-authoritarianism. Letzter Zugriff 5.6.2020.

19 Insbesondere nach dem Inkrafttreten des neuen Mediengesetzes im Dezember 2018 schossen die Tor-Nutzerzahlen in Belarus in die Höhe – zum Teil um

das Sechsfache: Vgl. die Tor-Nutzerstatistik auf der Website des Tor Projects: https://metrics.torproject.org/userstats-relay-country.html?start=2013-06-12&end=2019-09-10&country=by&events=off. Letzter Zugriff 5.6.2020.

20 Vgl. Frear, Matthew (2018): Belarus under Lukashenka: Adaptive Authoritarianism, New York: Routledge. Vgl. zudem die Website der MFF auf https://pyx.by/eng. Letzter Zugriff 5.6.2020.

21 Bertelsmann Transformation Index (2018): Belarus Country Report, in: https://www.bti-project.org/content/en/downloads/reports/country_re port_2018_BLR.pdf. Letzter Zugriff 5.6.2020. Brunner, Simone (2018): Die Quotenoppositionellen, in: https://www.zeit.de/politik/ausland/2018-01/be larus-kommunalwahlen-minsk-alexander-lukaschenko/komplettansicht. Letzter Zugriff 5.6.2020.

22 Vgl. den Blog von Charter97 auf https://charter97.org/en/news. Letzter Zugriff 5.6.2020.

23 Die polnische Abgeordnete Anna Elżbieta Fotyga sprach von »Eingriffen in die Meinungsfreiheit« und forderte die Aufhebung der Sperre, vgl. http://www.europarl.europa.eu/doceo/document/E-8-2018-000916_EN.html. Letzter Zugriff 5.6.2020.

24 Baltic Worlds Journal (2018): Charter 97 and the shrinking space for free media in Belarus, in: http://balticworlds.com/charter-97-and-the-shrinking-space-for-free-media-in-belarus/. Letzter Zugriff 5.6.2020.

25 Tor Blog (2017): Internet Censorship in Iran: Findings from 2014–2017, in: https://blog.torproject.org/internet-censorship-iran-findings-2014-2017. Letzter Zugriff 5.6.2020.
Freedom House (2019): Freedom of the Net 2019, Country Profile: Iran, in: https://freedomhouse.org/country/iran/freedom-net/2019#A. Letzter Zugriff 5.6.2020.

26 Das dem SCC unterstellte National Cyberspace Center hat sich darauf spezialisiert, Zugang zu VPN und andere Proxies, etwa dem Tor-Netzerk, zu verhindern. Vgl.: U.S. Department of Treasuries (2018): Treasury Sanctions Individuals and Entities for Human Rights Abuses and Censorship in Iran, and Support to Sanctioned Weapons Proliferators, in: https://home.treasury.gov/news/press-releases/sm0250. Letzter Zugriff 5.6.2020. Vgl. außerdem Jonjic-Beitter, Andrea (2015): Iran: Netzpolitische Entscheidungen nur noch im Supreme Council of Cyberspace, in: https:// netzpolitik.org/2015/iran-netzpolitische-entscheidungen-nur-noch-im-supre me-council-of-cyberspace. Letzter Zugriff 5.6.2020. Vgl. außerdem: Center for Human Rights in Iran (2015): Khamenei Consolidates Power over Internet Policy in Hard Line Council He Controls, in: https://www.iranhumanrights.org/2015/09/khamenei-internet-policy-iran. Letzter Zugriff 5.6.2020.

27 Im Mai 2018 zählten Beobachter insgesamt 1.093 Proteste im Iran – durchschnittlich 35 Proteste am Tag. Vgl. Nima, Adena (2019): 2018 Iran protests report: Iranians want change, in: https://irannewswire.org/2018-iran-protests-report-iranians-want-change. Letzter Zugriff 5.6.2020.
Center for Human Rights in Iran (2018): Two Confirmed Killed and 48 Injured in May 2018 Protests in Kazeroon, in: https://www.iranhumanrights.org/

2018/05/two-confirmed-killed-and-48-injured-in-may-2018-protests-in-kazeroon. Letzter Zugriff 5. 6. 2020.

28 Barnard, Anne (2019: Inside Syria's Secret Torture Prisons: How Bashar al-Assad Crushed Dissent, in: https://www.nytimes.com/2018/05/01/world/middleeast/iran-telegram-app-russia.html. Letzter Zugriff 5. 6. 2020.

29 Im Jahr 2011 führte Iran einen neuen Filter ein, der Tor-Traffic erkennen konnte. Das Tor Project reagierte wenig später mit einem Update: Vgl. https://blog.torproject.org/iran-blocks-tor-tor-releases-same-day-fix. Letzter Zugriff 5. 6. 2020.
Vgl. O'Neill, Patrick Howell (2014): Iran blacklists Tor network, knocking 75 percent of users offline, in: https://www.dailydot.com/layer8/iran-censors-tor-75-percent/. Letzter Zugriff: 5. 6. 2020.
Franceschi-Bicchierai, Lorenzo (2015): Iran Is Trying to Block Tor, in: https://www.vice.com/en_us/article/ae3am5/iran-is-trying-to-block-tor. Letzter Zugriff 5. 6. 2020.

30 Vgl. die Tor-Nutzerstatistik, die sich anhand von Zeitverläufen studieren lassen: https://metrics.torproject.org/userstats-bridge-country.html?start=2018-03-31&end=2019-01-01&country=ir. Letzter Zugriff 5. 6. 2020.

31 Auf der deutschen Tor-Seite werden die »pluggable transports« mit »austauschbare Übertragungsarten« übersetzt, was es für Laien nicht unbedingt verständlicher macht. Die nachfolgende Erklärung ist aber durchaus hilfreich und leicht geschrieben: Vgl. https://tb-manual.torproject.org/de/transports. Letzter Zugriff 5. 6. 2020.

32 Interview mit Bogatov per E-Mail im Frühjahr 2020.

33 Freedom House (2018): Freedom of the Net 2018. Country Profile: Russia, in: https://freedomhouse.org/report/freedom-net/2018/russia. Letzter Zugriff 8. 6. 2020.

34 Reporters without Borders (2018): Russian website closed after investigating security chief's assets, in: https://rsf.org/en/news/russian-website-closed-after-investigating-security-chiefs-assets.

35 Die Internetbehörde Roskomnadzor hat bereits mehrfach und nicht immer erfolgreich versucht, den in Russland beliebten Telegram-Messenger zu blockieren. Zuletzt kooperierte die Behörde mit dem Geheimdienst FSB, um präzisere Sperr-Methoden zu entwickeln, vgl. Kolomychenko, Maria (2018): Russia tries more precise technology to block Telegram messenger, in: https://www.reuters.com/article/us-russia-telegram/russia-tries-more-precise-technology-to-block-telegram-messenger-idUSKCN1LF1ZZ. Letzter Zugriff 8. 6. 2020.

36 Die Nutzerzahl stieg von 25.000 im Jahr 2013 auf 300.000 im Jahr 2019 – und damit um rund 1.100%. Vgl: https://metrics.torproject.org/userstats-relay-country.html?start=2012-01-21&end=2019-04-21&country=ru&events=off. Letzter Zugriff: 8. 6. 2020. Die statistische Erhebung von Tor-Nutzern anhand nationaler IP-Adressen kann allerdings Ungenauigkeiten enthalten, wie das Tor Project selbst betont. Ihre Messmethode erklärt die Organisation in den FAQ.

37 Ein Sprecher des Tor Project erklärte dazu, dass die vom Dienstleister Sytech

gewählte Angriffsmethode – das Betreiben eines Endknotes – nur einen kleinen Ausschnitt des Tor-Netzwerks deanonymisieren könnte und andere, bekannte Angriffswege erfolgreicher wären, vgl. BBC (2019): Russian intelligence ›targets Tor anonymous browser‹, in: https://www.bbc.com/news/technology-49071225. Letzter Zugriff 8. 9. 2020.

38 Levchenko, Grigory (2018): Russia finds a new Tor criminal How Dmitry Bogatov went from suspect to witness, in: https://meduza.io/en/feature/2018/05/23/russia-finds-a-new-tor-criminal. Letzter Zugriff 8. 6. 2019. Außerdem Illingworth, Sarah (2017): Why was Dmitry Bogatov jailed for sharing a Kanye video?, in: https://www.huffpost.com/entry/why-was-dmitry-boga tov-jailed-for-sharing-a-kanye-video_b_59 4514d6e4b0940f84fe2ec7. Letzter Zugriff 5. 6. 2020.

39 Galperin, Eva (2017): Access Now and EFF Condemn the Arrest of Tor Node Operator Dmitry Bogatov, in: https://www.eff.org/de/deeplinks/2017/04/access-now-and-eff-condemn-arrest-tor-node-operator-dmitry-bogatov-rus sia. Letzter Zugriff 5. 6. 2020.

9. Die Geburt des Darknet aus dem Geist der Cyberanarchisten

1 Vgl. Hafner, Katie / Lyon, Matthew (1997): ARPA Kadabra oder die Geschichte des Internet, Heidelberg: dpunkt.verlag, S. 31.

2 Vgl. Hafner, Katie / Lyon, Matthew (1997): ARPA Kadabra oder die Geschichte des Internet, Heidelberg: dpunkt.verlag, S. 15. Die rein zivile Zielsetzung wurde jedoch nicht von allen Wegbereitern des Internets geteilt: Paul Baran, auf den die Idee der Paketvermittlung zurückgeht, sah seine Arbeit primär als Dienst an seinem Land, als militärische Notwendigkeit angesichts der atomaren Bedrohung durch die Sowjetunion.

3 John Markoff (2006): What the dormouse said: how the sixties counterculture shaped the personal computer industry. New York: Penguin Books, S.109.

4 Wenige Jahre später wuchs die Zahl auf mehrere Millionen an, vgl: Shields, Robert M. (1996): Cultures of the Internet: Virtual Spaces, Real Histories, Living Bodies Sage Publications, Thousand Oaks: Sage Publications, S. 13.

5 Feinberg, Ashley (2014): The Birth of the Internet Troll, in: https://gizmodo.com/the-first-internet-troll-1652485292. Letzter Zugriff 8. 6. 2020.

6 Vgl. Elmer-Dewitt, Philip (1993): First Nation in Cyberspace, in: http://con tent.time.com/time/magazine/article/0,9171,979768,00.html.

7 Power, Mike (2013): Drugs 2.0: The Web Revolution That's Changing How the World Gets High, Portobello Books, S. 43.

8 Das Exportverbot galt für eine Schlüssellänge von mehr als 40 Bit.

9 Ab 1992 galt starke Verschlüsselung in den USA als »militärische Hilfstechnologie« und durfte amerikanischen Boden nicht verlassen. Vgl: Kehl, Danielle et al. (2015): Doomed to repeat history? Lessons from the Crypto Wars of the 1990s, in: https://static.newamerica.org/attachments/3407—125/Lessons%20From%20the%20Crypto%20Wars%20of%20the%201990s.882d6156dc194187a5fa51b14d55234f.pdf. Vgl. außerdem: Department of State (1993):

Amendments to the International Traffic in Arms Regulations Part II, in: ftp://nic.funet.fi/pub/crypt/old/itar-july-93.txt. Letzter Zugriff 8. 6. 2020.

10 Marlinspike, Moxie: Making private communication simple, in: https://vimeo.com/124887048. Letzter Zugriff 8. 6.2020.

11 Die »Cypherpunk Mailing List« lässt sich nach Jahren gestaffelt auf http://mailing-list-archive.cryptoanarchy.wiki nachlesen.

12 Die Plattform hatte den Namen »BlackNet«. Vgl. Greenberg, Andy (2012): This Machine Kills Secrets. Julian Assange, the Cypherpunks, and Their Fight to Empower Whistleblowers, Plume, S. 121.

13 Tim May manifestartige Schrift *Cyphernomicon* aus dem Jahr 1994 ist abrufbar unter: https://nakamotoinstitute.org/static/docs/cyphernomicon.txt. Letzter Zugriff 8. 6. 2019.

14 May, Timothy C. (1988): The Crypto Anarchist Manifesto, in: https://nakamotoinstitute.org/literature/crypto-anarchist-manifesto. Letzter Zugriff 8. 6.2020.

15 Vgl. Section 230 of the Communications Decency Act, in: https://www.eff.org/de/issues/cda230. Letzter Zugriff 5. 6. 2020.

16 Vgl. Goldman, Eric (2009): The Third Wave of Internet Exceptionalism, in: https://blog.ericgoldman.org/archives/2009/03/the_third_wave.htm. Letzter Zugriff 8. 9. 2019. Außerdem Robertson, Adi (2019): Why the internet's most important law exists and how people are still getting it wrong, in: https://www.theverge.com/2019/6/21/18700605/section-230-internet-law-twenty-six-words-that-created-the-internet-jeff-kosseff-interview. Letzter Zugriff 8. 9. 2019.

17 Strittmatter, Kai (2018): Die Neuerfindung der Diktatur: Wie China den digitalen Überwachungsstaat aufbaut und uns damit herausfordert, Piper, S.59.

18 Mit ähnlichen Argumenten wehrt sich die deutsche Netzgemeinde gegen die aktuellen Versuche des Bundesinnenministeriums, das WhatsApp und Co. – im Dienste der Strafverfolgung – zur Entschlüsselung von Nutzerchats zwingen will. Vgl: Rosenbach, Marcel / Wiedmann-Schmidt, Wolf (2019): Seehofer will Messengerdienste zum Entschlüsseln zwingen, in: https://www.spiegel.de/netzwelt/netzpolitik/horst-seehofer-will-messengerdienste-zum-entschluesseln-zwingen-a-1269121.html#ref=rss. Letzter Zugriff 5. 6. 2020.

19 Ein Beispiel für Tattoos und Krypto-Shirts zeigt der Blog *Cypherspace*: http://www.cypherspace.org/adam/rsa/. Letzter Zugriff 5. 6. 2020.

20 Phil Zimmermanns *Pretty Good Privacy* (PGP) sollte ein robustes Verschlüsselungstool für die Massen sein, blieb allerdings aufgrund seines komplizierten Anwendungsdesigns ein Nischenprodukt.

21 US-Department of Commerce (2000): Revised U.S. Encryption Export Control Regulations, in: https://epic.org/crypto/export_controls/regs_1_00.html. Letzter Zugriff 5. 6. 2019.

22 Assange et al. (2013): Cypherpunks: Unsere Freiheit und die Zukunft des Internets, Frankfurt 2013, S. 36.

23 Dingledine, Roger et al. (2000): The Free Haven Project. Distributed Anonymous Storage Service in: https://www.cs.princeton.edu/~mfreed/docs/freehaven-pet00.pdf. Letzter Zugriff 5. 6. 2020.

24 Vgl. Power, Mike (2013): Drugs 2.0: The Web Revolution That's Changing How the World Gets High, Portobello Books, S. 216.

25 Dingledine, Roger et al. (2004): Tor: The Second-Generation Onion Router, in: https://svn.torproject.org/svn/projects/design-paper/tor-design.pdf. Letzter Zugriff 5. 6. 2020.

26 Spiegel Online (2016): WhatsApp verschlüsselt Kommunikation vollständig, in: https://www.spiegel.de/netzwelt/apps/whatsapp-messenger-fuehrt-ende-zu-ende-verschluesselung-ein-a-1085636.html.

27 Schwan, Ben (2018): Sozialer Graph aus Smartphone-Daten, in: https://www.heise.de/newsticker/meldung/Sozialer-Graph-aus-Smartphone-Daten-1137499.html.

28 »Former NSA boss: »We kill people based on metadata«, in: https://www.youtube.com/watch?v=UdQiz0Vavmc&t=27s.

29 Wall Street Journal Conference (2018): The Future of Cyber Security with the WSJ and General Hayden, in: https://www.youtube.com/watch?v=PB6IxSGRKfs&t=1619s.

30 Vgl. die Finanzierungsaufstellung des Tor Projects 2016 und 2017: https://blog.torproject.org/transparency-openness-and-our-2016-and-2017-financials. Letzter Zugriff 5. 6. 2020.

31 Tech Crunch (2019): Tor pulls in record donations as it lessens reliance on US government grants, in: https://techcrunch.com/2019/01/11/tor-lessens-reliance-us-grants/. Letzter Zugriff 5. 6. 2020.

32 konkret (2016): »Warum finanziert die Regierung das?«, in: https://surveillancevalley.com/media/yasha-levine-konkret-tor-crypto-intel-interview-nov-2016.pdf. Letzter Zugriff 5. 6.2020.

33 Wie Roger Dingledine regelmäßig in Vorträgen erwähnt, beispielhaft hier: https://www.youtube.com/watch?v=ZB8ODpw_om8 und hier: https://www.youtube.com/watch?v=eqHEsAT656Q. Letzter Zugriff 24. 6. 2020.

34 Dingledine, Roger et al. (2004): Tor: The Second-Generation Onion Router, in: https://svn.torproject.org/svn/projects/design-paper/tor-design.pdf. Letzter Zugriff 5. 6. 2020.

35 Vgl. die Statistik auf der Seite des Tor Project: https://metrics.torproject.org/networksize.html. Letzter Zugriff 5. 6. 2020.

36 Roger Dingledine sagte auf einer Rede auf der Hackerkonferenz DEFCON 2017, er kenne zwei Drittel der Betreiber persönlich, vgl. https://www.youtube.com/watch?v=Di7qAVidy1Y. Letzter Zugriff 5. 6. 2020.

37 Zum Beispiel die Texte des amerikanischen Tech-Magazins WIRED, die die Silk Road einer breiteren Öffentlichkeit bekannt machten. Vgl. beispielhaft Greenberg, Andy (2013): Collected Quotations Of The Dread Pirate Roberts, Founder Of Underground Drug Site Silk Road And Radical Libertarian, in: https://www.forbes.com/sites/andygreenberg/2013/04/29/collected-quotations-of-the-dread-pirate-roberts-founder-of-the-drug-site-silk-road-and-radical-libertarian/#33414e601b0c.

10. Der Kampf gegen Kinderpornografie im Darknet – und warum der Begriff nicht passt

1 Bundeskriminalamt (2019): PKS 2019 https://www.bka.de/DE/AktuelleInformationen/StatistikenLagebilder/PolizeilicheKriminalstatistik/PKS2019/pks2019_node.html. Letzter Zugriff 26.6.2020.

2 Für eine Zusammenfassung der MiKADO-Studie vgl. http://www.mikado-studie.de/tl_files/mikado/upload/MiKADO_Zusammenfassung.pdf. Letzter Zugriff 26.6.2020.

3 Daily Dot (aktualisiert 2020): Internet's worst pedophile abruptly shuts down his ›PedoEmpire‹, in: https://www.dailydot.com/crime/lux-pedoempire-child-porn-shut-down/. Letzter Zugriff 26.6.2020.

4 Filme, die reale Tötungen zeigen und die zur kommerziellen Verbreitung hergestellt wurden.

5 Interpol: International Child Exploitation Database. https://www.interpol.int/Crimes/Crimes-against-children/International-Child-Sexual-Exploitation-database. Letzter Zugriff 26.6.2020.

6 Bundeskriminalamt auf Twitter (2017): https://twitter.com/bka/status/917471650421014529. Letzter Zugriff 26.6.2020.

7 Vice (2018): Tausend Teenager unter Kinderporno-Verdacht, weil sie Sexvideos von 15-Jährigen geteilt haben, in: https://www.vice.com/de/article/vwmjb/tausend-teenager-unter-kinderporno-verdacht-weil-sie-sexvideos-von-15-jahrigen-geteilt-haben. Letzter Zugriff 26.6.2020.

8 Erhebung der Bundesnetzagentur zur Vorratsdatenspeicherung, vgl. http://www.vorratsdatenspeicherung.de/images/vb_breg_anl4_2018-05-15.pdf. Letzter Zugriff 26.6.2020.

9 Spiegel Online (2020): Gutachter stärkt Verbot der Vorratsdatenspeicherung, in: https://www.spiegel.de/netzwelt/netzpolitik/gutachter-staerkt-verbot-der-vorratsdatenspeicherung-a-398bcdb6-9bc1-4960-8b9f-8babc141dd3f. Letzter Zugriff 26.6.2020.

10 Testkäufe auf Darknet-Märkten sind dagegen erlaubt, wenn es beispielsweise um Drogen oder Waffen geht.

11 Vgl. News.com.au (2018): The federal government and Labor have passed controversial new encryption laws. What do they actually mean?, in: https://ww.news.com.au/technology/online/hacking/the-federal-government-and-labor-have-passed-controversial-new-encryption-laws-what-do-they-actually-mean/news-story/1908381486502c1913598fc2853cd48c Letzter Zugriff 26.6.2020.

12 Neben dem Überwachen und Abhören von Mobilfunknummern und Festnetztelefonen sind das unter Umständen das Überwachen des E-Mail-Verkehrs oder der Einsatz von IMSI-Catchern zum Lokalisieren eines Mobiltelefons.

13 Der genaue Ablauf dieses Tages wurde im Prozess gegen Frank M. erörtert.

14 Die Ermittlungen führte das Fachkommissariat für Sexualstraftaten der Polizei Hannover. Der Ausgangspunkt der Ermittlungen war ein Drogengeschäft, das die Polizei Niedersachsen im Darknet aufgedeckt hatte.

15 Schwarzwälder Bote (2018): Kinderporno-Seite: Wie Ermittler Täter fassten,

in: https://www.schwarzwaelder-bote.de/inhalt.albstadt-hechingen-kinder porno-seite-wie-ermittler-taeter-fassen.fc307095-d118-4a4c-a65e-9eb3caf82 b66.html. Letzter Zugriff 26. 6. 2020.

16 § 184b Abs 5 StPO.

17 Winfuture (2017), Bayern so: Kinderporno-Forensik können auch Minijobber in Heimarbeit, in: https://winfuture.de/news,100297.html. Letzter Zugriff 26. 6. 2020.

18 Spiegel Online 2018): Kinderpornographie: Computergenerierte Bilder sollen Ermittlern helfen, in: http://www.spiegel.de/panorama/justiz/kinderporno graphie-computergenerierte-bilder-sollen-ermittlern-helfen-a-1221822.html. Letzter Zugriff 26. 6. 2020.

19 MI Niedersachsen: Beantwortung der mündlichen Anfrage der CDU zu Kinderpornografie, in: https://www.mi.niedersachsen.de/startseite/aktuelles/aus_dem_landtag/beantwortung-der-muendl-anfrage-der-cdu-zu-kinderpornographie-152956.html. Letzter Zugriff 26. 6. 2020.

11. Ausblick: Das Darknet als negative Freiheit

1 Tagesspiegel (2019: Innenministerium fordert schnellere Gerichtsverfahren, in: https://www.tagesspiegel.de/politik/europaeischer-polizeikongress-in nenministerium-fordert-schnellere-gerichtsverfahren/24012118.html. Letzter Zugriff 30. 5. 2020.

2 Meister, Andre und Biselli, Anna (2019): IT-Sicherheitsgesetz 2.0: Wir veröffentlichen den Entwurf, der das BSI zur Hackerbehörde machen soll, in: https://netzpolitik.org/2019/it-sicherheitsgesetz-2-0-wir-veroeffentlichen-den-ent wurf-der-das-bsi-zur-hackerbehoerde-machen-soll/. Letzter Zugriff 30. 5. 2020.

3 Das eigentliche »Darknet-Gesetz«, das sich nur auf Plattformen im Darknet bezog, wurde zuvor vom Bundesrat erlassen, siehe: https://www.bundesrat.de/SharedDocs/drucksachen/2019/0001-0100/33-19(B).pdf?__blob=publi cationFile&v=1. Letzter Zugriff 30. 5. 2020

4 Wegen fahrlässiger Tötung in neun Fällen im Zusammenhang mit dem OEZ-Anschlag, vgl. Urteil des Landgerichts Karlsruhe vom 19.12.2018, in: http://lr bw.juris.de/cgi-bin/laender_rechtsprechung/document.py?Gericht=bw&nr=27216. Letzter Zugriff 30. 5. 2020.

5 Gespräch mit Jürgen Geuter im Juni 2020.

6 Tor Project (2017): The Tor Project Defends the Human Rights Racists Oppose, in: https://blog.torproject.org/tor-project-defends-human-rights-racists-oppose. Letzter Zugriff 10. 6. 2020.

7 Mey, Stefan (2017): Darknet, München: C. H. Beck, S. 184

8 Interview mit Berhan Taye im Oktober 2018.

9 Auf einem geleakten Dokument bezeichnet die NSA Tor als »the king of high-secure, low-latency internet anonymity« und befindet außerdem: »Tor stinks«, vgl. Applebaum, Jacob et al. (2014): NSA targets the privacy-conscious, in: https://daserste.ndr.de/panorama/aktuell/nsa230_page-2.html. Letzter Zugriff 5. 6. 2020.

Typografie und Satz: frese-werkstatt.de
Cover: Heidi Sorg und Christof Leistl, München
Druck und Bindung: Pustet, Regensburg
ISBN 978-3-95614-389-2